21世紀への潮流

総合物流化と経営の視点

大島俊一 著

成文堂

まえがき

本書は総合物流施策大綱の検討をベースとして書かれたものである。唯，問題意識としては常にわが国を取り巻く情勢変化を捕捉しながら，国際化（外資系企業の進出）・情報化（IT 革命）等の進展の著しい企業環境を精査し，わが国の産業構造がどのように変化していくのかを論究を続けている。

わが国では80年代に入ってから企業活動が一挙にグローバル化していき，世界中の国々に大手企業各社が主力製品の輸出攻勢をかけ，また直接現地での工場生産を進める中で，法人企業としての存続そのものが当該国での製造企業の経営形態の転換を引起こし，数々の経済的及び文化的な問題をもたらしている。一方で二国間あるいは複数の国々との製品流通が，激烈な価格競争の前に，主力製品に関する貿易摩擦や相手国の産業構造を大きく変えてしまうほどの諸結果を招いている。

そして90年代に入り，わが国の経済力が世界の経済を左右するほどにまでに成長した結果，わが国の社会システムはバブル経済の崩壊を機に瓦解し始め，金融経済面での弱体化を露呈し続けながら景気を大きく後退させ，世界との緊密過敏な複合関係の渦に巻き込まれ，日本的企業経営の根底をなしていた伝統的な家族主義的株式会社経営の変革を余儀なくされ，世紀の転換期に差し掛かって，あらゆる産業分野で国際基準への適合を急いでいるのである。わが国が50年振りに商法を抜本改正し始めた背景には，こうした事情が存在する。

今回の大改正の目的は明らかであり，株式会社制度を中心とする会社法を全面的に見直すことである。会社法は，戦後の GHQ（連合国軍総司令部）の下での改正以来，今日まで部分的には便宜的に改正されてきたが，今回は税制や会計制度との関連性を含めた文字通り抜本改正例が行われる。その内容の一部を見ると，［株式会社を公開会社と非公開会社に区分けし，非公開会社法制を整備，代表取締役の権限強化，持株会社の動向，株主総会での決議事項の限定，連結決算や時価会計に沿った情報開示を義務付け，経済の国際化やIT（情報技術）の進展に対応］などが基本方針として掲げられており，しかもベンチャービジネス育成のための規制なども大幅に緩和されることになっている。

わが国の産業構造が，このように大きな転換期を迎えた現状において，筆者の研究がどのようなプロセスの中で形となっていったのかという点に触れておく。本書の構成は次のようになっている。

第1章と第6章は，本書の刊行に際して書き下ろした論文をまとめたものであり，以下は大学の経営情報学部「論集」に発表したものをベースに一部加除訂正を加えたものである。第2章は，1998年3月，第3章は，1998年12月，第4章は，1999年3月，第5章は，2000年3月に発表したものである。

ここ3年間の研究成果を一冊の本に再構成するに際しては，最終的に時系列的な流れを優先することにしたため，各章間で一部内容の重複するところもあるが，それぞれの論文執筆時の主旨と視座を損なうことのないように心掛け，最小限度の調整に留めてある。

筆者が総合物流施策大綱を新たな研究対象にして論究を進めた経緯と現状までの成果については，本書で展開してあるので詳細はここでは省くことにするが，題名を「21世紀の潮流」としたのは，わが国が今後も引き続き先進世界の牽引役としての地位を確保するために為さねばならない当面する喫緊の課題を，従前のごとくに部分的にではなく総合的に一括して解決出来る最善の施策こそが，この「大綱」であると考えたからである。

それ故，筆者としても従来個別企業の発展経緯や産業毎の変革動向に対する研究方法を変え，ボトムアップ式に部分研究を重ねて捉えていたわが国の企業社会を，この度はこの施策そのものを里程標として，先ず関係法律を精査しながら，国に先駆けて全体構想を予測し，その鳥瞰図を作成しながら，わが国の総合物流施策によって全国の四拠点（東京湾，伊勢湾，大阪湾，北部九州湾）の整備が始まり，そこを国際的な新たな門戸とする総合物流のハブ基地としながら地域が活性化し，広域交流圏が拡大して，既存の産業構造が改革されることによって，21世紀のわが国経済がどのように進展していくのかを考察したのが本書である。

わが国の置かれた状況が，最早一刻の猶予もないことは，産業界や政局の混乱振りを見ても明らかであり，財界や政治家の現象面の行動のみに目を止めてはならない。一つ一つの判断や決定が如何に正しく見えても，それらが時系列の中で累積を繰り返す内に，全体としてみれば大きな誤謬を招く結果となって組織を解体に追い込み，また国を危うくしているのである。それだけに，国民が叡智を結集し自ら国づくりに対して，夢と責任と情熱を持つ時代の幕開けを目指しながら，この21世紀を迎えなければならないと考える。

2001年1月2日

大　島　俊　一

目　　次

第1章 米国金融改革法の影響

はじめに

99年11月半ば，米国は1933年から数えて実に66年振りに証券金融業界の活動を制限していたグラス・スティーガル法を改正した[(1)]。一般の関心は，その重大さを余所に紙面を賑わすことはなかったが，実はこの法律の改正が及ぼす効果はわが国の今後の経済にとっては甚大な影響を及ぼすものと考えられる。というのは，この法律が今回抜本的に改正されたことによって金融機関は一つの持ち株会社の下で，銀行，証券，保険会社を経営することが可能となったからである。

換言すれば，銀行，証券業界に66年の長きにわたり厳然として聳え立っていた不介入の壁が消滅しただけでなく，陰の巨大な金融資本である保険業界についても三つ巴の相互参入が可能に成ったと言えるのである。端的に言えば，免許制であったものが，届け出制の下での許可制を認めたことで，どのような企業でも，今後はこれらの業界に介入することが出来ることになったのである。

今日まで自由放任主義という言葉が，資本主義社会の特徴のように歴史的に市民権だけを得てきたことは事実であるが，現実は各国特有の文化を前提とした様々な規制を前提とした上での競争原理であった。その意味からして20世紀末になって漸く，名実共に法的に自由なビジネスが誕生したのである。それ故，本稿においてはその意味するところと今後の影響について論究していくことにする。

承知のように，米国は1929年の世界恐慌を契機に銀行業務と証券業務に同一の資本が参入することを禁止するため，この法律を制定した。それ以後，銀行と証券の間には不可侵の壁が設定され，二度と実体経済をはるかに凌ぐ株価の高騰を起さないための法律が決められたのである。米国が何故，この法律を制定したかについては1880年代から90年代の米国史を想起することが解明の第一の手掛かりとなると思われる(2)。

Ⅰ．新世紀へのブレイクスルー

南北戦争以後の米国は，鉄道事業の進展と共に以前とは比較にならないほどの産業資本が成長し，製鉄業，石油業，製造業，そして電力，化学，機械産業などが飛躍的な成長を遂げ，近代社会の根幹をなす産業を一挙に現出させた。

しかしながら，各産業分野では殆ど一社独占に近い形で巨大企業が存在し，しかも有り余る資本を元に株式市場での投機が頻繁に行われるようになり，営業利益をはるかに超える営業外利益を手にして，巨大な資本統合・トラスト運動が無法状態に近い形で自己増殖を繰り返していた。その結果，巨大企業の株式持ち合いによって証券市場も思惑買いの温床と化し，作為的な経済運営が行われるようになった。フロンティア・スピリッツ（開拓者精神）と共に西部開拓を実現し立身出世の栄耀栄華を，文字通り実現した米国であったが身分制社会を母胎とする英国ですら回避してきた産業の独占が現実のものとなって，米国はこの巨大資本の暴走を終焉させるための最強の法整備を急いだのである。これが米国の司法上，歴史的に名高い「独占禁止法」である。

当時の状況を考察すると，この法律の適応については，戦後日本が被った財閥解体ほどの痛手は巨大企業に必ずしも与えたものではなかったが，ともあれ公平性と自由を国法とする米国でこうした最強の法律が成立したことで，独占資本主義という破断界を超えたビジネス活動は一応の修復を見たのである。その後，第一次世界大戦を経て後，米国は空前の景気を迎え，極端な内憂外患を経験することなく，ハーディング（共和党，1921－23）の後任として副大統領となったクーリッジ（共和党，1923－29）大統領は黄金の20年代と呼ばれる繁栄を現出したのである。

この当時の世界的な出来事としては，あのリンドバーグの大西洋無着陸横断飛行があり，人々はこの頃一般的になっていたローン（割賦販売）の下で，欲しいものを月賦で支払う空前の大消費ブームに酔っていたのである。

こうした景気の下で，米国の景気は次第にアンバランスな繁栄の様相を呈し始め，自動車業界や造船業，航空機産業の株が高騰し，人々の投機熱は否応なく高まって株式市場はすべての国民の関心事となったのである。

フーブァーが大統領（共和党，1929－33）となって，春を迎え，また夏を迎えても人々の熱狂はさらに拡散して実体のないマネーゲームだけが続けられ，ついに歴史上名高い1929年10月24日ニューヨーク・ウォール街の株価大暴落，すなわち世界恐慌（暗黒の木曜日）を招いたのである。

大暴落前後のダウ工業株平均株価の変化は次のようになっている。

1929．9．3　史上最高値，381.17ドル
　　10.24　暗黒の木曜日，大暴落
　　11.13　年間最安値，198.69ドル

その後の状況もみておくと，

1930.12.16　年間最安値，157.51ドル
1931.12.17　年間最安値，　73.79ドル
1932．7．8　年間最安値，　41.22ドルとなり，

3年間の暴落の凄まじさが実感できる。

この緊急事態を終息させるために大統領となったF.デラノ・ルーズベルト（民主党，1933－45）は，救済と社会保障，経済復興，社会改革等に矢継ぎ早の施策を実行したが，その何れも目に見える成果は上げられなかったが今日的観点からすれば，この折りの施策の中で，緊急銀行救済法，管理通貨制の導入，金本位制の停止等と同時期に行われたグラス・スティーガル法の制定は，上記の独占禁止法を彷彿とさせる思い切った決断であったと言える。

とはいえ，国内の失業者が1200万人（就業労働者の約24%）を超える状況では，いかに優れた大統領といえども魔法のような処方箋はなく，米国はそれ以後景気の低迷に喘ぐ状況が続いたのである。

唯，国内的には富の極端な両極分離現象が見られ，世界一とされた米国の生活水準を満喫するものと，貧しいものたちの対比は一層際立っていたことも事実である。

歴史の教訓と言えるのかもしれないが，「歴史は繰り返さない。人がそれを繰り返す」という客観的な認識は，何時の世でも，その正当性を温存しているように思われる。確かに雇用や景気対策は経済及び財政の範疇に属するものであるが，文明国家形成の夜明けとなった古代ギリシャ・ローマの時代から，法と秩序の確立は為政者の最大の関心事となっていた。

しかしながら，賢帝と称された国主たちが最後に決断したものは他国への侵略であり，長期に及ぶ戦争の日々であったのである。この歴史的事実は，20世紀の今日でも依然として為政者の胸のうちに存在していると考えられる。51歳で第32代大統領となったルーズベルトが，長期政権を維持することが出来た最大の原因には，やはり戦争への参戦があった。1939年，ドイツと英仏の間で第二次世界大戦が勃発し，その二年後の41年12月８日の日本軍による真珠湾攻撃は，米国が本格的に世界戦争に関わる契機を与える結果となった。自国の領土が攻撃されない限り，戦争への参加は回避すべきだという強い世論もこの突然の襲撃に怒りの声をもって政府を支持することになったのである。

日本がこの攻撃を仕掛けた背景には，41年７月に仏領インドシナに進駐したことに対して米国が対日石油禁輸を通告したことと，同年12月26日に日本軍の中国大陸とインドシナからの撤兵を要求されたことが，米国を敵国と決断する主要因とされている。いわゆる「ハルノート」の存在である。

歴史の断面を抽出することが本稿の目的ではないが，米国の対日戦略が戦争という非日常的な破壊行動の中で，国内景気を高揚させ，産業を飛躍的に成長させたことは否めない事実である。

期間	持続月数	期　間	持続月数
1954.10−1948.11	37	1949.10−1953.07	45
54.05−　57.08	39	58.04−　60.04	24
61.02−　69.12	106	70.11−　73.11	36
75.03−　80.01	58	80.07−　81.07	12
82.11−　90.07	92	91.03−2000.02	107

この大戦突入によって，米国の失業者は大恐慌時(3)と比較すると格段に減少しており，当時の記録では67万人にまでなっているのである。もし，戦争がなければ米国の経済復興は四半世紀以上も確実に遅れていたとされているのである。そのことを証明する数値があるので紹介しておく。それは戦後のアメリカの景気拡大局面についての統計資料である。(出所：日本経済新聞2000.１.17)。

上記の表を一見して分かるように戦後の状況は説明をまたないと思うが，世界をリードし続けていた英国に替わりアメリカは戦後景気を梃子にして，国際社会の実質的なリーダー役として君臨することを開始したのである。米国は，国内が戦場とならなかった幸運にも恵まれ，軍事及び経済的にも世界一の大国となり，次第に政治的な重要性を高めていき，名実共に不動の地位を世界に示すことになり資本主義社会の方向性を決定していった。戦後世界は核の傘の下で経済大国主義化が進展し，米ソの二大国家群の潮流が世界を支配してきたが，70年代から多極分散型の世界構造が構築されるに従い，地域紛争の種を常に宿しながら今日に至っている。米国の発展史の全般をこの稿で敷衍することはできないが，現実的に主流となって世界中を席巻している情報・スーパー・ハイウェー構想を前提にした金融業界の躍進は，上記で考察したような米国の歴史的変遷の成果から考案された国家的な政治経済戦略であることを知る必要がある。

筆者としては，こうした視座から現況の業界再編動向を整理したいと考えているのである。読売新聞（1999.11.６）によると，この度の米金融制度改革法案の骨子は次のようになっている。

・一つの金融持ち株会社の下で銀行，証券，保険の相互参入を許可。
・顧客情報の交換は持ち株会社傘下の金融機関にとどめ，第三者への情報提供を顧客が拒否できる権限を明記（プライバシー保護）。違反には罰則。
・監督権は，金融持ち株会社をFRBが，国法銀行とその子会社は財務省が持つ。また，証券はSEC，保険は州当局が従来どおり分担。
・銀行が拠点を置く地元の低所得地域への融資義務を定める「地域社会再投資法（CRA）」を継続。

ここで一番大事な点は，冒頭に書かれた相互参入を許可した点である。今回の法改正では，56年の「銀行持ち株会社法」で銀行を傘下に置く持ち株会社を規定しており，このため銀行・保険の相互参入は限定付きのものであったが，これが今回可能になったのである。グラス・スティーガル法は，衆知の通り，銀行と証券の分離，預金金利の上限規制等を行ったものである。

その後の関係法律の改定に伴い，関係者間の法の抜け穴対策や監督責任のある担当局の運用拡大によって，今日まで実態としてはかなり制限範囲が自由になっていた。しかしながら，完全に自由とは決してならなかったのである。

わが国でも80年代後半，東証を電算化するに際して，この法律の有無が論議されたが80年代における金融業界の動向，殊に株式の保有構造の変化とそれに伴う金融自由化の中で最も懸念されたのが，個人投資家の株式保有率の相対的低下とそれに連動する法人投資家の株式保有率の増大であった。

今日，新聞紙上ではこの個人投資家の株式保有率の低下について殆ど言及しなくなっている。確かに現象面では業界再編が日々の重大事としてトップ記事に扱われており，また巨大な統合資本が世界中のビッグビジネスとの提携及び合併によってわが国の旧来の企業体や産業資本が，いわゆる外資連合によって解体されつつあることは，すでに衆知の事実となっている。

それだけに個人投資家の参入を資本の多寡の点から軽視してきた，大手証券の専横も昔日の繁栄から一挙に後退を余儀なくされているのである。その結果，個人投資家の大半は次第に投資の対象を外資・企業の株式に向け初め，株主総資本利益率の高さを判断の基準とする本来的な投資行動に帰着しているのである。戦後，わが国の企業経営の特質は，法人の維持・発展のみにウェイトが置かれ，個人株主への還元は先進諸国と比較して驚くほど軽視されてきた(4)といって良い。バブル全盛期の証券業界を例にすると，それは歴然とした数値に表れている。

一体に先進諸国の金融史の歴史を見れば，個人投資家の増加が証券業界の健全なる発展を支える指標となっているのであるが，わが国の場合はそれをいつしか当然のように軽視し続けてきたのである。この姿勢が改善されない限り，日本の証券業界の再生はないと思われる。

日本国民の気質とまで言われた貯蓄性向の高さも，国の低金利政策の前にしては「お上頼み」や「郵貯頼み」から離脱せざるを得ず，その分の高額な貯蓄が新たな資金増加策を求め，「投資」の世界に突入し始めているのが現状である。それだけに国富の半数を占める個人の貯蓄残高の移転・移動が，当面の金融市場の動向を左右する主要因となっている。

個人が貯金・貯蓄の安定的な日常性から，投資という自己責任を伴う貯蓄へと向かったことの意味は，真摯に受け止めなければならないのである。

わが国の金融・証券業界の現状を見渡せば，80年代の証券業界の改革が殆ど生かされていないように思うのは，悲観しすぎだろうか。マネーゲームに明け暮れる内に，国際情勢を見失っていたのだろうか。巨大なコングロマリットの対日戦略が外資系企業を通じて徐々にわが国の金融市場に参入していることは十分知っていたはずなのに，何故にこれほどの敗走劇をむかえることになったのだろうか。考えられる一つの結論は，わが国の金融・証券業界はメーカーが挙って新製品競争の激化する中で，最重要の企業戦略とした顧客満足度の達成を真剣に取り組んではいなかった(5)ことに帰因する。

顧客の株購入単価をまるで高級車クラスの高額に設定し，思惑買いをベースとしたかのような店頭での安易な販売業務を繰り返す証券会社では，説明に時間を要する割に少額の個人投資家の利益還元など，考慮しなくても当然とする傲慢な風潮が支配していたことは衆知の事実である。

今日の情況を勘案すれば，バブル期の弊害は遺憾ともし難いまでにわが国の資本主義体制そのものの根底を覆すものであったと言うことが出来る。時の勢いとは言え，85年９月のプラザ合意以降，世界一の債権国になったという意識が，金融に係わる者すべてを新しい投資機会としての金融商品競争の極限にまで一挙に推し進め，虚業とされた積年の恨みを晴らすがごとく短期で最大の利益を生み出す業界として産業界のトップに駆け上っていったのである。

しかしながら，この業界の虚業としての本質は変わっておらず，独自の企業評価を基にした巨大な資本集中・集積と移動・転化の効果を知り尽くす者たちの貪欲なマネーゲームのみが続いている。現状を見渡せばキャッシュ・フロー（中国では現金流量）という言葉が一人歩きしている。

これとてアメリカの造語と言われるが，わが国では古来より銭勘定のことであり，現代風に言えば現金勘定のことでしかない。債権や株式の総量での資産の多寡が余りにも注目されているけれども，商売の基本と本質は何時の世も不変であり，現金をより多く持ち，そして動かした者が勝つのである。

アメリカのトラストの形成は独占の旨味を知ったが故の手法であり，富の集中による権力行使が生み出す金儲けであったことを想起すれば十分である。アメリカの巨大資本の体質は，昔日と何ら変わりはないのである。

「財閥」の形成が悪のように考える傾向は，先進諸国の中ではわが国だけが突出しており，これを今日風に「持ち株会社」と言い換えて国民の目を専門用語の世界へと振り向けて安心させているようでは，実際何をか云わんやである。現象面での理解に若干の先行性が見られたとしても，国際経済の構造・組織は決して表面だけでは理解できない。そんなことは18世紀の国際政治の舞台でさえ，常識とされていたはずである。株式会社は誰のために，何のために設立されるのかを忘れてしまったのだろうか。公共性は私的財産の確保が普遍化した後の法的な価値でしかないのである。

西欧近代社会が生み出した資本主義社会の特質は，競争と信用に集約されるものであるが，その前提に私有財産の保護が位置しているのである。換言すれば，主たる生産手段の私的所有を認めている社会なのである。それ故，この私的所有がいくら大きくなったとしても原則面では自由競争化の勝利者でありさえすれば，何らの違法性を問われるものではないのである。

資本主義及び自由主義というものは，あくまで「資本の論理」を追求し貫徹させるものなのである。世界の経済システムは，資本の論理が生み出した諸結果でしかない，というのが今日までの歴史が教える「現実」を見る視点である。この視点に立って，今一度現在の動向を見ていくと，まるで百年前のアメリカで起こった巨大な資本移動が，一斉にこの世紀末に再度現出したかのような錯覚を覚える。「優勝劣敗」の大原則は，正に字義どおりの様相を呈しながら時間と情報と金の競争の中で，わが国のあらゆる産業分野を席巻し，日本的な護送船団方式型経済システムの根幹を揺さぶっている。

思い起こすべきことは，江戸期の「商人天道」の伝統であり，事業継続に際してのトップの徹底した倫理観である。「身の程を知れ」，「身の程を弁えよ」というのは，修身や道徳の教えに止まらず家業を守り続けるための第一の「家訓」となっていたはずである。

「賭け事をするな」という教えは，わが国商人道の第一級の禁止事項であったのである。「損して得取れ」といった言葉の持つ普遍性は，万国共通の人間感情であると考えるが，庶民段階でのこの生活の知恵は，企業人及び組織人の間では単なる符牒に過ぎず，一が二となり二が四とならなければ，人・モノ・カネ・情報の四点セットを稼動させることはなく，際限のない拡大再生産の虜に終始しているのが実態である。それにしても，現代のような企業人が本当に生き残れるのであろうか。

人生の目的は経済人としての成功のみではないとする意識の高揚が，今日の世界的な環境問題を引き起こしたのではなかったのか。人間として生まれ育つ中で何が最も大切なことかは，物心がつき始めた小学生の頃に既に教えられている。「友達をいっぱい作ること」，これに勝るものは人生には存在しない。古典の教える哲人や思想家，宗教家，そして英雄たちが残した記録には信頼出来る友人との語らいが，人生に与える価値がいかに大きなものかが説かれている。

数の論理，企業の論理の支配も終焉に来ているのである。金は何のために使うものかを，本質に立ち返って考え直す時期が来ていると考えたい。明治の御世に経済という言葉を作り出す元が「経世済民」であったことは重大な遺産なのである。独り占めをしても墓場までは持っていけないことは，金持ちほど知っているはずである。

ここには，強者独自の主観の入る余地はないのである。明治期，Economyを先ず「節約」と訳した当時の識者たちの目指した国家形成のビジョンは，先進世界の一員となるための秘訣を，富国・殖産興業国家への転換の中に示していたのである。渋沢栄一(6)を旗手とする明治の財界人の目指した国家創造計画は，130年を経過した現代から見ても，遜色のないほどのグランド・ビジョンと基幹産業を中心とした産業構造の転換を推進し，見事に近代国家への仲間入りを果たす強固な基盤を完成させたのである。

その一方で，時の政府は国際政治との交流の中で，次第に列強・大国意識に煽られ，終に日清・日露の両大戦に踏み込み，夏目漱石や徳富蘆花などの嘆きを他所に，軍事大国思想を第一とする国家へと日本を位置付けたのである。

明治期の産業革命による経済発展の経緯を見ておくと，次のようになっている。1870年に国立銀行が設立され，同年官営の模範工場が全国に創設されて従来までの政商が徐々に近代的な資本家へと成長し始め，1880年代に入ると主要な官営企業が民間に払い下げられ，自由な経済取引が一挙に日本の近代化を推進することになったのである。払い下げ企業の一例を挙げておくと，次のようなものがある。高島炭坑が後藤象二郎（三菱金属），長崎造船所が三菱（三菱重工業），兵庫造船所が川崎正蔵（川崎重工業），三池炭坑が佐々木八郎（三井鉱山），新町屑糸紡績所が三井（鐘紡），富岡製紙場が三井（片倉工業）などがある。

後進国家日本が急速な発展を遂げたのは，日清（1894），日露（1904）の戦争が直接的な契機を与えたからである。国家非常体制下での短期の工業製品の受注・入金・搬送の繰り返しが，民間企業の営業収益と利権競争を激化させ巨額の資本集中を一挙に実現させることになったのである。それによって各産業分野での不均等発展はあったものの，わが国の工業生産力は飛躍的に増大したのである。しかしながら，政治・経済・陸海軍の基本をフランス，アメリカ，イギリス，プロシアに求めたわが国の国家体制は，この後国粋主義的な色彩が強くなり，バランス感覚を喪失した方向へと進み，第一次・第二次の世界大戦への気運を高めたのである。

敗戦後のわが国の状況は説明するまでもないと思うが，日進月歩の技術開発競争を当然とする欧米社会の模倣を重ね，いつの間にか「追いつけ」の目標を達成し，70年代に入って「追い越す」勢いさえ示し始め，日本的経営の栄耀栄華を必要以上に喧伝していた。しかしながら，国際社会の現実は日本の経済立国化を正当には評価せず，少資源国としての認識から原油，小麦，食肉，鉄を中心とする各種の鉱物，木材，原材料などを政治の武器として並べ立て，国際価格という絶好の指標に基づいた製品を輸出し続け，潜在的な国際通貨となり始めていた「円」を収奪する手段に磨きをかけていたのである。

そして80年代後半以降，情報化システムの構築を急いだわが国の証券市場や金融業界の見込みとは裏腹に，国際的情報ネットワークを前提とした巨大な金融ファンドが到来し，あっという間に国富の三分の一近くを収奪し，しかも巨額な私企業の不良債権及び劣後債を一挙に底値で回収しながら膨大な売買利益を上げるという離れ業を行いながら各産業分野に参入して業界経営を再構築しているのである。今日外資系企業という固有名詞はあらゆる業態で見られ，しかも主要な地位を占める企業として存在しているのである。80年代に，今日の日本の衰退を予測することは出来なかったかもしれないが，あまりにも弱体を呈しているわが国の現状を見る限り，理想無き政治と哲学無き経営の行く末を観る思いがするのは，考え過ぎなのであろうか。

2000年を迎え，いよいよ日本の将来が心配になってきている。杞憂という言葉では済まされない状況が日々刻々と迫っている。危機的状況という言葉さえ，政治家の口に掛かれば，旧態然とした仮想敵を想定した幻想のようにしか響かない。それだけに状況は，表面的には現実逃避を官民挙って行うようになっているかの如くである。世紀末の縮図というべきかもしれない。

II．金融市場解禁と業界再編

歴史的に通覧すれば，高度成長期と言われた60年代後半から30年間に及ぶ今日まで，経済主体としての企業の戦略はシェアー拡大の夢を追い求めるあまり，海外への日本の企業進出に際しても，無意識の内に日本的独自性を押し付ける結果となり，文化摩擦や経済摩擦を繰り返し，最終的には各国との政治的交渉や協約に押し切られることが多くみられた。

更に電力開発の功罪を巡って環境問題が表面化し始めた80年代後半からは，次第に各分野における国際標準値との整合性が企業活動に直接影響するようになり，グローバリゼーション社会での取り決めは国際協約となって，新たな国際基準として経済社会のあらゆる分野にその普遍性と具体性を求めるようになってきたのである。その動向は瞬時を競う金融業界を始めとする市場開放，外資参入，規制緩和及び撤廃となって具現化し，外為法の改正など思い切った措置を実現させると共に関係法律の改正が行われているのである。企業会計制度の分野においても，当然こうした業界動向を受けて国際標準化へのシフトが喫緊の課題となっているのである。

90年代に入ってからは，業界再編をもたらす程の急激な企業・グループ間の国際化・多角化が進展する中，世界の主要金融証券市場において，わが国の国際的信用・競争力低下に対する危機感が強まってきている(7)。その主な批判は，わが国の市場（産業構造）の不透明さや企業活動が各種の煩瑣な規制に縛られて自由な取引が出来ない日本的商慣習(8)に向けられている。政府としてはこうした積年の課題を是正するために，グローバル・スタンダードに適合する改革を打ち出したのである。その契機となったのが，1996年（平成8

年）11月，市場原理（Free）・透明性（Fair）・国際性（Global）」を基本理念とする金融システム改革であった。そして，それに伴う各種の具体的改革の促進を図るために，大蔵省の諮問機関である証券取引審議会，企業会計審議会，金融制度調査会，保険審議会，外国為替等審議会等によって，2001年（平成13年）までに，わが国の金融市場をニューヨークやロンドン並みの国際金融市場に復権させるための制度改革を行う事を目標に定めたのである。

近年，外資企業の参入によるわが国の企業経営の構造的変革と共に国際標準化の波は商法改正や会計制度改革にまで及び，喫緊の課題として先進諸外国との制度上の調整・適合が必要となってきているのである。従来においても，この分野の法整備の遅れは各国から指摘されていたのであるが，漸く国が本腰をいれて取り組みを開始したのである。唯，わが国の商法の整備は，戦後の経済復興から独自技術の開発に邁進した企業各社の経営拡大や国際化の進展に併行して行われて来たという歴史的経緯があり，これについての成否は一概には言えない事情があると思われるが，時代の波がこの旧弊を押し破ったのである。

2000年の２月半ば，国会は野党の参加によって異常な混乱状態を回避することができたが，景気そのものについては依然として政府発表の統計数値通りに認知されるような現実ではない。身近な庶民の感覚では，不景気風は依然として強く浸透しており，証券市場を賑わすIT関連の投資株の破格な急騰はどこか他所の国の話のようでしかない。

筆者は国際化への道標を辿って数年来物流効率化を視座に論究を進めているのであるが，この一年間だけみても専門家筋でさえも考えられなかったような重要な法律が数多く改正及び成立している。国際化の影響力は，わが国の企業各社を自社保有の先端技術を世界市場での№.Ｉ競争に邁進させ，資本市場での評価を不動のものにして世界中から資本投資を呼び込み，株主資本の効率的運用を前提に，高配当が可能な企業へと変貌を遂げようとしている。そして気が付けば，現在大手企業を中心に「株式会社」という法人格の最大活用策を推進させ，その傾向を一層際立たせているのである。

すなわち持ち株会社の復活であり，その容認である。これは他の会社株式を投資目的でなく，事業活動をコントロールする目的で所有し，持ち株比率が50%を超える子会社の株式取得額の合計が，総資産の50%を超える会社である。わが国では敗戦直後の財閥解体以来，独占禁止法によって今日まで認められなかったものであるが，97年６月11日に独占禁止法第九条の改正によって解禁されたのである。

この事一つを取り上げても，何か根源的な変革が政治・経済の世界で起っていると考えるのが道理に適うのではないだろうか。実際に法律の改正・成立件数を官報などで見ても，ここ５年間の数値は日本の憲政史上においても比較にならないほどの規模となっているのである。行政改革の御旗を掲げ，推進を方向付けた政権は交代したが，その目論見は財政政策の失敗によって却って広くわが国の腐食構造や国際的基準からの乖離を鮮明にしてしまい，もはや中途半端な打開策の積み重ねを許さない状況に追い込んだかのようである。

しかしながらこの不可避性は「けがの巧妙」と言えるかもしれないが，国民のためには政府自らが「民間の活力と資金を活用する」と公言してあらゆる社会資本の整備・充実を実現するとしている以上，民意が浮上する契機を与えたことは望ましいと言える。1999年制定された従来型の公共事業に替わるPFI推進法(9)は，１年を経過した現状でも地方行政や一般企業にとって二の足を踏ませるもののように受け止められているように解されるが，その法的有効性はわが国の行政の枠組みを大きく転換するものであり，資金の還流が常に明示・公開されながら，事業の対社会的な付加価値が増大していくことを前提としているだけに最重要の法律なのである。

何故なら，この法律を適用する推進事業の規模は大きく，広大な土地をかつての都市整備計画と同様に行うことが明記されているからである。具体的に言えば，環境破壊ではなく自然景観との整合性や地域住民の生活の資質向上を最終目的とした事業としての理念が明確に付与されているからである。それは従来型の単なる箱物の構築ではなく，何のために，誰のために必要かという根本理念を，如何に事業として成り立たせるかという徹底した職人気質のような文化性を要求しているのである。それだけに単体事業であっても，社会的責任は重く，徹底した長期的なビジネス感覚とノウハウが必要とされているのである。

政府が各産業分野での再編を促進するための法制化を急ぐ背景には，国際協約の履行を迫られているといった事情のあることは，もはや衆知の事実であると考えるが，各業界の再編動向は現状においては「何でもあり」といった段階に突入していると思われる。積年に及ぶライバル会社同士の合併や業務提携，あれほど毛嫌いを示していた外資企業との提携及び資本統合，金融・保険・証券といった垣根すら何でもなかったように取り去る自由化の波は，例えば税効果会計のような国際的な標準化をも当然のごとくに受容させ，新たな普遍性をもつ共通のスタンダードに立って世界的規模での競争開始を宣言していると考えてよい。

また金融制度改革は，預金金利の自由化，証券取引手数料の自由化から始まったことを忘れてはならない。その結果，金融機関は如何に有利で高利回りな商品を顧客に提供できるかを競い，従来では考え付かなかったような様々な金融商品を作り出すことになったのである。アメリカの今日の盛況の背景には，R.レーガン政権[(10)]下での金融改革が硬軟の二面性を使い分けたものであったことに意義があったのである。

すなわち完全自由競争を許しながら，その競争原理を円滑に機能させる規制緩和を進めるのと併行して，行き過ぎた競争の防止や企業破綻の場合の細部に及ぶ処理方法の提示，そして経営陣に対する重い罰則規定など，様々な制度や監視制度を時を隔てることなく導入していたのである。ここで急浮上したのが情報開示（ディスクロージャー）や自己資本比率規制，更に時価会計制度といった利用者の評価が正当に行えるようなルールであった。

BISの自己資本比率規制は，銀行の自己資本比率を規制する国際的統一基準であるが，この第一の特徴は自己資本比率として，リスク・アセット・レシオ（危険資産比率）を用いていることである。これは自己資本比率（自己資本÷資産）を算定する際の分母とし，銀行の資産をそのリスクの度合いに応じてウェイトを付け，その後集計したものを用いる方法であり，この対象となるのは，国際決済銀行（BIS）の銀行規制監督委員会のメンバー十二カ国の国際業務を営む銀行である。これらの銀行には，ベルギー，カナダ，フランス，ドイツ，イタリア，ルクセンブルグ，日本，オランダ，スウェーデン，スイス，イギリス，アメリカの銀行が対象となっているのである。

一般に流布されているBIS基準は現状では4％から8％となっているが，これは複雑化・多様化するデリバティブ取引の拡大に対処するための防止策であり，取引失敗による損失や，市場での信用不安を招かないためのリスク管理の明確化及び金融機関の自己資本の確保を目的とした総合的管理を意図するものである。デリバティブという金融派生商品は，今日その末端の取引状況を正確に補足することは到底不可能と言われている。

しかしながら，そのうたい文句とされているハイリスク・ハイリターンを売り物にしながら，多くの日本企業がその取引の犠牲になっているのは，なんと言ってもその取引の手っ取り早さがあげられる。短期間での高収益の獲得という夢の実現は，不良債権で身動きができない銀行や，飛ばしや国外のペーパーカンパニーに付け替えをして簿外債務を山のように抱えた証券会社にとっては，唯一無二の起死回生の活路と見えたのかもしれない。一方，今後全国の諸都市の郊外型大店舗開発や市街地にある工場跡地の再開発事業で一般的な形態となると考えられる不動産証券化動向は，現下においてもすでに熾烈な競争を繰広げている。その先鞭事例としては，2000年2月10日，三菱商事は投資額が一千億円に上る不動産証券事業を明らかにしている。

これは先行する不動産会社や信託銀行等に水を空けられることを嫌ったためと解釈されているが，こうした巨額な投資が不動産を担保に証券や社債を発行して事業活動を展開するという新たなビジネスが蠢き出している事実は，景気動向と共に注視しなければならないのである。

不動産証券化とは，［土地や建物の所有権などを小口に分け，証券に替えて売り出し，家賃などの不動産から生まれる収益を配当する仕組み。機関投資家や個人など広い層から投資を募ることで不動産投資の活性化につながる。所有と利用の分離が進めば，不動産を利用して事業を始める際のコストも低く抑えられる。銀行の不良債権の担保になった不動産を処分する場合にも活用できる。］日本経済新聞〔99.2.11〕という特色を有しており，先のPFI推進法が公共性の高い社会資本整備事業を対象としているのに対して，これは全く民間による新たな不動産事業を助長するものと考えられる。

問題とすべき点は，劣後債扱いされていた担保地が証券化されて生き返るという仰天絶句の仕掛けを国が認めたという事実にある。最悪と言われる国家の財政逼迫を打開するためには，なりふり構わずあらゆるところから公租公課の種を探すといった税金集めのための最終策が実施されているという認識が必要なのである。

その証左の一つが，昨年12月24日に発表された［日本経済再生への戦略］であると考える。これは経済戦略会議の中間報告として発表されたものであるが，一般的には幾分軽視されているように思える。しかしながら，そこに提示されていた内容の大部分は現行の法改正を経て着実に進んでいる。殊に，第３章［バブル経済の本格清算と21世紀型金融システムの構築］で示された内容を吟味すれば，これらが現状の金融業界を始めとした業界再編動向に対して直接的な契機を与えたものであることが理解されると思われる。

以上のように，本来的には現代社会の新たな基軸を形成する可能性を持つ動向にも慎重な分析の目を凝らす必要があると考えていたものの，当為に殆どの時間を費やしてしまった。「学問に王道なし」と言われるが社会認識の方法も一つの専門分野で構築するには，現実は余りにも複雑になり過ぎている。わが国が国際社会の一員となってから半世紀が経過しているが，国際化の観点から現実を審議するならば表層的にはあらゆるものは揃っていると断言できるものの，その現実から浮上する数々の問題は各国との歴史認識の相違や文化の違いを明確にさせるばかりである。

前節でも紹介したが，1999年11月12日に成立した米国金融改革法案がもたらす影響は大きく，金融機関が一つの持ち株会社の下で銀行，証券，保険会社を経営することが可能となり，一挙に業態を超えた買収・合併が容易になった。相互参入を禁止していたグラス・スティーガル法（1933年銀行法）が66年振りに抜本改正されたため，アメリカの金融業界を中軸した巨大な合併が加速され，今後世界中の経済構造は大変革を避けられない状況となっているのである。このような金融制度改革が断行された背景には，1998年にアメリカの大手銀行シティーコープと大手保険会社トラベラーズ・グループが合併したことが，制度改革に先行した事例となって改革機運を一気に高めたとされている。

一方わが国では，1990年代初頭よりいわゆるバブル経済の崩壊の後，業界を代表する金融関連企業が大幅なリストラクチャリングを強いられ，巨大な産業構造の転換を意図した業界再編（合併および部門提携）動向は新聞紙面での日常的な報道として取り上げられている。政府の数回に及ぶ巨額な緊急経済対策費の効果も，国債発行残高を急速に増発させるのみで一向に景気を浮揚させることなく2000年に突入し，依然として経済成長率の期待値のみが先行する政府予測が示されている。

こうした現代社会の動向についての関心は次第に高くなっており，今後国際社会の中でわが国がどのような位置を占めるのか，またそのためには何をなすべきなのかを考えるようになっている。そうした問題意識を常に脳裏に浮かべながら，国際化というキーワードを導きの糸として株式会社制度のあり方について今一度詳細に検討する作業を繰り返すうちに，わが国の会計制度の中で先進諸国の制度と比較して最も遅れている税効果会計を適用することが，国際ビジネス間の金融システム適合への最短距離であると考えるに至った次第である。

最後に筆者の論究の方向性と方法論を容認する動向を掲載して，まとめとしたい。それは日本経済新聞の記事にある「だれが作る日本の会計基準」という連載である。ここでは日本公認会計士協会や経団連，自民党を巻き込んで，FASB（Financial Accounting Standards Board：米財務会計基準協会）(11)のような民間組織で日本の会計基準を作ろうという特集が組まれている。(99.2.

15)

内容を若干敷衍しておく。衆知のようにこれまでの基準作りは大蔵省の諮問機関である企業会計審議会が担当しており，大蔵省としては当然のように反発しているが，経団連としては規制緩和の推進を会計基準の改正によって促進させるべく，2月7日に経済法規委員会の中に国際会計部会を設置し，民間機関設立に向けて積極的な行動を開始している。こうした背景には「わが国の会計基準は国際的に通用するものと異なる」との諸外国からの具体的警告（レジェンド）が昨年3月期からの日本企業の英文監査報告書に付記されたという事情があったからである。法改正までは時間が掛かるかもしれないが，筆者が先に指摘しておいたように，日本の再生計画を実現していくためには当然の措置であると考える。更に付言するならば，外為法の改正によってどのようなことが起っているかを想起すれば，大蔵省が面子に拘って砦を死守しようとしても意味のないことでしかない。

企業の国際化は当然のように，国が求める「円建て」ではなく「ドル建て」を中心に行っていることを直視すれば，会計基準づくりも日本のEU諸国や米国，アジア各国との関係及び現実的な要請を前提として判断すべき問題でしかない。その意味からしても，わが国の社会資本整備が民間に委託して推進するということの目的が，こうした問題をも包含しているという事実を真摯に受け止める必要がある。巨大な構造改革への動向は，あらゆる旧例を改めることを例外とは見なしていないのである。筆者の時代認識では，混迷を呈する現状の背後に国際社会の巨大な業界再編に向けたシナリオが存在しているのではないかという意識は次第に大きくなっている。改めて現実世界の企業間の出来事を歴史的に検証し，新時代へのブレイクスルーを業界別に考察していく中で，情報通信産業を中核とした21世紀創造事業が展開さていると考えれば，現在行われている巨大な業界再編劇の収斂先が見えてくる。

それは筆者が論究し続けている総合物流施策大綱が意図している総合物流拠点創設事業が，実はそのメルクマールとなっている。詳細は拙稿［物流拠点を中核とした広域交流圏の創造］や［総合物流化への潮流］(1998. 3，12)を参照されたい。

2000年に入ってから新聞の紙面に連日のように登場する重大事にくぎ付けにされることが多くなっている。2月15日の朝日の夕刊には，［トヨタが金融持ち株会社］という見出しが一面のトップを飾っている。トヨタとしては満を持した戦略の立ち上げかもしれないが，国内最大の事業会社が金融持ち株会社を設立することを発表したことの意義は大きい。昨年ニューヨークとロンドンに相次いで上場した余勢を駆って，インターネットを利用した決済銀行の設立も検討しているとすれば，業界再編は一挙に中盤戦を超え，終盤戦を迎えることになると考えられる。経済主体の勝ち残りゲームは，巨大な資金流量を手にしたものだけが，生き残ることができることを明示している。企業戦略の策定も今やトップの見切りに躊躇を許さない状況となっている。それだけに実業世界の熾烈さの行方に待っているものが何か。気にかかるところである。とはいえ「真の知識は経験からしか得られない」ということを，改めて痛感している。この教訓が世界の経済界で通用していることを実感できたことは，何にも増して大きな収穫であったと考えている。

アメリカ・アングロサクソン的なるものへの模倣が戦後一貫してわが国の主流になってきたことは誰しも否めない事実であるが，模倣はやはり本物にはなり得ない。本物から学ぶべきものは，ただ一つ，本物たる所以である。強い意志と目的をもつことこそが，自由意志的存在たる人間の証明となる。そのように考えると，世の中を変えるほどの意思決定を為す企業人の行動を捉えようとする学問世界の論述は，諸結果を分類し，そして分析する後追い人のような気持ちが次第に強くなっているが，岡目八目の立場からすれば全体がかえって際立ってくる。

現実は常に流動的であり，その数値的理論化は諸結果から推測される抽象的概念先行を元にした言語世界の意味構築及びその整合性の妙味の域に定住するのかもしれない。さもあらばあれ，こうした思考のカテドラル構築によって漸く一つの見晴台には到達したと考えたい。この視点に立って専門的論究の成果が将来どの程度まで通用していくのかを見守っていくことが，自分自身の新たな課題となっている。今後も目を一層高く上げ，より大きく現実を捉えることが物事を深く知る手立てであるということを信じ論究を深めていきたい。

III．神話の崩壊

誰が主役なのか。

現代「社会」を理解する唯一の方法は，歴史から何を学びとるのかに尽きると考える。あらゆる学問が目指すものは，人間の歴史的諸活動の探求であり，人間研究である。意識があり，価値を持つ存在としての人間が作り上げた文明や文化の伝統は，今も脈々と世界中の人々の生活形態そのものに宿っていることを知る必要がある。

とはいえ，一方で権威対権力という構図の下に描かれた過去の世界史は，現代でも様々に姿を変えながら絶えることなく基調底流をなしているのである。現代社会にあって，われわれにできることは，自己実現を前提とした人生への挑戦しかない。現実は一人一人異なっても，何か時代の潮流との合致点を追い求め，その流れを自分のものとするという意気込みこそが求められている。そう考えることで，自分の人生は現代社会と同調することが可能となるからである。

しかしながら，昨今の世界情勢は静寂を求める思索や哲学を許さないほどに著しくなっていることも事実認識としては必要である。すなわち，現在世界中の企業間に見られる経営支配力拡大競争は終に一国の社会構造の基盤を形成していたリーディング・インダストリーによる旧態然たる寡占業界の壁を突き抜け，信じられないほどの勢いで業態改革を進めているのである。情報通信分野に見られる飛躍的な高度技術革新とコンピュータ・ネットワークの進展は，世界を秒単位にまで収縮させて「時は金なり」という文字通りの現実を創出しているのである。換言すれば「時間を制するものは，世界を制す」というテーゼが，天文学的な資本潮流の下に，貪欲で熾烈な経営支配を展開しているのである。

現実認識としては，やはり95年頃[12]から際立って活発化した国内外の企業間で繰り広げられている業務提携や資本参加，明確な資本統合や資本結合といった経営戦略のウェーブを中心に見据える必要があると考える。筆者としては，こうした視点に立って，その背後に存在する時代の流れと世界のトップマネジメントたちの意思決定に至る価値・目的・手段・行動のプロセスを見極め，更にその根底に位置すると推測される共通性や方向性を摘出したいと考えている。

世界が時間的にも空間的にも縮小傾向（Shrinking）にあることは，もはや誰しも否めない事実である。宇宙時代の到来は，すでに宇宙ステーションの建設をも予定行動の一つとして実現できるまでになり，大気圏外に数知れぬほどの通信衛星を現出させ，地上との交信技術を幾何級数的に高めると共に，その科学技術を民間の研究開発の中に生かしながら新時代をもたらす製品作りを可能にしている。しかも，これらの製品が従来と異なる点は，世界中の人々にとって必須のものとなっていることである。携帯電話やe-mailといった簡便な通信機器が，その代表格である。これらの急速な普及によって情報通信産業は，今や既存の情報の概念を一挙に変革するほどの勢いを呈しているのである。

その最前線は「東証」「店頭」「マザーズ」「ナスタッグ」などの競合関係に入った株式市場で，自社株の高騰を追い風として，急成長の著しい幾つかの新企業による世界的規模での巨大な情報ネットワークづくりに見られる。

こうした動向を更に加速するかのように，新聞紙上では矢継ぎ早にこの種の新規事業を立ち上げる企業各社の共同開発を連日のように発表している。3月中旬の事例を見ても，［郵政省が年末に始まる放送衛星の「衛星データ放送」とインターネットを組み合わせた新しい電子商取引システムを松下電器産業，日本電信電話グループやコンビニエンスストアチェーンと共同開発する］（日本経済新聞，2000.3.11)，［ソニー，トヨタ自動車，東京急行電鉄の三社はケーブルテレビ網を利用して映像や音楽，ゲーム業務ソフトなどをインターネット経由で家庭やオフィスに配信する事業に共同で乗り出す］（日本経済新聞，2000.３.９）などがある。

ほんの一例にしか過ぎないが，この二つの事例ですら，２～３年前までは誰も同一テーブル上で組み合わせることのできなかった企業提携である。それが今，あたかも予定の行動のように連続して起こっているのである。それ以上に，重大な出来事は，世界の巨大銀行間で繰り広げられている合併動向である。

今年７月には，独最大手のドイツ銀行と同三位のドレスナー銀行が合併すると発表した（日本経済新聞，2000.３.10)。総資産二兆五千億マルク，従業員数約14万人，日本円で約132兆円の巨大銀行の誕生となる。米シティグループの約二倍の規模をもつメガ企業体となる。

これは投資銀行業務を前面に打ち出した合併だけに，欧州全体の産業構造再編が雪崩現象を呈して加速するとみられているが，合併の真意が米国の投資銀行の攻勢に対抗するためとされているだけに，世界の金融業界の再編をまた一歩進めた定石の布陣とみるべきである。世界の自動車メーカーにおいても，５～６のグループに集約されるとの見方があり，生き残りの最低ラインが年産400万台，時価総額で10兆円以上とされている。企業規模の拡大化は，21世紀へのパスポートといった感がある。それだけに，この規模拡大による覇権競争は「文句なし」の勝利を手にすることを目的としている。

この報道に呼応するかのように，わが国でも三和・東海・あさひ銀(13)が2001年４月を目途に事業統合する方向で調整に入った。(朝日新聞，2000.３.13）これが実現すれば，総資産は100兆円を超える二番目の巨大企業が誕生することになる。以下に世界の巨大企業の総資産（上位）ランキングを示しておく。

１．みずほフィナンシャルグループ …134兆円

２．ドイツ銀行・ドレスナー銀行 ……132兆円

３．三和・東海・あさひ銀行 …………103兆円

４．シティグループ …………………… 74兆円

5．パリ国立銀行・パリバ …………… 66兆円
6．UBSグループ（スイス）…………… 58兆円

（日本経済新聞を元に作成）

みずほグループは，第一勧銀，富士，日本興業の3行統合であり，今回の三和＋東海・あさひ銀（この2行は既に今年10月に共同持ち株会社を設立して経営統合することが決まった）の統合はこれに対抗するための統合である。これによって，わが国の金融界は住友・さくらの合併行と東京三菱銀行の4グループ体制となる。2001年が，世界中の企業家たちにどのように受け止められているかが理解されると思う。金融業界の総資産は100兆円競争に入っているのである。

わが国の国家予算を超える銀行の資産運用が開始されるのである。世界的な資本潮流の渦は，国内の産業構造を根本から変革しながら地球規模での5～6社による寡占体制の構築を意図しているかのようである。

それだけに現状では，暖簾価値に拘泥した旧来の経営体質から速やかに脱却して資本主義初期に見られた冷徹無比の資本の論理を徹底する以外，生存競争には勝てない状況なのである。グローバル・スタンダードの浸透は，実は企業トップの経営姿勢改革を第一に迫るものであったと考えるのが正解なのかもしれない。

Free, Fair, Global の三つを，組織において同時に実現できる鍵を握っているのは株主層から絶大な支持を受ける最高経営責任者・社長であることは自明の理である。また企業内において情報の質が最も高いのは「社長」の特徴である。意思決定に至る過程においては，自社及びグループ内外の情報分析に止まらず，業界や政府，各種のメディア関係者間のコミュニケーションによる情報の鮮度の確認が適宜なされ，時間速度の成果・有無と最終決断の落とし所，そして行動のタイミングが決定される。株主資本利益率が企業の経営評価の基準となってきたことから，資金の投資効率と安定度の高さを同時に確保することが，トップを存続させる必要十分条件となっている。

それ故，今日の経営者の役割は世界的な資本移動の潮流に逆らうことな

く，むしろその動向をタッチの差で先取りし，経済学でいわれる最適効率化を第一とする徹底した論理に従うことに帰着するのである。ライバル同士の合併劇の裏側には，表面的なトップの面子争いとは別に，最終的な利益確保の力学が現然として横たわっていることを忘れてはならない。Businessのトップに位置する者の夢は，単なる金儲けではなく，事業拡大への挑戦である。「得手に帆を揚げて」という本田宗一郎氏の言葉が残っているが，自ら描き切った夢の実現過程での困難を克服していくことが企業経営者の醍醐味であり，またその味を知り尽くした者たちだけが，いつの世も企業の存続を保証しているのである。

かつて企業戦士という言葉があった。この言葉は，今の時代では不穏当な言葉かもしれないが，現実を見渡せば特別に訓練された独立自尊の優秀なスタッフをグループ化してプロジェクトを推進している企業が増えている。際立った特色は，これらが旧来的な事業部制をベースとした寄集め的人事・配置ではなく，最も優秀な人材に権限と資金を与え，プロジェクト・ファイナンスの効率性を追求しながら当初の目標を最短距離で達成することを意図していることである。

企業を支える優秀な人材の有無が，この激変する社会動向を適切に乗り切る鍵となることは疑問の余地がない。トップの意思決定の重要性が飛躍的に増している現状では尚更のことである。確固たる共通の目的があり，社会的貢献が果たせる仕事にしなければ，これからの企業経営は成り立たなくなる可能性が高くなると考える。換言すれば，トップとの一体感の強弱が企業の存続を決定する主要因であると言って良い。それだけに「鍛え上げられた個性」とでも言うべき，企業人としての「識見」や「らしさ」が求められているのである。

今日，経営責任という言葉は非常に凝縮された意味合いの中で問われ始めている。その先鞭をなすものがディスクロージャーである。開示原則のもたらすものは，単に企業の一事業年度末に提示される経過報告書の公平性に止まらず，企業経営全体に対しての公正さと社会的役割の重要性である。

世界中を駆け巡った環境問題の急速な進展が，究極的に意図しているものは何であるかを真摯に問う必要がある。それは「人類の幸福と世界の平和の存続のため」ということに尽きる。世界は新世紀の入り口に立っているが，第二次世界大戦後の半世紀に及ぶ工業生産力競争の「負の遺産」とも言うべき「環境汚染」を，各国とも最早看過できない状況下にある。例えば，気候不順による極端な寒暖の到来や天変地異の頻発，生態系の変貌，各種の病原菌の異常発生，海流変化による魚介類の死滅など，その意味するところは人類全体として絶大なものとなっているのである。

これらを自然の警告として捉える認識は，現状では一部の専門家を除けば依然として驚くほど低いと思われる。唯，大量のゴミや汚染物質（ダイオキシン）等に対する関心は日常的な生活上の問題から，関係者団体が挙って問題解決に向けて全国各地で運動を展開しているが，まだその根底に流れる地球規模での危機感を共有するには至っていない。(14)

この認識不足の一端は，政府と大衆の「学問」に対する考え方の中に求められるかもしれない。若干私論を述べておきたい。時代の変化という基本的な前提条件が存在すると考えるが，一体にわが国の昨今の状況は，殊に消費社会と喧伝されていた80年代後半から学問に対する関心が薄らいで来た。高等教育の改革が政府から出始めた頃から，この傾向は高まっていたように思われる。

端的に言うと，自然科学分野への一般的な信奉現象は盛んであったが人文・社会科学分野に対する評価は格段に下がって来たように思われる。その理由の第一は，これらの分野の持つ通史性や体系性が現実に起こった数々の歴史的な大変革の中で，政治経済という生き物に席巻され，マスメディアを通じて眼前の世界の動向に関心領域を拡大させてきた結果であると考える。換言すれば，短絡的に過ぎるかも知れないが，現世主義に個人主義（Me-ism）が加わり，これが老若男女すべてに浸透し始め，伝統的な価値観の継承よりも，新規性を普遍的な常識として受け入れてきたことが挙げられる。そのため，これらの分野研究の根源を成す「人間研究」を基礎とした人類の幸福や世界の平和追求といった側面が，次第に特殊な分野として位置付けられ，更にこの分野の専門分化の著しさが研究者自身においてもその体系性構築を遠ざけさせ，結果的に世間の常識から乖離したものとして扱われてきたと言える。

しかしながら，四半世紀以上も前になるが「何のために学問をするのかと言えば，人類の幸福や世界の平和のためにどこかで役立つから，学問というものの存在意義がある」と断言した学者は存在したのである。末川博博士の言葉を引用しておきたい。「学問の自由というのは，何も研究者や学者や一部の思想家だけの自由ではないのであって，これは裏返して言えば，国民大衆が本当のことを知り真実を伝えるためにもっておる自由であり権利であるとしなければならない。だからこれを奪われて，戦前戦時中のように一方的にウソのことを報道され虚偽を伝えられて，見ざる，言わざる，聞かざる状態におかれることがあってはならないのであって，国民大衆が真実を知り，真実を語り，真実を伝えるための自由として学問の自由があるとしなければならない。つまり，大衆がだまされないための自由が，学問の自由の一面である。従って大衆がだまされないように努力するところに学者の任務があると，僕は考えておるのです。」

今ここで，こうした言葉を引用する理由は，わが国の学界を代表した碩学たちの学問に対する功績や人生を貫き通した強烈な信念が，学問研究を職業とする者の中にあまり生かされていないように思うからであり，知識の集積と整理は学びの前提に過ぎないということを忘れてはならないと考えるからである。

表題を「神話の崩壊」としたのは，様々な崩壊現象が矢継ぎ早に生起し，そして旧来の価値観を激変させているこの現実を最も端的に表現する凝縮された言葉を模索した結果である。考えてみれば，誰しも疑うことの無かった眼前の社会秩序が一挙に塗り替えられるという現象は，わが国の歴史には何度か存在していた。明治維新や第二次世界大戦後のわが国の変化[(15)]は，現在も大転換期として語り継がれるものである。

しかしながら，この度の世紀末の変化は情報化が世界を共通のネットワークの下に再構成するという事態を招いているのであって，その甚大な影響は一国に止まらないところが，大きく異なっている点である。世界が航空機の時代を迎えてから40数年が経過し世界は小さくなったと言われていたが，国民生活の日常性における国際社会の浸透度は世界を全く身近なものに作り変えているのである。

新聞，雑誌，テレビなどのマスメディアの多様な影響は，国民の関心事を世界中の出来事にまで広げているが，それは主に「今日の出来事」の紹介であったが，e-mail の普及はこうした媒体を経由せずに自分が知りたい情報を瞬時に直接検索できることから世界中のあらゆる知的資産を役立てることが可能となったのである。企業間における経営戦略も，今や巨大な資本力を元に超大型コンピュータを駆使した情報戦争を元にしながら，小型の端末機を連動して機能性を高める方向に転移し始め，「速度と正確さ・量と質」を最大限まで追求して，日進月歩の技術開発競争に一層の拍車をかけているのである。

それ故，既存の大企業の重層的支配を許してきた産業構造も新規参入を果たした情報産業の空前の勢いに呑まれて，その基盤を根底から揺るがされ始めているのである。唯，「IT 革命」という名が余りにも一人歩きして，この産業関連なら何でもといった風潮には，株式市場の動向を見る限り短期間での株価の乱高下幅が大きすぎることから，その推移について突然の急落が囁かれており，注意が必要ではないかと考えている[(16)]。1975年に創業したマイクロソフト社もパソコン業界では老舗の分類に入り，世界の IBM に挑戦した同社も，今やアメリカ・オンライン（AOL）に脅かされており，世界で 3 万 5 千人の従業員を要する大企業としての戦略の立て直しが求められているだけに，この業界は目が離せなくなっている。

そうした最中，わが国の国政にとって重大な影響を及ぼす事態が勃発した。言うまでもなく，4 月始めの小渕総理の緊急入院である。これは予想だにしなかっただけに，その後の対応は慌ただしく，一週間後には正式に森新総理が誕生するというまるで魔法をみるような状況を呈しているのである。小渕総理の病名は脳梗塞ということであるが，その容態は当初から最悪のケースが想定されるほどの状況であることが認められていた。

森新政権に望むものは，これ以上日本を不安定な国にしないための施策の構築とその実行しかない。旧来的な政治手法を駆使する自民党政治に埋没せず，来年度の省庁再編に向けて積極策を実現することに尽きる。

4月12日の日本経済新聞のトップを飾っているのは，「商法，50年ぶり抜本改正」であった。［会社制度　国際基準に　連結・時価会計に対応］と大見出しが付いている。問題は50年ぶりの改正（2年後目途）ということにある。国際化の論議は，一体戦後から今日まで何度行われてきたのか。何故，今頃になって法務省は見直しを発表することになったのか。根本的な疑問が残る。株式会社制度を改正するといったことは，時代に敏感な政治家であれば当然のことではなかったのか。何故，旧来的な法律の枠内での解釈にあれほどまでに拘ったのに，何故今になって抜本改正ということに踏み切らざるを得なかったのかなど，紙面を見るほどに疑問が浮かび上がってくる。

商法改正の検討項目は，次のようになっている。

基本方針

・新たな視点から会社法の全体的な見直しをする
・緊急に対応すべきもの以外は，会社法全体の見直しの中で検討する
・商法の口語化を検討する具体的な検討事項
・コーポレートガバナンス（企業統合）の法整備
・情報開示制度
・資金調達手段の整備
・有限会社法の見直し

会社法を新たな視点から見直すと言うことであるが，先に指摘したような

問題点が今後の審議会の中でどのように解消されていくのかが，筆者としては最大の関心事となっている。それだけに，わが国を取り巻く環境変化全般に対する総合的な判断が益々必要となっている。「部分は全体の構成要素であるが，全体は既存の構成要素を統廃合する力を持っている」という認識が，最近富みに大きくなっている。

同紙の５面記事をみると，商法の会社法制の沿革が紹介されているが，これによると，わが国は富国強兵，殖産興行を国是としながら，憲法はフランス，海軍はイギリス，陸軍はドイツといった欧米の折衷型の国家建設を成し遂げながら，時の人である渋沢栄一たちの国家創造計画を推進し，そして日清戦争後の1899年にドイツ法をモデルに商法を制定・施行してきたのであるが，その後20世紀初頭の日露戦争（1904－５）と第一次世界大戦（1914－15）を経て国際政治の波に飲まれるように列強指向の高まりと共に経済よりも軍事を優先する国家へと変貌して，第二次世界大戦に突入することになったことは，歴史の示す通りである。

そして戦後は，GHQ の統制下での国家改造が行われ，必然的に戦勝国として乗り出したアメリカをモデルとした復興経済が実施されたのである。[17] 1950年に米国法を基に株主の地位強化などの大改正が行われ，旧来型の一族支配的な財閥が解体される中，経済民主化は次第に生成期から発展期に移行して，［日本的産業社会の形成］へと発展するまでになったのである。［追いつけ，追い越せ］を前提に驀進し続けた日本経済は，1980年代に入り，アメリカ，ドイツと並ぶ経済大国とされるようになり，ライバル関係にまで成長・発展してきたのである。

この国富の急速な増大がバブル経済を惹起し，90年代初頭に呆気なく崩壊してからの８年余りの経過は，未曾有の資産価値の減少を誘発し，不況の嵐を蔓延させ景気の先行きが全く見えない現状を露呈し続けている。その最中での，株式会社法制の改正であることを，念頭に置くことが重要である。国際化と標準化の波動は，今や世界の政治・経済システムそのものを根本的に変革する力を内在しているのである。そのことに最も気付くのが遅かったのが，残念ながら日本の為政者たちと大企業のトップたちであったと言えるかもしれない。

自己保存本能とも言える支配構造の慢性的硬直化も，国の将来を危うくするまでになってしまっては誰も既存の価値体系を信奉するものはなく，急激に大改革を希求する機運が高まっていくのは当然の帰結である。その現実が今，若者たちを中心とした新しい価値観とも言える労働姿勢（フリーター指向）や生活態度（会社人間の否定）となって押し寄せていると考えるのが無理のない理解方法ではなかろうか。

2000年4月17日，東証は1987年以来三度目の大暴落[(18)]となった。午前の終値は前週末比1750円79銭安の1万8683円となり，2万円の大台を割り込んだ。これは先週末の米国株式相場の急落を受けたものであるが，投資家の信用取引で買い集めたハイテク銘柄のなだれ現象的な暴落が原因とされ，市場の先行きに対する感情的な不安と期待が増幅される傾向があるだけに，精神ゲームのようになっている。強気論と弱気論の双方が，IT 技術革命の推測値によって判断せざるを得ないところに現況での証券市場の特色が具現化していると思われる。何度も経験していることに対して全く対処療法が遅れるという特徴は，世界的な傾向かもしれない。

先行投資を前提とした株式市場だけに，「夢を買う」という側面は見事に当て嵌まっている。コンピュータの高速利用によって確率論的な株式売買という側面が濃くなっていることは事実であると思うが，他の諸々の賭け事と同様の一面を持ち，しかも信用取引という「旨みと危険性」を内包しているだけに株価の動向は昔から「天国と地獄」を経験すると言われている。大富豪か借金生活者かという極端な乖離が，当然のように見られるのが，この世界なのである。新聞紙上で説かれるような，有利な投資先として安定した資金確保の手段では決してないということは，一般に流布したハイリスク・ハイリターンという言葉に見事に凝縮されていた筈である。個人投資家まで，こうした賭博性の高い投資市場に介在させ，主たる対象者として組み込んでしまっては，国富はいくらあっても足りなくなることは当然である。

貯蓄の秘訣は古来より，目先の無駄には「使わないこと」に尽きる。そんな先人の言葉を当然のように想起することは，時代遅れの部類に入るのであろうか。神話の崩壊と共に今一度熟考してみたい。

注

（1） 読売新聞（1999.11.6）によると，この金融制度改革が実現した背景として次のように解説しているので，その概要を記しておく。最大の原因は銀行，証券，保険業界の利害対立としている。中でも業際規制以外の金融自由化で世界の先頭を走っていた米国金融業会にとって，これら3業界のすべてのサービスを顧客に提供する欧州のユニバーサル・バンキングや日本のビッグバンに対抗していくためには，内輪もめに執着している余裕はなくなり，世界の情勢に対して危機感を覚えていた。そこで結果として大同団結する手段を選んだとしている。しかも注目すべきは，議会工作活動であり，その総額は三千万ドルとも言われ政府を突き上げたとしているのである。こうした点がわが国の政治手法と全く異なるところである。

（2） 1890年代以前から開始された産業資本の集中・集積運動は，各個別資本間の競争の激化を生み，次第に独占の段階へと入っていった。巨大な資本の集中は巨大な産業の独占を生み，資本形態に大きな変化をもたらした。つまり経営形態の大規模化に対応する資金調達が従来の自己資本を中心とした経営活動を困難にしていったのである。
いわゆる産業資本から金融資本への移行・発展期がこの時期なのである。

（3） 大恐慌時には，失業者は1.280万人まで上ったとされる。これは，人口の10%を占める割合である。

（4） わが国における財務構造の特徴として，株式持合いが指摘されている。その結果，法人株主が高い割合を占めている。現在，上場企業における株主構成は，金融機関と事業法人を合わせると50%をはるかに超えている。しかし，2001年4月1日以降開始する事業年度から，持合い株も時価評価されることになり，持合いの解消が進むことが予想される。

（5） 企業の規模が経営者の社会的地位につながると考えられ，経営目標として企業の成長やシェア拡大が重視された。

（6） 渋沢栄一（1841～1931）……埼玉県深谷市出身。わが国の近代資本主義を築き上げた人物である。渡欧の後，株式会社の前身である合本組織の商法会所を設立する。明治2年大蔵省に入り種々の法制度の制定・改正に尽力した。明治6年に退官し実業界に入り第一国立銀行（後の第一銀行）を設立し，日本鉄道会社，サッポロビール，王子製紙，日本郵船，日本鉄道などの創立にも参画。明治期の日本資本主義の発展に貢献した。

（7） 東京証券取引所外国部にはピーク時には，127社が上場していたが98年には52社に減少し，さらに，ニューヨークやロンドンや香港に上場して東京証券取引所を敬遠する企業もある。

（8） いわゆる「護送船団方式」と呼ばれているものである。大蔵省の監視の下，銀行は絶対に倒産しないという観念が社会に定着していた。大蔵省は，金融機関に対し絶対的な権限を有し，会計基準よりも大蔵省の行政指導が優先するとされていた。

（9）「民間資金等の活用による公共事業等の整備等の促進に関する法律」平成十一年七月三十日。この法律の適用範囲は，すべての行政機関や民間企業に及ぶのである。

(10)　レーガノミックス…大幅減税などの経済政策を推進し，その結果，財政赤字と貿易赤字を増大させ，アメリカを世界最大の体外債権国から体外債務国にした。そして，税効果会計において，SFAS96の適用を遅らせる原因となった。
(11)　資本市場への監督権限を握るSEC（Securities and Exchange Commission：米証券取引委員会）から，会計基準設定の権限を委任された民間組織
(12)　この年，1995年1月17日に阪神淡路大震災が発生した。バブル崩壊が土地の総量規制と相俟って，地価の下落が著しく景気は大きく後退する兆しを明確にし始めていた。しかしながら，GNP成長率を見ると，バブル崩壊以降はずっとゼロ成長が続いていたが，95年度は3.0%の上昇を示していたのである。これは輸出産業が好調であり貿易黒字が拡大したことに起因している。橋本政権はこの余勢を駆って97年4月に消費税の値上げを断行し，財政構造改革を実現しようと目論んだが内需の後退現象は予想をはるかに上回り，その後今日に至るまで未曾有の低金利を余儀なくされる経済運営と赤字財政政策が続けられ，少子高齢化社会に突入したわが国は，未来を背負う次世代に莫大な負債を背負わせる結果を招いているが，一方ではわが国の国際化への対応が不十分だとして，サミットやG7などで糾弾され，国際標準化に向けた措置が急速にわが国の経済市場に参入することになった。いわゆる日本版ビッグバンであり，具体的には外資産業の参入である。その先駆けとして金融・証券・損保，そして移動通信市場の急速な業界再編が勃発したのである。
(13)　新銀行の経営陣は，会長に伊藤龍郎（あさひ銀行頭取），室町鐘緒（三和銀行頭取），社長には小笠原日出男（東海銀行頭取）の就任が内定されている。(H12.3.14現在)。銀行業界のこうした再編劇は，97.11の山一証券や拓銀の経営破綻を契機に一挙に拡大した。しかも98年末まで紙面を飾っていた「大手16行」という文字が，今や4大グループに統合されようとしているのである。このことから見ても，日本型護送船団方式が一挙に国際競争戦略の前に，既存の産業構造の維持が不可能となったことを証明していると考えられるのである。
(14)　ゼロ・エミッション・ISO（国際標準化機構）という言葉か，世界を席捲し始めている。今日「環境・Environment」という生態学的環境に対する関心は急速に最重要項目として，国家を始め企業や市民生活にまで及んでいる。工業化社会が現出した豊かな社会の背後に，負の資産となって看過できないまでに膨れ上がった汚染物質は，地球の存続を脅かすまでになったのである。それだけに「生き物」すべての共生が喫緊の課題となって現出し，先ず自然環境の修復・保護が世界的に見直されてきているのである。経済で言う循環型の資源活用，すなわち生産・流通・消費・廃棄のサイクル化を徹底することによって，ゴミを今一度資源に活用するための世界標準化が，あらゆる産業・企業に求められているのである。
(15)　わが国の変化については，拙著『ビジネスと経営管理』で筆者の視点をもとに戦後50年を検証したが，端的に言うとアメリカナイズへの変容過程と指摘できるのではないかと考えている。一国の国民生活の根底を成す文化や生活形態までも，大きく変革された国家であり，しかもその巨大大国アメリカをパートナーにするまでに経済発展した国となったことは，何よりも大きな変化であると認められる。
(16)　実際，4月下旬に入ってからここ数日の新聞紙上には，IT産業の株価大下落が一面を賑わせており，通信産業分野の企業間で決算報告が大きく明暗を分けており，新市場を睨んだ革命的な新製品競争が株価に拍車を駆けている。
(17)　昭和25年改正は，GHQの統制下によって行なわれたが，当時の日本経済を考慮した日本側の意向に沿ったものであったとされている。昭和25年第4回経済現況報告の副題は「安定計画下の日本経済」であり，同じく昭和27年第6回年次経済報告の副題は「独立日本の経済力」である。当時の年次報告書をみると，現状で論議されているコーポレート・ガバナンスは文字通りわが国の企業再統合上，必然的な

経営戦略であり，国土の再建を目的とした国家的施策と言える。それだけに当時わが国の各産業分野の創業者たちの自主生産に賭けた情熱は，今でも語り草と成っているほど凄まじいものがあった。そのかれらの会社経営に望む姿勢は，国の担当責任者の客観性をはるかに超えており，米国経営を「国産品」の製造技術開発で乗りきろうとしたものであった。

(18)

	平均株価（円）	下げ幅（円）
1987.10.20	21910.08	3836.48
1990. 4 . 2	28002.07	1978.38
2000. 4 .17	18683.89	1750.79

東証の平均株価の大幅下落は，これで三度目となった。しかしながら今後これを上回る下落が起こり得ないという保証はなにもない。それだけに「戦後最悪の……」という形容が，株式市場に現出しても何ら不思議はないのである。昨今のIT 関連を主導とする株価指数変動は，既存の基幹産業の株価まで影響を及ぼしているだけに注視していく必要がある。

第2章 日本の変革とグローバル・スタンダード

はじめに

21世紀を目前にして各国とも様々な大改革を推進している。90年代に入ってから，その傾向は著しく，我が国でもバブル神話崩壊を契機に政財官界での宿年にわたる内部矛盾が随所に露呈し，その対応に苦慮を重ねる中で，グローバル・スタンダードへの是正措置は着実に各分野で進行している。そしてその最先端をなし，世界的に共通する動向は何と言っても高度情報化（情報・通信のネットワーク化）社会への急速な進展である。アメリカの情報スーパー・ハイウェイ構想（ゴア副大統領の提案）のもたらした最大の影響は，情報戦略の世界規模での構築こそが21世紀の基本的課題であるという認識を各国に迫ったことである。これによって金融・証券・通商・貿易分野をはじめとして，環境基準の設定に至るまで国際化の波（相互監視・連携システム構築）が押し寄せているのである。

2002年の宇宙ステーションの建設が，夢物語（可能性）の段階から現実のものとなってきたことは，第二次世界大戦後の半世紀間にわたる科学技術の目覚ましい進歩の賜物である。97年12月初旬，日本人宇宙飛行士による船外活動がオン・タイムに映像されたことの意味するところは，未来の技術集積のオンパレードでもあったのである。スペース・シャトルが地上からの遠隔操作によって，予定の期間及び時間に計算どおりの作業を完了し，しかもケネディ宇宙基地へ日常的行為のように安全・確実に帰還し始めたということは，世界を地球規模で考える時代になったという明確な証明であったと考えられる。

本章は，平成９年５月16日に閣議決定された『経済構造の変革と創造のための行動計画』の意義と目的を詳細に検討するために起筆したものである。上記のような時代認識をはじめにで展開する理由は，“世界”（World）という視点を前提にすることが，この行動計画の内容を分析していく際の導きの糸となると考えたためである。歴史的に通覧して，我が国ほど国際化の大きな波に対して，一国の文化を柔軟に変容させてきた国も少ないと思われる。ただ過去の歴史が示すように，日本人はその都度直接的影響を緩和しながら，むしろ強力な異文化に独自の意匠を加えて身分の上下を問わず日常生活の中に取り込んできたのである。こうした歴史的経験則は，時として日本文化の学際的考察に際しては模倣文化や折衷文化と指摘されることが通例となっているが，このような経緯があったからこそ，今日の日本があることも評価しなければならないのである。20世紀末の現状では，加工・組立産業を中核とする貿易立国日本の真価が再度喫緊の課題として問われているのである。日本の“オリジナリティー”の行方を考察していくことにする。

Ⅰ．行動計画の意味と背景

先ず考察の端緒としては『経済構造の変革と創造のための行動計画』（以下，『行動計画』とする）の序，「経済構造の変革と創造に向けた基本的考え方」を紹介しておくことにする。冒頭に基本的考え方を掲載する主な理由は，この考え方に示された文意を熟読含味してみると，日本が置かれている現状の把握方法，そして今後日本が選択し，また実行していかなければならない諸施策等が網羅されており，更に21世紀の日本が目指すべき方向が明示されていると考えるからである。少し長くなるが以下に，その全文を紹介しておく。

１．我が国の経済は，大きな転換期にある。中期的には，アジア諸国等の発展，情報通信技術の革新等を背景に，世界経済のグローバル化が一層進展する中，企業が立地する国を選ぶという国際的な大競争時代が到来している。このような時代の到来は，これまで我が国の経済発展を支えてきた様々なシステムの変革を迫っており，痛みを恐れずに変革に大胆に取組むことにより，我が国の経済の新たな発展の可能性が開かれるが，現状に安住した場合には，産業と雇用の空洞化が急激に進展する可能性が大きい。

長期的には，今後世界に例を見ない急速な高齢化が進展する中で，生産年齢人口の減少，貯蓄率の低下等により経済の潜在的な活力が低下するおそれが非常に大きい。また社会保障や国及び地方財政等の公的分野全般の効率化，給付及び負担の適正化等の改革が行われない場合においては，国民負担率が大幅に上昇するなど経済規模に比べて国民，勤労世代及び企業の公的負担が過大となる可能性が大きく，これが活力ある経済を維持していく上で更なる制約となる懸念が強い。

2．我が国の経済が抱えるこれらの課題の解決に取り組み，強靱な経済基盤を中長期的に確立することなくしては，豊かな国民生活はもちろん，健全な財政や質の高い福祉は実現できない。このため，新規産業の創出及び我が国における魅力ある事業環境整備推進による良質な雇用機会の確保を含めた活力ある産業の発展の実現並びに国民，勤労世代及び企業の公的負担の抑制を図ることにより，経済と公的負担のバランスのとれた活力ある豊かな経済を実現することが必要である。また，こうした経済構造改革を財政構造改革とともに推進することは，我が国が，経済活力を高め，民需を中心に内需主導型の経済成長を実現していくために必須の課題である。

3．二十一世紀の幕開けまで三年余となった現在，我が国の未来と我々の子孫に対し，明るい未来を切り拓き，将来の発展に向けての確かな展望を抱かせることができるのかどうか，これを我々の取組みが決すると言っても過言ではない。

我々の世代が痛みを避け，現状に安住することを選択するのか，それとも，将来世代に豊かな社会を引き継ぐという我々世代の大きな責務のために，痛みを分かちつつ改革に果敢に挑むのか，いわば我が国の将来に向けた「時代の岐路」に我々は立っているのである。政府は，このような認識を踏まえ，経済構造改革を，行政改革，金融システム改革，社会保障構造改革，財政構造改革及び教育改革とともに，強い決意の下に推進する。

4．政府は，昨年12月に決定した「経済構造の変革と創造のためのプログラム」に従って，平成９年度予算案の編成，関係法案の国会への提出等を着実に実施してきたところであるが，今後は主として平成13年（2001年）頃までを念頭において策定した本行動計画に従って，国際ルールに準拠しつつ，規制緩和，諸制度の改革，研究開発，経済構造改革に資する社会資本の整備等各般の施策を関係省庁の有機的な連携の下に重点的に推進するなど抜本的に経済構造改革に引き続き強力かつ速やかに取組むものとする。

また，今後，内外の諸情勢の変化に対応した実効ある経済構造改革の推進を図るため，毎年，内外の諸情勢，経済構造改革の進展の状況，関連施策の実施状況等について検討を行うなど本行動計画の適切なフォローアップを行う。

この『行動計画』は次のような二部構成となっているのである。

第一　　本編

序：経済構造の変革と創造に向けた基本的考え方

Ⅰ．新規産業の創出

　1．新規産業創出環境整備プログラムの推進

　2．横断的環境整備

Ⅱ．国際的に魅力ある事業環境の創出

　1．高コスト構造の是正

　2．企業関連諸制度の改革

　3．労働・雇用制度の改革

４．経済構造改革に資する社会資本の整備及び利用効率の向上

５．ものづくりを支える地域の産業や技能の集積等の維持・発展

６．中心市街地の活性化

III. 経済活力の維持・向上の観点からの公的負担の抑制

第二　新規産業創出環境整備プログラム

新規産業分野毎の具体的な産業・雇用創出の見通しと政府の総合的な行動計画

○医療・福祉関連分野

○生活文化関連分野

○情報通信関連分野

○新製造技術関連分野

○流通・物流関連分野

○環境関連分野

○ビジネス支援関連分野

○海洋関連分野

○バイオテクノロジー関連分野

○都市環境整備関連分野

○航空・宇宙（民需）関連分野

○新エネルギー・省エネルギー関連分野

○人材関連分野

○国際化関連分野

○住宅関連分野

筆者は拙著『地域活性化と広域交流の創造』(97. 4 .30) において,「地方図絵の変貌」の章で, 戦後第13回目の「新経済計画」(96.11.29) の概要と『総合物流施策大綱』(97. 4 . 4) の意味と影響について若干言及したが, これらはこの度の『行動計画』の先駆をなすものであり, 言わばその包括的な法的・経済的ネットワークの整備と方向性を明示したものである。それだけ

に，この『行動計画』の有する日本再生のための施策（15分野を中心とする）の重点実現目標の設定は，関係省庁の緊密な連携によって推進されるのだけに実効性と即応性に優れた里程標となっているのである。この点を確認する手立ての一つとして論究を進める前に，筆者がまとめた総合物流施策大綱の概要を次に掲載しておきたい。これと上記の『行動計画』の内容との相関をみれば，混迷化する日本経済の再生に向けての力強い方向性が確認され，また新経済計画から『行動計画』までの内容の一貫性が十分理解されると考える。

総合物流施策大綱の概要

第一：基本的な考え方

目標と視点

1．アジア太平洋地域で最も利便性が高く魅力的な物流サービスが提供されるようにすること。

2．このような物流サービスが，産業立地競争力の阻害要因とならない水準のコストで提供されるようにすること。

3．物流に係わるエネルギー問題，環境問題及び交通の安全等に対応していくこと。

《上記目標実現のための施策》

◆相互連携による総合的な取組み……………………規制緩和の推進

◆多様化するニーズに対応した選択肢の拡大……社会資本の整備

◆競争促進による市場の活性化……………………物流システムの高度化

第二：横断的な課題への対応

□ 社会資本の整備：道路，鉄道，港湾，空港，物流拠点の相互連携

□ 規制緩和の推進：物流に関するビジネスチャンスの拡大，物流コスト低減

□ 物流システムの高度化：情報化，標準化，技術開発，民間事業者の物

流高度化

第三：分野別課題への対応

□　都市内物流：道路交通の円滑化，環境負荷の削減，バイパスや環境道路の整備，共同配送の実施，自営転換，物流拠点の整備，鉄道貨物及び河川舟運の活用，国際化，情報化，物流単位の大型化，食品等の温度管理の強化，防災，廃棄物物流といった新たな課題に対応しつつ，流通業務市街地の整備促進，機能の強化を図るほか，都市内の最終需要者への仕分を行う集配拠点の整備を推進する。（高規格幹線道路インターチェンジ周辺，工業団地及び臨海部における物流施設の立地を引き続き進める）

□　地域間物流：マルチモーダル施策の推進，内航海運輸送の促進（船舶の大型化・近代化，荷役機器の近代化，全天候バースの共同化……コンテナ船及びRORO船・荷役にクレーンを使わず貨物をトラックやトレーラーシャーシごと積込む方式の貨物船については，平成10年度末までに同事業の対象外とする），鉄道貨物ターミナルのアクセス道路の整備，道路及び広域物流拠点の整備，流通業務市街地の整備促進，機能の強化を図るとともに，高規格幹線道路のインターチェンジ周辺において，広域物流拠点と道路の一体整備を進める。トラック事業においては，平成12年度までに，いわゆる経済ブロック単位で拡大営業区域を設定するとともに，最低車両台数を全国一律5台となるよう段階的に引き下げる。

□　国際物流：ターミナルの整備と運営，大水深の国際会場コンテナターミナルを国際ハブ港湾（東京湾，伊勢湾，大阪湾，及び北部九州の中枢国際港湾）の整備，荷役の機械化・情報化を推進，共同化等による事業基盤の強化，手続きの情報化・簡素化（平成11年目途），輸出入貨物の国際陸上輸送（平成9年度末・ISO規格），輸出入貨物の国内海上輸送，国際海上輸送，国際航空貨物の利用促進，国際物流拠点の整備

第四：今後の施策実施体制

◆関係省庁の連携：施策の総合的な推進を図る

◆地域毎の連携　：施策の総合的な推進を図る

□　大綱のフォローアップと改定：毎年フォローアップを行い，社会経済情勢の変化を踏まえて，必要に応じて改定を行う。

以下において『行動計画』の決定に至る背景について，具体的に論及していくことにする。先ず，新聞紙上で経済構造改革が紹介された中で注目すべき記事は，「橋本竜太郎首相は12日佐藤信二通産省を官邸に呼び，日本経済の活力回復のための経済構造改革の策定と推進について，通産省が中心になって各省庁と調整するよう指示した」（日経新聞，平成８年11月13日）である。橋本首相がその折，指示した経済構造改革の骨子は次のようになっていたのである。

［スケジュール］

〈第１段階〉

「経済構造の変革と創造のためのプログラム」の策定（12月上旬まで）

〈第２段階〉

プログラムの肉付け（来春まで）

［具体的な検討項目］

〈新規産業の創出〉

・規制緩和（情報通信，医療福祉，人材派遣業，有料職業紹介事業，金融等）

・研究開発（核となる重要技術の開発など）

・教育（学部・学科新増設，カリキュラムの充実など）

・資金（税制，年金資金の運用先拡大など）

・人材の流動化（ストックオプション制度など）

・技術（産学官共同研究の規制緩和など）

〈国際的に魅力ある事業環境の創出〉

・高コスト構造の是正（物流，情報通信などの規制緩和，国際ハブ空港など社会

資本の整備）

・企業関連制度の改革（労働・雇用制度，持ち株会社規制，企業税制など）

・地域産業集積の維持・発展

当初の経済構造改革の指針は，このようなものであった。これがこの度の『行動計画』によって，より具体的な目標と時限設定を前提として閣議決定されたということの意味は，通産省主導によって推進されたものであるが，関係省庁が一体となって法改正を目指しながら取組んだだけに，予想を遥かに上回るものとなっているのである。

『行動計画』では，約500以上の対策を盛り込んだ計画が閣議決定されると共に，更に300以上の規制緩和や技術開発を集中して行う方針が提示されているのである。この『行動計画』の内容については，政府も異例とも思える大規模なPR（広報）を展開し，閣議決定された翌６月から全国紙に一面記事を数回掲載している。この記事の特徴は，そのすべてが二段組となっており，下段の約半分のスペースには毎回太字で次のような声明文が掲載されているのである。（概要のみ）

（下段部分）

新たな経済活力の創造が，
日本の未来を支えます。

国際的な大競争時代の到来。本格化する高齢社会。
政府は，時代の動きに的確に対応していくために，
新規産業の創出や高コスト構造の是正など積極的
な経済政策を推進します。

顔写真

通商産業大臣
佐藤信二

上段には，有識者の経済構造改革についてのコメントや『行動計画』の解説が掲載されているが，ここではその一例として，豊田章一郎会長の後任として次期経団連会長候補の一人と目されていた今井敬（新日鉄社長）の意見の概要をまとめ紹介しておくことにする。今井氏は先ず「ここで経済構造を変えていかないと，豊かな生活なんてとても享受できない」という痛烈な時代認識を表し，『行動計画』の内容については，次のような目玉があるとの見解を示している。(毎日新聞. 97.6.20)。

1．新産業の創出

15分野で新規産業を創出することによって，2001年までに市場規模で350兆円，雇用も750万人の増加を促進し，経済活力を取り戻せる。

2．高コスト構造の是正

個々の企業や産業が努力してもどうしようもない（物流，エネルギー，情報通信，金融など）・・・外国と競争していない40％の付加価値ベースを占める国内産業の高コスト構造を是正する。端的な例は金融。高コスト構造是正には，公共投資の見直しが必要。国際的なハブ（中軸）空港，高規格の幹線道路建設などに公共投資を重点的に投入し，物流コストを下げる必要がある。

3．公的な制度の問題

法人税の40％案の実現。大蔵省や厚生省の専有業務としてでなく企業と働く人の立場から，健康・医療保険制度問題の在り方が盛り込まれている。

そして，その他『行動計画』に対する注文，実施にあたっての要望については次のように具体的な事例及び数値を挙げて，鋭い見解を示している。

◇［・特に私が関心を持っている物流コストの問題では，運輸省が思い切った規制緩和を打ち出している。「総合物流施策大綱」や「行動計画」には，2001度までに新規参入にあたっての需給調整規制を全廃すると書いてある。トラックや港湾，鉄道，航空事業などで全廃するわけですから，これは

「人」と「モノ」の流れにすごい大きな影響を与えます］
◇［規制の撤廃，緩和は，国民生活にものすごい影響があります。経済企画庁では，これまで何度かメリットを試算しています。例えば，料金については90年度から95年度までの間に，年平均で総額４兆6000億円も値段（物価）が下がっている。内訳で大きいのは，電話料金が１兆2000億円，車検の簡素化で5000億円，石油製品が特石法廃止で8700億円，電気料金も新査定方式導入で9500億円も下がっている。これに加え，需要創出の経済効果が情報通信で２兆2600億円，大店法の緩和で４兆5000億円などにのぼっている］企業人としての見解では，我が国の法人税の高さが産業の空洞化を招いたとする意識も根底にはあるように思われるが，その意識の強さを示すのが次の数値である。

法人所得税の実効税率（％）

	日本	アメリカ	イギリス	ドイツ	フランス
1980	49.47	51.18	52.00	56.52	50.00
1996	49.98	41.05	33.00	49.79	33.33

こうした数値一つを取り上げても，我が国の企業活動が国際的な動向から乖離した条件の中で運営されているかが窺える。この15年間で法人所得税（国税と地方税の合計）が下がっていないのは日本だけである。個人金融資産は1200兆円あると言われる経済大国ではあるが，この額は世界の総金融資産の1/4に当たる数値なのである。

また現状では，我が国には全国に約653万の事業所（H．6．第一次産業を除く）があるが，その99.1％（647万）は従業員200人未満の中小企業なのである。高齢化社会への助走が次第に早まる中で，少子化が定常化し始め，生産年齢人口も1995年には約8,700万人あったのが，2025年には7,100万人台にまで減少するとの試算がある。一方中央，地方を合わせた国の借金はすでに440兆円を超えたとされており，日本経済の明暗の比重は，暗闇の部分が大きくなり過ぎてきていることは確かである。とはいえ，一国の経済活動が世界中の経済活動に大きく影響を及ぼす今日の緊密な国際関係社会から日本が離脱することは，許されないことである。あくまで先進世界の一員としての役割と，相応の期待を達成しなければならないのである。それが半世紀前の戦争の後，我が国を再建する際の国家的大目標であったからである。国際社会のメンバーとなるために費やした先人たちの壮大な努力と情熱とその功績を忘れてはならないのである。

規制緩和に関してみると次頁の（表1－1），省庁別（1府2委員会8庁12省）の許認可等事項数の総計は平成7年3月31日現在，10,760であるが，通商産業省（1780），運輸省（1607），農林水産省（1400），大蔵省（1374），厚生省（1221）の5省の合計は7,382で，これだけで全体の69％を占めているのである。これら5大省を始めとして，その他の関係省庁が一体となって連携を進めていくというシナリオは，実は日本に残された最後の選択肢であるのかもしれない。

現状での諸相からの演繹的考察では，これ以外に状況を突破する手立てはないと言っても言い過ぎではないと思われる。考えてみれば，各産業を代表する企業（群）は世界を駆ける製品を市場に売り出す企業となり，日本製品の優秀さは最先端技術の集積する米国の宇宙産業にまで欠かす事のできないものとなっている。資源のない国として，その資源を諸外国に依存しながら加工組立技術に研鑽を重ね，一大産業立国にまで発展したことは正に日本の面目躍如といったところであるが，金融面でのビジネスに関する限り，未だ政府も企業も成熟段階には程遠い状態である。90年代に入ってから，日本全体の金融資産（土地神話・含み資産）が一体どのくらいの規模で消失してしまったかを考えれば，暗然とせざるを得ないのである。一国を代表する政財界トップ集団の施策の失敗が，国民全体の経済生活を閉塞させ，先行きに対して得たいの知れない不安感を増大させ続けている現実は，経世済民の善政からは対極をなすものである。政治は国民経済の安定を確保するための手段なのである。これが安全を揺るがせ，国民感情を政治不信に追いやり，選挙に対する若者の関心を喪失させている社会の流れは，果たして国民が望んだ「豊かな社会」の後の世界なのであろうか。「自立」ということは，今や個

（表1－1） 許認可等省庁別事項数（経年推移）

把握時点 / 省庁名	第1回 昭60 12.31 現在	第2回 昭62 3.31 現在	第3回 昭63 3.31 現在	第4回 平元 3.31 現在	第5回 平2 3.31 現在	第6回 平3 3.31 現在	第7回 平4 3.31 現在	第8回 平5 3.31 現在	第9回 平6 3.31 現在	第10回 平7 3.31 現在	参考 対第1回増設
総理府本府	27	27	29	32	32	32	33	33	32	32	5
公正取引委員会	26	26	26	28	28	26	26	26	26	26	0
国家公安委員会	81	95	97	100	100	99	114	134	144	141	60
総務庁	29	29	29	34	34	34	34	37	35	35	6
北海道開発庁	26	26	28	31	31	31	31	32	31	31	5
防衛庁	26	26	28	31	31	31	31	31	31	31	5
経済企画庁	26	26	26	31	31	31	31	31	31	31	5
科学技術庁	218	260	263	291	291	298	298	303	301	297	79
環境庁	149	149	156	159	162	164	165	188	194	199	50
沖縄開発庁	27	27	27	32	32	32	32	32	32	32	5
国土庁	81	81	81	86	86	86	89	89	88	87	6
法務省	146	146	148	149	153	154	166	172	172	168	22
外務省	37	37	39	42	46	46	50	50	50	50	13
大蔵省	1,116	1,134	1,143	1,173	1,195	1,210	1,236	1,391	1,391	1,374	258
文部省	310	308	317	314	315	312	322	327	327	327	17
厚生省	936	945	985	1,015	1,033	1,106	1,170	1,246	1,264	1,221	285
農林水産省	1,263	1,256	1,270	1,270	1,299	1,315	1,357	1,419	1,419	1,400	137
通商産業省	1,870	1,886	1,883	1,900	1,908	1,916	1,915	1,769	1,769	1,780	－90
運輸省	2,017	1,976	1,977	1,962	1,988	1,966	1,966	1,700	1,700	1,607	－410
郵政省	265	273	279	284	306	308	313	291	291	292	27
労働省	532	559	563	560	559	565	579	629	629	633	101
建設省	742	770	776	804	808	842	870	879	879	841	99
自治省	104	107	108	113	113	113	114	127	127	125	21
計	10,054	10,169	10,278	10,441	10,581	10,717	10,942	10,945	10,945	10,760	706

人よりも国家に求められるべきものではないだろうか。自由主義経済という一つの世界的なシステムへの移行に適合していくためには，熾烈な競争と淘汰を前提とする市場主義経済に対して「自在」な態度で望まなければならない。そのためには，日本が世界の中でどのような「位置」を占めているのか

を，国民レベルで真剣に考えなければならないのである。

II．アクション21

前節において『行動計画』の意味と背景について論究してきたが，ここでは経済構造の変革と創造のための施策について考察していくことにする。21世紀への期待感の高まりは，20世紀末期に蔓延する不安感の裏返しでもある。政府がこの度の『行動計画』にかける意気込みは，その一つの証左と言えるかもしれない。とはいえ，考察の端緒には，先述の佐藤信二通産大臣の声明文の後半部分を引用しておきたい。[産業の空洞化や，本格的な高齢化社会の到来などが進む中で，我が国の将来のくらしを支える経済の活力を高めていくことがこれまでにないほど重要になってきています。政府は，橋本内閣が掲げる６大改革の一つである経済構造改革を具体化する「経済構造の変革と創造のための行動計画」を５月16日に閣議決定しました。これに基づき，新規産業の創出や国際的に魅力ある事業環境の創出，経済活力の維持・向上の観点からの公的負担の抑制に向け，規制緩和，企業や労働をめぐる制度の改革，研究開発，経済構造改革に資する社会資本の整備など総合的な経済構造改革を強力に推進し，日本の未来を支える新たな経済活力の創造を目指していきます]（毎日新聞，1997．6．20)。

この声明文には，我が国の当面の課題とその改革への意欲が強く打ち出されている。一国の将来を憂う時，我が国の国難とも言える状況を一刻も早く切り抜ける手立てを真剣に講じる必要性は，かつて無いほどに高くなっているのである。それ故に，それぞれの改革に対しては思い切った総合的な法律の改正・整備が行われているのである。今回の改革では，従来には見られないほどの短期間に，しかも思い切った各方面の施策を実現するための法的裏付けと関係省庁の緊密な連携措置が前提となっており，先例を見ない特徴を内包しているのである。

衆知のように橋本内閣が掲げる６大改革は，この経済構造改革，行政改革，金融システム改革，社会保障構造改革，財政構造改革，そして教育改革であるが，民間活力の発揮を全面的に促し，日本の将来を魅力ある社会にするためには，当面する金融システム改革を第一に日本経済の再構築を進めなければならない。98年4月に始まる金融ビッグバンへの移行は，正にグローバル・スタンダードへの準拠の幕開けでもある。この幕開けに際しての取組み如何によって，我が国の将来は新たな危機的状況に突入する可能性は高くなっているだけに，その施策の実現に対しては国策としての本格的な取組みと目標に向かっての強い信念を基に，予定体験とも言えるシミュレーションに沿って遂行していかなければならないのである。そのためには，あらゆる状況に対して適合できるだけの総合的・一体的な観点からの柔軟性と判断が常に要求されるのである。国際関係の緊密度が急速に高まった20世紀末の現状は，一方で金融構造の一元化に向かって進捗しているように思われるだけに，現象面での具体性と多様性に幻惑されてはいけないのである。大事を成功させるためには，もはや個別の現象に右顧左眄することは許されないからである。

この度の『行動計画』で，今後成長が期待されている15分野の雇用規模と市場規模の予測は，以下のようになっているのである。（表2－1）

雇用規模予測では，2010年には1,827万人（約1.7倍）となっている。中でも医療・福祉と生活文化，そして情報通信の3分野の規模は合計で1,080万人となり，全体の約60％を占める。新製造技術，流通・物流，環境，ビジネス支援の4分野の合計をみると580万人で，平均でそれぞれ145万人規模にまで成長すると予測されているが，この中で特に目立つのは流通・物流分野の伸び率が約3倍となっていることである。しかもこの流通・物流分野は，市場規模でも現状の36兆円から132兆円市場（3.7倍）と，上記の15分野では最大の市場規模となると予測されているのである。情報通信市場の伸びについては，1998年の現状からみても2010年には3倍強の市場に成長していくように思われるが，この分野ですら流通・物流分野に及ばないとされているところが，上記の表の注目すべき特徴である。21世紀初頭は，この分野の成長が

（表２－１）

［関連15分野］	雇用規模予測		市場規模予測	
	現　状	2010年	現　状	2010年
	（単位．万人）		（単位．兆円）	
1．医療・福祉	348	480	38	91
2．生活文化	220	355	20	43
3．情報通信	125	245	38	126
4．新製造技術	73	155	14	41
5．流通・物流	49	145	36	132
6．環境	64	140	15	37
7．ビジネス支援	92	140	17	33
8．海洋	59	80	4	7
9．バイオテクノロジー	3	15	1	10
10．都市環境整備	6	15	5	16
11．航空・宇宙（民需）	8	14	4	8
12．新・省エネルギー	4	13	2	7
13．人材関連	6	11	2	4
14．国際化	6	10	1	2
15．住宅	3	9	1	4
総　　　計	1,066 ──→	1,827	198 ──→	561

（『行動計画』より作成）

産業や景気の牽引車的役割を担うことになるのである。

1997年12月３日に行政改革会議（会長・橋本龍太郎首相）が公表した最終報告で，2001年からスタートする新たな省庁体制の具体像が浮上し，現行の１府21省庁から１府12省庁への省庁数の半減と郵政３事業の「新型公社」への移行，更に内閣機能の強化などが打ち出された。世論の厳しい批判を受けながら，省庁を半減するという思い切った改革を打ち出したところが，橋本政権の大きな功績の一つである。戦後史の中で自民党政権が隆盛を極め，強大な数の論理の下に強権を発揮した時代の首相たちですら成し得なかった省庁再編が2001年１月に実現したことの重大さの一端は，現状での中央官庁の人々の煩瑣な日常業務を見れば窺えると思われる。縦割り行政の弊害という一言の中に，行政の所管範囲の重複を指摘することは容易いが，制度が変わることによって正にその所管業務の割り振りが行われ，既得権ともいうべき専門性が新しく組み替えられるのである。これを実現するための準備期間は，３年しかなかったのである。

国の体制を替えて21世紀に望むという変革の意味を国民も十分に考慮しなければならいのである。景気の先行きへの不安感と経済活動の閉塞感は，金融分野での日本的経営が招いた結果である。世界の常識からすれば，本来的にグローバル・スタンダードの下で行わなければならなかった経済行為を，日本的人事管理の下で企業活動の失敗すらも処理して来たという特殊な経営行動の繰り返しは，もはや許されない状況になっているのである。情報通信事業分野における主要な最先端部分の部品製造を日本企業が一手に行っていること，そしてそれらが世界的な企業の製品となって組立てられ，日本に輸出されている事実を明確に知るべきなのである。一例を挙げれば，半導体を入れる器部分のセラミックスは約100%のシェアーを日本はもっているのである。この技術がなければ，先端市場の製品はできないのである。

確かに現状では，景気は悪く税金も物価も世界一高い国となっているが，考えてみれば日本は他の先進国のように諸外国に対して巨額の借金は無いのである。そして企業も実は儲かっているところが多いのである。その一つの証左は，３年前の円高に際して１ドル100円体制の必要性が喧伝されて以来，各企業はそのレイトでの国際競争力を確立しているからである。98年１月中旬の現下の為替市場が１ドル130円であることから，輸出関連企業の売上が如何に好調であるかが理解される。今日までの我が国の政治の根本的な失敗は，欧米各国が首都と全国的に分散する産業都市とのネットワーク形成によって国力を高めてきたのに対して，日本は余りにも東京中心に政治・経済を一極集中させ過ぎたことと，地方行政の自立性を高める措置（税制や各種法律規制を含む）をしてこなかったことに原因が求められると思われる。地方分権の在り方や首都機能の移転問題が浮上してきた背景には，現行政治の内部にある諸矛盾が管理できない状況となっているからにほかならない。それだけに，この内閣で検討され法的整備されている改革動向は我が国の危機管理改革となっているのである。こうした一面を認識しておくことが，『行動計画』を理解する上では，重要なポイントとなるのである。

行政改革の理念と目標の中で特記しておきたい文章があるので是非紹介しておきたい。それは次のような一文である。[故司馬遼太郎氏は「この国のかたち」のあり様を問い，明治期の近代国家の形成が合理主義的精神と「公」の思想に富み，清廉にして自己に誇りと志をもった人たちによって支えられたことを明らかにした。その後の日本は，精神の廃退とそれに伴う悲劇的な犠牲を経験し，その反省の上に戦後の復興と経済的繁栄を築いたが，氏は現代の日本に生きる個人の誇りや志の喪失と「公」の思想の希薄化を憂いつつ，この世を去られた]（日本経済新聞，1997.12.4）。このような文章が導入部分に掲載されているのである。司馬遼太郎が晩年に示した我が国の現状に対する思いは，憂国の一語に尽きる。殊に土地問題に対する姿勢は，真摯なものがあった。国が彼の思いを引用して，「この国のあり方」を問うという起筆の仕方に対して，特異な感想を抱いたのは筆者のみではないと思う。司馬遼太郎は「日本はなくなった」と口にしている。彼ほどの歴史家が自国に対して言ったということが，重大な問題となっているのである。

『行動計画』には，各分野に対して迅速な処理への方策が講じられている。内容の多彩さと具体性に富むものが多い中で，一際注目される項目は「中心市街地の活性化」についての記述が2頁にわたって挿入されていることである。これについては，『行動計画』に遅れること僅か3カ月後の平成9年8月に，通商産業省と中小企業庁の連名で詳細な活性化対策の概要書が発表されており，全国の中心市街地の活性化に大きな影響を与えている。

次に掲載した表（2－2）で理解されるように，関係各省庁がこの問題に対する一体的な支援体制を提示しているのである。問題は地元が，こうした国の計画遂行に如何に適合した個性的な「まちづくり」案を提出できるかに係っているのである。

時代は，広域交流圏の創造を求めている。地域にあっても，地元中心の都市計画に終始することから他都市との連携を意図したまちづくりを目指す時期に来ているのである。中心市街地の活性化に際しても，広域交流の拠点としての特徴を明確にすることが，既存の市街地の再生を約すものとなるのである。換言すれば，流動性の高いまちづくりへの試みが，全国的な規模で整備されようとしている時代なのである。

『行動計画』の有する更なる意義と影響度については，今後の各分野での進捗状況を具体的に検討してみなければならないが，当面は『総合物流施策大綱』（H.9.4.4，閣議決定）に関する推進会議の今春予定の全国各地の報告を待って，改めて行うことにしたいと考えている。本稿の最後に，『行動計画』を遂行するための関係省庁の連携を示す表（表2－3）とその中に盛り込まれている専門用語（表2－4：筆者が抽出したもの）を掲載しておきたい。これによって，本稿で検討した事項が如何に大掛かりなものかが窺えると思うからである。とはいえ，こうした計画がこの世紀末の時期に国策として登場したことの意義を，今一度真剣に受け止め，我が国将来の方向性を考察していきたいと考えている。

（表２－２）

●活用例に上げた以外にも、各省庁から以下のようなさまざまな支援策が予定されています。

A中心市街地における基盤整備
B周辺地域とのネットワークづくり
C魅力ある商業集積の形成等
D移住環境の整備
E公共施設等の整備
Fソフト策等への支援

建設省所管

A　①面的整備事業の充実
・街なか再生事業の創設
・区画整理事業、再開発事業の推進
・土地の先行取得の推進
②都市基盤施設の整備と機能充実
・賑わいの道づくり事業の創設
・中心市街地活性化広場公園整備事業の創設
・駐車場整備への充実
・歩行空間の整備
・路面電車等の公共交通機関への支援等
・電線類地中化の推進
・道路、河川、公園、下水道等の重点整備
B　①バイパス、環境道路などの道路ネットワークづくり
②情報ネットワークの整備
D　①中心市街地活性化住宅の供給
②中心市街地活性化建築物の整備の推進

国土庁所管

F　①中心市街地活性化支援事業
②ラーバンリゾート推進事業
・街並や伝統文化等の資源を活用した楽しさと賑わいのある魅力的な街づくりに関する調査
③土地利用転換推進計画策定事業
・土地利用転換計画の策定の対する補助
④ＭＯＮＯまちづくり推進支援調査
・産業の活用による「まちの顔」づくり提案
⑤地域振興整備公団による中心市街地の再活性化に係る事業

運輸省所管

A　①中心市街地活性化のための施策の総合推進
B　①バスサービスの高度化
C　①鉄道サービスの高度化、街づくりと連携した鉄道施設整備
D　①物流の効率化
E　①街づくりと連携したウォーターフロント整備
F　①観光客の来訪促進による中心市街地の再活性化

郵政省所管

B　①「マルチメディア街中にぎわい創出事業」の創設等
E　①郵便局舎の整備・充実
②ゆうせい情報プラザ（仮称）」の設置
③中心市街地におけるワンストップ行政サービスの推進
F　（④「マルチメディア街中にぎわい創出事業」の創設等）

厚生省所管

C　①環衛業の活性化促進のためのまちおこし推進事業等の実施
D　①高齢者世話付住宅（シルバーハウジング）生活援助員派遣事業
②都市型複合デイサービスセンターの整備
E　①社会福祉施設等整備費補助（負担）金
②社会福祉・医療事業団事務費補助金
③障害者や高齢者にやさしい街づくり推進事業
④老人デイサービス運営事業
⑤在宅介護支援センターの運営事業
F　①健康推進事業
②健康文化と快適なくらしのまち創造プラン事業

労働省所管

C　①中小企業労働力確保法に基づく支援施策
E　①地域職業訓練センターの設置

文部省所管

E　①社会体育施設整備費補助金
②学習活動支援整備事業
③社会教育施設情報化・活性化推進事業
④学校施設複合化推進事業
F　①文化財建造物保存修理等事業
②伝統的建造物保存修理等事業
③文化のまちづくり事業
④生涯学習による中心市街地再活性化プラン策定モデル事業

自治省所管

地域の顔であるまちの中心部について、新たなライフスタイルに対応した商業機能や居住機能の向上等を図り、総合的なまちづくりを推進するため、地方公共団体が自主的・主体的に展開する中心市街地再活性化に向けた新たな計画的取組を支援する。
①中心市街地再活性化施策の総合的計画的推進の支援
②中心市街地再活性化に資する人材育成等の支援
③中心市街地再活性化のための施策整備の支援（地方公共団体が自主的・主体的に行う事業に対して地方債及び交付税措置により支援する。一定の民間事業〈第３セクター事業を含む〉を、地方公共団体による「地域総合整備資金」の貸付により支援する。）
④関係省庁と連携した施策の推進

警察庁所管

A　①交通安全施策等整備事業
・ヒューマンスケールの地域住民にやさしい生活空間の創造のための交通安全施策等整備事業
・アクセシビリティの向上に資する新交通管理システム（UTMS）整備事業
・公共輸送期間優先システム整備事業
E　①交番等の機能の強化、地域の安全を確保するための住民活動の支援等の調整

（出所　「中心市街地活性化対策の概要について」通商産業省，中小企業庁）

（表２－３）「新規産業創出環境整備プログラム」15産業分野に係る「関係省庁連携会議」各省庁体制

平成９年５月現在

	医療・福祉	生活文化	情報通信	新製造技術	流通・物流	環境	ビジネス支援	海洋	バイオテクノロジー	都市環境整備	航空・宇宙（民需）	新エネルギー・エネルギー	人材	国際化	住宅
警察庁	交通局		長官官房		交通局	交通局	生活安全局	生活安全局		交通局		交通局		交通局	生活安全局
総務庁			行政管理局										青少年対策本部	青少年対策本部	
北海道開発庁	計画管理官	計画管理官	計画管理官		計画管理官	計画管理官				計画管理官		計画管理官		計画管理官	計画管理官
防衛庁	衛生担当参事官														
経済企画庁	総合計画局	総合計画局	総合計画局	総合計画局	総合計画局	総合計画局	総合計画局	総合計画局	総合計画局	総合計画局	総合計画局	国民生活局	総合計画局	総合計画局	総合計画局
科学技術庁	研究開発局	研究開発局	科学技術振興局	研究開発局	科学技術政策局	研究開発局	科学技術振興局	研究開発局	研究開発局	研究開発局	研究開発局	科学技術政策局	科学技術政策局	科学技術政策局	研究開発局
環境庁		自然保護局	長官官房	企画調整局	大気保全局	企画調整局		水質保全局	企画調整局	企画調整局	大気保全局	地球環境部		企画調整局	地球環境部
沖縄開発庁	振興局	振興局	振興局		振興局	振興局		振興局	振興局	振興局	振興局		振興局	総務局	振興局
国土庁		大都市圏整備局	計画・調整局		計画・調整局	水資源部	計画・調整局	計画・調整局		大都市圏整備局	計画・調整局	計画・調整局		計画・調整局	
法務省			民事局											大臣官房	
外務省	経済局		経済局		経済局	経済局		経済局			経済局	経済局	経済局	経済局	経済局
大蔵省			大臣官房		大臣官房									大臣官房	
文部省	高等教育局	生涯学習局	大臣官房		文化庁	学術国際局		学術国際局	学術国際局		学術国際局	学術国際局	高等教育局	学術国際局	
厚生省	大臣官房		大臣官房	水道環境部		水道環境部			大臣官房			水道環境部			水道環境部
農林水産省		林野庁	大臣官房	農林水産技術会議事務局	食品流通局	大臣官房		水産庁	農林水産技術会議事務局	構造改善局		大臣官房		経済局	林野庁
通商産業省	機械情報産業局	生活産業局	機械情報産業局	機械情報産業局	商務流通グループ	環境立地局	商務流通グループ	資源エネルギー庁	基礎産業局	環境立地局	機械情報産業局	資源エネルギー庁	産業政策局	貿易局	生活産業局
運輸省	運輸政策局	運輸政策局	運輸政策局	運輸政策局	運輸政策局	運輸政策局	運輸政策局	運輸政策局	運輸政策局	運輸政策局	航空局	運輸政策局	運輸政策局	運輸政策局	運輸政策局
郵政省	通信政策局	通信政策局	通信政策局	通信政策局	電気通信局	通信政策局	電気通信局	電気通信局	通信政策局	電気通信局	通信政策局	通信政策局	通信政策局	大臣官房	通信政策局
労働省	職業安定局	労政局	職業能力開発局	職業能力開発局	職業安定局	職業安定局	職業安定局	職業安定局	職業安定局	職業安定局	職業安定局	職業安定局	職業安定局	職業安定局	職業安定局
建設省	大臣官房	大臣官房	大臣官房	大臣官房	道路局	大臣官房	大臣官房	河川局	大臣官房	都市局	道路局	大臣官房	大臣官房	道路局	住宅局
自治省			大臣官房		消防庁			消防庁		大臣官房			公務員部	大臣官房	

注）以上は各省庁の窓口担当であり、関係局は上記に限定されるものではない。

（表２－４）『経済構造の変革と創造のための行動計画』の中の用語一覧

頁

1．ワンストップ・ファーストトラック（迅速な処理）………………………………… 4
2．アーリーステージ（創業後５年以内のベンチャーへの資金供給）……………… 5
3．WIPO（World Intellectual Property Organization；世界知的所有権期間）…17
4．次世代 LEO（Low Earth Orbit Satellite；低軌道周回衛星）……………………19
5．EDI（Electronic Data Interchange；電子データ交換）…………………………21
6．霞ヶ関WAN（Wide Area Network；広域ネットワーク）………………………23
7．庁内LAN　（Local Area Network；構内ネットワーク）
8．SGML（Standard Generalized Mark-up Language；文書構造形式に係わる国際的な標準）
9．建設CALS（Continuous Acquisition and Life-cycle Support；生産・調達・運用支援統合情報システム
10. EC（Electronic Commerce；電子商取引）
11. IMnet（Inter-Ministry Network；国立試験研究機関等を結ぶ省際研究ネットワーク）………………………………………………………………………………………24
12. ITS（Intelligent Transport System；高度道路交通システム）…………………29
13. VICS（道路交通情報通信システム；Vehicle Information and Communication System）
14. ETC（Electronic Toll Collection System；ノンストップ自動料金収受システム）
15. 先進安全自動車（ASV；Advanced Safety Vehicle）
16. 自動運転道路システム（AHS；Automated Highway System）
17. 新交通管理システム（UTMS；Universal Traffic Management Systems）
18. GIS（Geographic Information System；地理情報システム）…………………31
19. 陸域観測技術衛星（ALOS；Advanced Land Observing Satellite）
20. GPS（Grobal Positioning System；地震動観測）
21. 超高精度測位システム（RTK；Real Time Kinematic）…………………………33
22. IPP（独立発電事業者）…………………………………………………………………40
23. WTO／WBT協定（貿易の技術的障害に関する協定）………………………………49
24. FTO（外国検査機関）……………………………………………………………………51
25. SI（System Integration；情報通信システムの構築に関する業務を一括して提供するサービス）………………………………………………………………………………91
26. コンテンツ（情報の内容，主に画像や音声などの素材）
27. モバイルオフィス（携帯情報機器を活用した業務環境）

28. ゼロ•エミッション構想（ある産業からでるすべての廃棄物を他の分野の原料として，活用して，あらゆる廃棄物をゼロにすることを目指す構想）……………128
29. インバース•マニュファクチャリング（リサイクル型生産システム）
30. LCA手法（Life Cycle Assessment；製品の原料段階から製造，使用，廃棄等の全段階における環境負荷を統合的に評価する手法）………………………………129
31. GLOBE（Global Learning and Observations to Benifit the Environment；環境のための地球学習観測プログラム ……………………………………………130
32. TDM（Trasportation Demand Management；輸送効率の向上や交通量の時間的平準化を図る交通需要マネジメント）…………………………………………161
33. MTSAT（Multi-function Transport Satellite；より一層の航空交通の安全性の向上を図るため，運輸多目的衛星）…………………………………………………166
34. 次世代超音速輸送機（SST；Super Sonic Transport）
35. TDM（Transportation Demand Management；交通需要マネジメント） …178
36. EDIFACT（Electronic Data Interchange for Administration Commerce and Transport；行政，商業，運輸のための電子データ交換） ………………………188
37. MAI（Multilateral Agreement on Investment；多数国間投資協定） ………190
38. FIND（Foreign Investment in Japan Dvelopment Corporation；㈱対日投資サポートサービス）……………………………………………………………………191

参考文献

1.「経済構造の変革と創造のための行動計画」(平成9年5月16日閣議決定)
2.「総合物流施策大綱」(平成9年4月4日閣議決定)
3.「緊急国民経済対策」(自由民主党臨時経済対策協議会，平成9年10月21日)
4.「21世紀を切りひらく緊急経済対策」(経済対策閣僚会議，平成9年11月18日)
5. 拙著，『地域活性化と広域交流の創造』(創成社，1997)
6. 拙著，『ビジネスと経営管理』(成文堂，1995)
7.「21世紀の国土のグランドデザイン」(国土庁計画・調整局編，平成7年12月)
8.「新首都時代の鼓動」(国土庁大都市圏整備局)
9.『世相と事件史　日本の一世紀』(全日本新聞連盟，1968)
10. 寺前秀一著，『経済構造改革と物流』(白桃書房，1997)
11.『規制緩和推進の現況』(総務庁，平成8年7月)
12.『21世紀の中小企業ビジョン』(商工中金，商工総合研究所，1997. 3)
13.「民間開発事業の促進を目指して」(総務庁行政監察局編，平成8年8月30日)
14.「小規模事業者支援促進法の手引き」(日本商工会議所，平成7年6月)
15.『会社四季報』(東洋経済，1974秋)

第3章
総合物流化への潮流

はじめに

この度の「総合物流施策大綱」(平成9年4月4日閣議決定)では，物流拠点創設のための支援策として道路・空港・港湾施設の機能を一体的に高めながら，同時に当該地域(圏域)内に存在する産業の再編成及び再活性化(産業構造の転換)を促進し，更に21世紀型の“新しい都市づくり”すなわち社会基盤・資本整備の充実と広域的連携の実現を目指しているのである。

特筆すべきは，この新しい総合的都市づくり(その中枢的事業の一つが総合物流拠点の創設である)には国の資金が還元されることと，実際の事業の運営が民間事業者，すなわち物流事業者(認定事業者)に一任されていることである。総合物流拠点創設には，全体で約3000ha規模の土地(未利用地を含む)が必要であり，ここにおいて21世紀型の日本経済の原動力(エンジン)となる産業→都市の創設が予定されているのである。更に拠点地域内では，そこに居住するひとびとが快適に生活し続け，そして働けるような「勤住接近」や「自然環境保護」「省エネ」・「安全対策」等を前提に，廃棄物を出さないクリーン・システムを実現して，完全リサイクル型(ゼロ・エミッション)を基とした世界的にも先例のない川上・川下産業を情報統括した一貫生産・物流事業(加工・組立・展示・販売)を推進していくことが要求されているのである。

筆者は既に，平成9年3月に「総合物流施策大綱」(平成9年4月4日，閣議決定)の内容と「経済構造の変革と創造のための行動計画」(平成9年5月16日，閣議決定)との関係を視座として，「物流拠点を中核とした広域交流圏の創造」及び「日本の変革とグローバル・スタンダード」を論文としてまとめているが，平成10年6月に「総合物流施策大綱」(第一回フォローアップ) が発表されたことにより，この間の全国各地の物流推進会議 (報告) の進捗状況を中心に分析を進め，この一年間の動向をできる限り詳細に検討し，国の目指す方向性をより正確に捕捉することを目的に，橋本前内閣で示された経済構造改革および「物流大綱」の「意味」と「位置」を再度確認することにした次第である。

経済構造改革について詳論することはここでは避けるが，論文との関係上少し該略しておくことにする。この改革は橋本前内閣の下で，「金融システム改革」「社会保障改革」「財政構造改革」「行政改革」「教育改革」と並ぶ6大改革の一つであり，既存の産業の高付加価値化を含めた新規産業の創出に資するよう資金，人材，技術などの面で環境整備を行うことを目標にしたものである。

またこれを実現するために，抜本的な規制緩和を行い産業活動の基盤的要素である物流，エネルギー，情報通信，金融についての高コスト構造の是正を図るほか，企業や労働をめぐる諸制度の改革や社会資本の効率性の向上などにより，日本の事業環境を国際的に魅力あるものとすることを目指した改革である。とはいえ，これと同時並行的に行われた金融システム改革は，98年4月1日より開始されたいわゆる金融ビッグバンによって当初の目的とは裏腹な状況を連日迎えている有り様である。当初は2001年までに，日本の金融市場がニューヨーク・ロンドン並の国際市場となって再生することを目指し，金融行政の転換，市場自体の構造改革を図り，自由 (フリー)，公正 (フェアー)，国際化 (グローバル) を基本理念に改革を行うと鳴り物入りで最優先されたものであった。

しかしながら，98年4月から9月までの間では首相交替にみられる程の景気の悪さと，金融業界の予想以上の累積債務残高が明らかにされるばかりで，政府の矢継ぎ早の不良債権処理策 (金融再生関連法案・ブリッジバンク法案→長銀問題処理など) も実効を見るまでには至っていない状況である。更にこれに追い打ちを掛けるように，8月25日予てより懸念されていたロシアのルーブルが急落し，27日ロシア中央銀行はそれを受けてモスクワ銀行間通貨取引所（MICEX）の外為取引停止という緊急避難措置に踏み切ったことから一斉に日米欧で株安連鎖が誘発されたのである。

日経新聞によると，27日NY市場では一時350ドル以上下げ8200ドル台を割り，日本に至っては，バブル崩壊以後2番目の安値すなわち日経平均終値14413円を記録する有り様で，28日NY株は8051ドル（一時8000ドルを割る），日経平均では13915円と続落して金融不安は益々増大しているのである。そして31日にNY株式市場の終値は，7539.07ドルと史上2番目の下げ幅を記録したのである。米国の株価が実態より2割以上高いと言われてから久しいが，ここに来て急激な下げ幅が記録され，世界の金融市場は一層ゆがみを拡大している。経済の混迷は政治不安を誘発するだけに，目を離せない状況となっている。

こうした金融面での世界同時不況の影響は企業経営の一層の業績悪化をもたらし，国際優良企業の収益の頭打ち傾向を強めており，各社の業績の下方修正がまた市場を敏感にして先行きの不安感を醸成して，更なる世界的なデフレ圧力を増大しているのである。日本経済にとっての痛手は，大幅な円安が続いてるにも拘わらず，輸出関連企業に収益見通しに陰りが出て来たことと，東南アジア全域での需要が大幅に減少していることに加え，今日までの過剰ともいえる企業間競争激化による販売価格の下落が，因果応報の教えさながらに押し寄せ，これらの集積がデフレスパイラルの色を濃くし，市場の不振を招いていることである。日本の置かれた状況は，誰が見ても“待ったなしの瀬戸際”である。景気回復が最優先事項であることは，政府（野党を含む）も国民も共に認識しているところであるが国の金融再生への構造改革の進捗状況は，国民を納得させるにはまだまだ程遠いものがある。

しかしながら，国際社会での日本の役割の重大さが世界経済の盛衰にいかに大きく関連しているかについては，国民は正しく認識し始めていると考える。いわゆる土地神話が生み出した幻想的な資産価値信仰が，ものの見事に砂上の楼閣のように崩壊したことによって，日本経済は世界的にみて“内面の脆さ”を完全に露呈したのである。

とはいえ，日本が世界に誇るべき根源的・伝統的資産価値は「技術」と「人材」である。マネーに狂奔するという資質は，必ずしも国民の大多数に共通するものではない。まして政府及び官僚，そして財界の中にあるのは，新聞紙上で取り沙汰される諸悪の根源のような人物ばかりでもないのである。現状を絶えず憂い，客観的に捉え，そして行き過ぎた行動を本来の軌道に乗せるべく努力を傾注している人の方が，多数存在していると考えたい。日本の現状は，もはや誰かに責任を被せて済ませる猶予はないのである。

一朝事あらばという有事の備えは，いつの世も沈着・冷静な行動がとれる人々の袂にあり，国においても当然のことである。先の政府の示した「経済構造の変革と創造のための行動計画」の基本的考え方は，次のごとくであった。少し長くなるが，その内容を抽出しておくことにする。いわく「我が国の経済は，大きな転換期にある。中期的には，アジア諸国等の発展，情報通信技術の革新等を背景に，世界的なグローバル化が一層進展する中，企業が立地する国を選ぶという国際的な大競争時代が到来している。このような時代の到来は，これまで我が国の経済発展を支えてきた様々なシステムの変革を迫っており，痛みを恐れずに変革に大胆に取り組むことにより，我が国の経済の新たな発展の可能性が開かれるが，現状に安住した場合には，産業と雇用の空洞化が急激に進展する可能性が大きい。……二十一世紀の幕開けまで三年余となった現在，我が国の未来と我々の子孫に対し，明るい未来を切り拓き，将来の発展に向けての確かな展望を抱かせることができるかどうか，これを我々の取組が決すると言っても過言ではない。我々の世代が痛みを避け，現状に安住することを選択するのか，それとも，将来世代に豊かな社会を引き継ぐという我々世代の大きな責務のために，痛みを分かちつつ改革に果敢に挑むのか，いわば我が国の将来に向けた「時代の岐路」に我々は立っているのである」(下線，筆者)。

そして本論で展開する「物流大綱」の基本的な考え方も，次のような決意と目的で語られているのである。「行動計画」との相関を見るために，これも引用しておくことにする。いわく「我が国の物流は大きな転換期を迎えている。世界経済のグローバル化が一層進展する中，企業が立地する国を自由に選ぶという国際的な大競争時代が到来しており，我が国経済の新たな発展の可能性を拓いていくためには，高コスト構造を是正し，消費者利益を確保すると同時に，我が国の産業立地競争力を強化する必要がある。このような状況下で，物流のあり方は，国や地域における産業立地競争の重要な要素のひとつとして認識されるに至っている……このような社会経済情勢の変化や，技術革新を適切に捉え，変貌するニーズに対応して，輸出入，製造，保管，売買，消費，廃棄といった様々な経済活動に関わる物流サービス全般の機能が高度化・高付加価値化されなければ，ユーザー側産業も含め我が国産業全体の競争力の強化や多様な消費者ニーズの充足も同様に困難である。……関係省庁が物流全体に関する問題意識と目標を共有し合ってそれぞれが連携して施策を講じていくことにより，例えば，社会資本の相互連携を進めることが重要である。また，ボトルネックの解消，我が国の国際港湾のアジアにおける地位の低下や貨物分野のエネルギー消費効率の低下など様々な問題にも対応しなければならない。このような我が国物流への強い期待に応えるため，物流に関する総合的な取り組みを強化することは，一刻の猶予も許されない喫緊の課題である」(下線，筆者)。

こうして2つを並べてみると「物流大綱」と「経済行動」の基本的考え方が，相似形に近いことが理解されると思う。とはいえ，現段階では「総合物流大綱」の目的とされているものが未だ明確には，その全体像が提示されてはいないのである。北部九州地区が98年8月の日経新聞で「国際物流拠点都市創設への決意」を表明してはいるが，その知名度と影響力については依然として明確に捉えられてはいないのである。

直近の日経新聞によると，[景気回復特別枠の公共事業2兆7千億円について，建設，運輸の両省は都市型事業と既存計画の前倒し実施を軸に要求する方針を固め，大蔵省と調整に入った。建設省は都市再開発，道路，河川の各事業を統合した「都市再生トータルプラン」を創設して予算を重点配分するほか，運輸省も拠点空港や大都市港湾の整備に注力する。」(1998年8月14日)，と国の基本政策方針を公表している。この中で重要なのは，両省とも従来各部局別に進めていた事業を統合した計画を策定している点であり，対象となる自治体を指定した後，国の補助金や住宅・都市整備公団の再開発事業を優先的に投入するとしていることである。更に将来は従来型のガイドラインではなく，法律に基づく計画にしたいと言明しているところが，注目すべき点なのである。

筆者としては，こうした政府の方針はすべて「物流大綱」の目標の実現化を目指す支援策の一貫であると考えている。というのは「物流大綱」の「目標と視点」は，次のようなものであるからである。

目標と視点

［今後政府は，おおむね平成13年（2001年）を目途に次の3点を実現することを目標として掲げ，総合的な物流施策に取組む。］

① アジア太平洋地域で最も利便性が高く魅力的な物流サービスが提供されるようにすること。

② このような物流サービスが，産業立地競争力の阻害要因とならない水準のコストで提供されるようにすること。

③ 物流に係わるエネルギー問題，環境問題及び交通の安全等に対応していくこと。

上記3つの目標の達成年度は2001年であり，これは現行までのあらゆる政府の関連施策目標の到達点となっているからである。そうした視点から，他の政府の施策及び方針を読み解いていくと，「物流大綱」が如何に重大な施策であるかが明瞭となってくると思われる。次のような動向なども，これに収斂するものであると考えられるのである。

例えば平成11年度より，住宅・都市整備公団は50万規模の大都市や政令指定都市での本格的な事業のみに専念し，また地域振興整備公団は従来型では遅々として事業の伸展が見られなかった駅前（駅裏）開発に際して，これを駅中心に面的に捉え，半径500mから1kmのスクウェアーで一体的に整備する事業に取り組むことになっている。こうした公団等の職務（職域）の転用・及び代替によって，国が大店法の廃止などの方向を打ち出したことを受けた形での「中心市街地の活性化法案」の成立が，俄然際立ってくることが予測されるのである。また最近の新聞報道でも土地利用計画の見直しにより既存の枠組みが変更されることになり，市街地内での工業関係事業者の活動が難しくなることが予想され，また環境アセスメントへの国民的関心の増大と共に移転計画を真剣に考えなければならない時代に入っている。それだけに，こうした事業者を一括して総合物流拠点の域内に受け入れ，再編成を伴いながら本格的な“ものづくり地域”へと連携・シフト替えしていくことも，地方行政としては今後の重要な課題となり，またこうした事業所が移転した後のいわゆる“跡地”開発は土地利用計画（用途指定区域）の見直しを迫るものとなるだけに行政区域の既存のイメージを大きく転換する喫緊の課題となって浮上することになるのである。

筆者の学識経験者としての今日までの地域との関わりにおいても，こうした動向に対する地元行政の関心度は従来と比べ格段に高まって来ている。それ故中部圏域での動向に注視しているのである。因に中部圏域における21世紀第一四半期までの開発プロジェクトは，大小併せて約100以上が計画されている。この中で第一に注目すべきは，幹線道路（高規格道路を含む）の推進計画である。これを見る限り広域連携を意図した地域間のネットワーク化が明確に意図されていることが窺える。つまり道路網の整備は21世紀の地域の振興計画と密接な関係を有しており，また物流拠点創設のアクセス面での基盤的役割を果たすものだけに，地方行政も国是とも言える施策への十分な対策・検討が必要なのである。私見では中部においての物流拠点の収斂すべき場所は，愛知・岐阜・三重の中間点でもある「木曽岬」周辺地域が最適であると予測している。実際問題として，この地域には歴史的な諸問題があるものの，一括的な事業を展開するための広大な土地が保有されており，今後の伊勢湾周辺開発の中核拠点としてその地理的優位性を発揮して広域的なものの流れの拠点となるに相応しい場所であるからである。

以上のように物流拠点創設の意義は，既存の産業構造を変えるだけではなく広域連携を意図した“ものの流れ”や“ひとの流れ”，そして“情報の流れ”を効率的に促進することによる新しいまちづくりの在り方を提示するものでもある。換言すれば，わが国のこれまでの［高コスト構造を是正］(1/3減にする）していくという目標を実現していくための事業であることを，その主旨を十分認識すべきなのである。というのも，物流拠点の創設はわが国が最悪の景気状況から脱出し，旧来の産業社会システムから脱却して新しい産業構造を構築していくための最後の切り札として準備していた“21世紀再生計画”であるからである。

Ⅰ．第一回フォローアップの概要

冒頭において先ず現状での課題を検討し，「物流大綱」の位置付けを試みた次第であるが，ここでは本論の主旨である『総合物流大綱』(第一回フォローアップ，平成10年6月）の分析に入ることにする。本来ならばフォローアップの全文を掲載すべきかもしれないが，ここではその大筋を示すに止めこの一年間にわたる推移を捕捉していくことにする。「総合物流施策大綱」策定後における物流施策の充実強化の取組状況は，次のようになっている。

平成9年8月　財政構造改革において「物流効率化による経済構造改革特別枠（1500億円)」を創設

〈主要項目〉○高規格幹線道路等（アクセス道路を含む)，中枢・中核港湾，拠点空港，中心市街地の整備に重点化

同年11月　「緊急経済対策」において一層の規制緩和推進策を盛り込み

〈主要項目〉○トラック事業の営業区域規制について，拡大スケジュールの前倒し

○ISO規格の国際海上コンテナのフル積載通行に係わる軸重規制の経過措置

同年12月　「経済構造改革行動計画フォローアップ」において物流施策を強化

〈主要項目〉○情報化により物流効率化を図る高度物流情報化システムの開発事業を実施

平成10年3月　「規制緩和推進3か年計画」において一層の規制緩和推進策を盛り込み

〈主要項目〉○港湾運送事業規制に関し，現行の事業免許制（需給調整規制）を廃止し許可制に，料金認可制を廃止し届出制にすべきであること，同時に港湾運送の安定化等を図るための各施策の実施及び検討が必要であること等を内容とする行革委意見に従って必要な措置を実施（運輸政策審議会において，規制緩和の具体的実施策及び港湾運送の安定化策について審議）

○内航海運暫定措置事業の導入により船腹調整事業を解消

同年4月　「総合経済対策」において「物流効率化特別事業（8000億円）」を創設

〈主要項目〉○国際ハブ空港・ハブ港湾，高規格幹線道路，空港・港湾へのアクセス強化等

○トラックの物流管理システムの実証開発

以上が，この一年間の物流施策の充実強化の国の取組み動向である。

今後の取組姿勢としては，また次のように指摘しているので掲載しておく。「2001年（平成13年）を目途に国際的に遜色のない物流サービスが提供されることを目標とした大綱の実現を図っていくためには，このような課題を含め，物流施策の充実強化を図り，関係省庁の連携の下に強力に推進してい

くことが必要」。フォローアップについての問い合わせ先は，通商産業省産業政策局商政課，運輸省運輸政策局貨物流通企画課，建設省道路局企画課道路経済調査室となっており，３省合同で対処することになっている。

ところでこのような各省庁の事業共同化がようやく本格化したのは，２年前の96年８月に入ってからである。特に建設・農水・運輸が公共事業に関する初の３省連絡会議を開いたことの意味は大きいのである。というのも，その背景に景気低迷による財政状況の悪化が存在していたが，何よりも従来型の縦割り行政の弊害による非効率化が，政府の景気回復策の進展を阻害していたことが明白となってきて，わが国の経済の低迷を脱する機会を抑止する原因となっていたからである。この点を当時の新聞記事でみておくと，次のようになっている。［公共事業に関する連絡会議では，建設など三省の事務次官らが出席し連携体制を協議する。・中略・三省は空港と道路の一体整備など一部で連携事業を実施してきたが，国の公共事業関係費にしめる三省関係シェア（他省庁所管を含む）は九十五％に達するにもかかわらず，これまで横断的な調整の場は設けていなかった］（1996年８月20日，日経新聞）。元橋本政権下での六大改革の中で，最も切実なのは経済構造改革であったと考えるが，その中では実は規制緩和の推進がかなりの効果を生み出しているのである。関係省庁が連携して壮大な国策的事業を実現していくという筋道を開いたのは，批判の大きかったこの元橋本政権だったのである。

98年６月経済企画庁が発表した国民所得統計速報によると，1997年度の国内総生産（GDP）は物価変動分を除いた実質で，前年度に比べて0.7％減少した。これは第一次石油ショック（73）に見舞われた74年度の0.5％減以来で，23年振りのことであり，戦後最悪の記録である。また98年６月現在の完全失業率は，史上最高の4.3％となり景気の先行き不安感を益々際立たせており，前小渕政権となった時点でも依然として景気の低迷が続いていた。先の参議院選挙での自民党の大敗は，国民の参政意識を目覚めさせる切っ掛けとなった訳であるが，その意識の背後にはこうした景気（状況）の悪さが作用して，経済・社会生活上の閉塞感があらゆる面に浸透していることに気付いていたことが主たる原因であり，現況からの脱却を願った行動の結果であったと考える。

先の論文でも考察したが，世紀末のわが国の現状は情報分野での取引業務の国際化，すなわち国際標準への適合を積極的に推進しなければならない時期にきているのである。日本的産業経済対策としてのいわゆる“護送船団方式”はもはや通用させてはならず，国民生活の資質向上に寄与するための施策を積極的に推進すべきなのである。積年の国際協約（規制緩和と内需拡大等）を完全に履行するだけではなく，国民経済を基盤から繁栄させる総合的な施策が必要なのである。ここで筆者が考える物流拠点創設の意義と特徴をまとめておくことにする。

総合物流拠点創設の意義と特徴

☆世界初の本格的国際物流拠点の整備による国の再生計画の中枢都市の誕生

☆内外の諸国との交易・通商を促進する総合物流拠点を創設し，それを中核とした機動的産業都市（全国で4カ所）の形成

☆高規格道路，空港，港湾の一体的活用が実現し，国際化及び情報化を同時に具備する新産業分野の飛躍的な発展が可能となる　→　国際物流

☆既存の地方拠点との連携が構築され，地域内で点在していた地場産業が新たな市場を広範囲に確保することができる→　都市内物流・地域間物流

☆物流事業への参加は当該圏域全体に及ぶ広域的なものであり，諸外国の機関及び企業をも包含する。周辺地域の中小企業にとっても，様々な企業慣行や産業規制の束縛のないエリア内で新たなビジネスチャンス（VENTURE BUSINESS）が誕生する

☆広大な未利用地を活用するだけに，従来型の規制による種々の制約を受けず，大規模な総合的物流の集積が可能となり，日本の技術力（中小企業群の中に継承されて来た伝承的技能及び地域の伝統産業技術など）の粋を結集

した一大産業未来都市が安価な土地購入資金で形成される

☆地域周辺住民及びそこで働く人たちとの共生を前提とするものだけに，自然環境及び景観の保全に対する整備（農業振興）も達成される

☆地域開発プロジェクトの方向性を物流に収斂することができ，国家的資金の導入計画への連動・促進が図れる

☆域内での完全リサイクルを達成するための生産システムが敷設され，ゴミ処理などの問題に対しても自然環境と適合した21世紀型の産業集積地が実現する（大手素材メーカーの廃棄物リサイクル事業進出傾向の増大）

☆物流事業者（事業主体・株式会社）が非営利組織で運営される

☆総合保税地域のための法人設立

☆開発銀行による外国企業，外資系企業への資金の融資

☆高コスト構造が是正（従来の1/3減に）する

注目すべき特徴は他にも数多くあるが，ここでは詳細は省くことにする。唯ここで指摘しておきたいことは，こうした国の基本方向を打ち出したのが2年前の12月であったという事実である。つまり，平成8年12月に経済行動改革の骨子が発表され，わが国の高コスト構造の是正期限を2001年に設定し，関係省庁が連携して民間の活力を引き出しながら国のインフラ整備をしていく方向が明確になったのである。さらに公共事業予算の配分についても，その目的と意義を明確にするために物流の効率化対策に資するものを中心に優先的に整備していくという姿勢が明確になったのである。98年9月現在，全国の9ブロックで展開された昨年の物流推進会議の一年の成果を見る限り，物流インフラの高度化に事業予算を重点配分していくことで，地域活性化を促進しようとする意図は明確になって来ていると考える。

その具体的な成果としては，運輸省がまとめた「物流拠点の整備のありかたについて」（平成8年6月運輸政策審議会物流部会とりまとめ）による参考資料を掲載しておくことにする。次の図表（I－1）がそれである。

これによって，物流拠点のイメーを若干措定することができる。殊に，今

（図表Ⅰ－1）「物流拠点の整備のあり方について」

（平成8年6月運輸政策審議会物流部会とりまとめ）

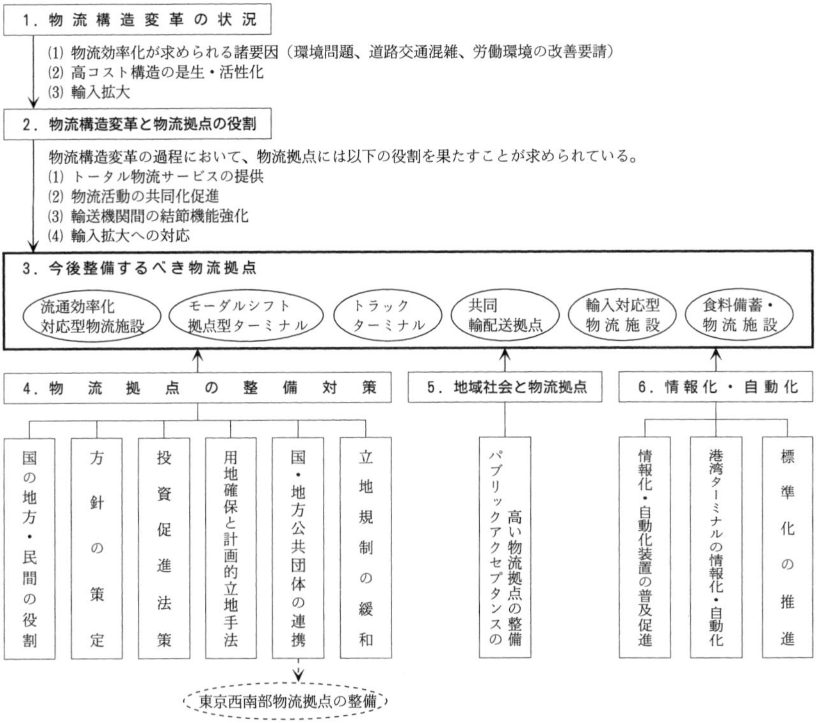

後整備すべき物流拠点の分類によって，如何にこの物流拠点が壮大なものか理解できると考える。即ち，

1．流通効率化対応型物流施設

2．モーダルシフト拠点型ターミナル

3．トラックターミナル

4．共同輸配送拠点

5．輸入対応型物流施設

6．食料備蓄・流通施設

の6分類の施設が，個別にではなく同一拠点地域内に一体的に整備する必要

があるとしている点が重要なのである。ここでは6つに分けられているが，先の「物流拠点整備ビジョン」の中の物流拠点整備の機能類型別重点化の項目では，次の5類型に分類されているのである。

1．流通効率化への対応を行う物流拠点
2．食料品の流通・備蓄に対応する物流拠点
3．共同輸配送を行うための物流拠点
4．広域物流への対応を行う物流拠点
5．輸入等国際物流への対応を行う物流拠点

5類型が6分類になったのは，「広域物流への対応」をより具体的にしたためである。これは物流拠点の整備促進に対しては，地域に受け入れられやすいということが現実の行政の課題解決になると考えたからであると予測される。民間事業者によって物流拠点の整備を円滑に進めていくために，国が地方公共団体等へも積極的に働きかけていくことになっているのである。というのは，何度も繰り返すことになるが，道路，鉄道，港湾，空港等と物流拠点との相互連携が図られることが，物流拠点整備の与件として明示されているからである。

本来ならば類型毎の説明をすべきなのかもしれないが，現状までの推移を考慮する限りでは，詳細について論述を続けることは省略する。本稿ではあくまで国の再生計画の一貫としての計画事業の本筋を，論究していくことを目的としたいからである。

II．国際化と情報化

歴史的に通覧して，わが国ほど国際化の波に対して一国の文化を柔軟に変容させてきた国家も少ないと思われる。ただ，今日までの歴史が示すように日本人はその都度外部からの直接的影響を緩和しながら，強力な異文化に独自の意匠を加えて身分の上下を問わず庶民の日常生活に取り入れてきたので

ある。こうした日本文化の歴史的経緯に対しては，外国との文化接触の激しかった特定の過去の時代研究から模倣文化であるとか，また雑種文化及び折衷文化などの指摘がされているが，確かに日本は諸外国（殊に中国大陸）から歴史的に国の基本的な施策及びその方向性ついて多大な影響を受けてきたことは事実であるが，視点を民衆において通史的に見れば，このような内実があったことも十分考えられることである。また，そうした日本人の異文化に対する接触の仕方と柔軟性があったからこそ，今日の日本が存在していることも当然評価しなければならないと考える。

現状では20世紀末を目前にして，各国とも様々な大転換期を迎えて変革への厳しい試練を経験している。この傾向は90年代に入ってから頓に著しく，わが国でもバブル神話崩壊を契機に政財官界での長年にわたる内部工作上の諸矛盾が随所に露呈し，その対応に苦慮を重ねる中でグローバル・スタンダードの強風は着実に各分野で新局面（省庁再編，2001年目途）を具現しているのである。その最先端をなす世界的動向は，何と言っても高度情報化（情報・通信のネットワーク化）社会への急速な適合への潮流である。米国の情報スーパー・ハイウェイ構想のもたらした最大の影響は，情報戦略の世界的規模での構築こそが21世紀の基本的命題であることを各国に迫ったことであった。

とはいえ，20世紀末の現状では，加工・組立産業を中核とする貿易立国日本の真価と国際的役割が再度喫緊の課題として問われているのである。「日米中ロ」関係を機軸とするアジア市場経済の動向の中で，日本の地政学上の位置は極めて重要視されているのである。わが国の景気低迷が世界経済に直接影響を及ぼす状況の中で，“太平洋の世紀”とされる21世紀に向けた積極果敢な施策実現への機運と期待は過去に例がないほど高まっているのである。金融面での国の対処方法の不備（不明瞭さ）のみが喧伝される昨今ではあるが，その裏面において着実な法的整備を伴い国の再生計画が進められているのである。政府が日本の再生と創造を目指し，そして関係省庁が一体として連携し，今日までのわが国の「高コスト構造の是正」と「国際的に通用する物流拠点の創設」を推進していくために，閣議決定した『総合物流施策大綱』(平成９年４月４日）及び『経済構造の変革と創造のための行動計画』(平成９年５月16日）がそれである。

この節では今一度物流大綱の意味を問い，これがもたらす国の再生計画の全容を改めて明らかにしていくことにする。

１．総合物流施策大綱の意味

わが国の経済は85年以来世界一の債権国へと成長したが，その過程においては価格及び商慣習の面において数々の貿易摩擦を惹き起こしてきた。時の政府は，臨機応変な対応に終始してきたが，今日では構造的な対処施策が求められており対等なパートナーとしての責務を国際政治の中で果たす時期が到来しているのである。98年２月のＧ７や５月のバーミンガムサミットの懸案事項には，日本の改革についての具体的な数値実績が要求されているのである。それ故，内需拡大をベースとした景気刺激策（地域活性とインフラ整備を含む）と高コスト構造の是正措置及び活性化の促進を一括して実現するための最適手段として決定されたのが，この度の「物流大綱」なのである。

これに先立って，平成７年11月29日経済審議会（首相の諮問機関，平岩外四会長）は，新しい経済計画「構造改革のための経済社会計画　－　活力ある経済・安心できる暮らし」(1995-2000年度）を村山富市首相に答申しているのである。この戦後，第13番目となった新経済計画では，バブル崩壊後の経済低迷を克服し活力を取り戻すための施策として規制緩和を推進すること，そして企業や生活者が自己責任で自由に活動できる経済社会への改革が急務であることを強調し，わが国の高コスト構造是正のための行動計画目標に，物流，エネルギー，流通など十分野を最重要項目として挙げていた。

この時点で，物流を第一の重点項目としたことから，約一年半後に『物流大綱』の決定をみることになったのである。現状では依然として景気の低迷と政治の不安定化の続く時代であるが，政府が日本の抜本的な財政改革を実行するために具体的な行動目標を示して，21世紀の日本創造計画として「国是」ともいうべき姿勢をもって取り組んでいるのが，『物流大綱』であり『行動計画』なのである。90年代に入り，国際社会の一員として，そして急成長を遂げているアジア市場の中核（ハブ）拠点として，日本が金融面及び技術面で求められている役割は益々大きくなっている。中でも，世界の交流拠点として人的・物的資源の活用と制度面での改革（規制緩和の推進など）によって，魅力ある日本の玄関口となる港湾と空港の本格的な整備は喫緊の課題となっているのである。それ故世界中に開かれた物流拠点の創設が，日本の21世紀戦略として急浮上しているのである。

物流大綱で重要なのは，民間事業者主導に事業を推進し，空港，港湾，高規格高速道路を一体型のネットワークで運営し，最大物流を搬入・出するため，日本の4カ所の港湾（東京湾，伊勢湾，大阪湾及び北部九州の中枢国際港湾・2010年において全コンテナ貨物量の約80％をこの4カ所で取り扱う計画）を拠点として，わが国の「高コスト構造の是正」と「国際的に通用する物流拠点の創設」の実現を目指していることである。更に21世紀の国際的情報社会に向けて，“質・量・コスト・タイミング”共に適合できる新たな産業構造の変革及び新事業の創造を意図していることである。それだけに今回の『物流大綱』の目指す方向性を正確に捉え，対処していかねばならないのである。混迷の時代のブレイクスルーとして，この大綱は世界にとっても重大な意味を持つのである。

ここでは改めて，『物流大綱』の理念と目標を摘出しておくことにする。

以上のような特徴が，この大綱には包含されているのである。全体としてみれば，現状での首都機能移転問題や新国土軸（日本海，北東，西日本，太平洋）の形成及び整備新幹線の論議までも取り込んでしまうほどの壮大な構想を下に，関係部門の体系的連携と時限立法付の開発整備目標が示されているのである。総合物流拠点を創設することが，圏域単位の広域交流を開花させ，地方行政の個性化と役割分担にも効果的な影響を及ぼすことになり，日本の潜在的な繁栄を方向付けることになるのである。そしてこれはものの流れを最適・効率化していくことで実現するのである。

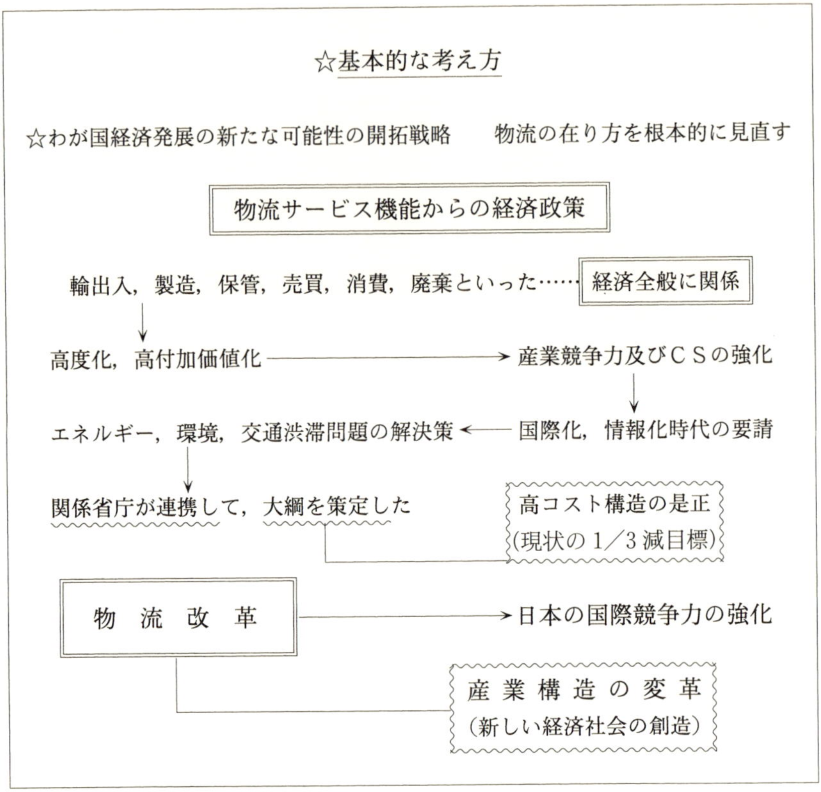

２．総合物流化への推進

物流大綱の進捗状況については，前節で考察したように平成９年８月より全国各地の推進会議において物流をめぐる現状と課題が検討されている。平成10年度は，これらの報告を受けて実施にむけての具体的な検討が進められることになっている。ここで重要なのは，総合物流拠点の創設には，当該地域を拠点として人，モノ，カネ，情報の巨大な流れを受・発信する広域的なネットワークの創造が求められていることである。推進会議では，全国を「北海道地方」「東北地方」「関東・甲信地方」「中部地方」「近畿地方」「中国地方」「四国地方」「九州地方」「沖縄地方」の９ブロックに分け，圏域単位での総合的な取組を進展させていくという全国総合計画の基盤に沿った総合物流施策を，当該地域の特性（例えば伝統産業，自然環境，及び農業文化に至るまで）を生かしながら実現していくことが共通の課題となっているのである。

「物流大綱」では，「関係省庁連携の下，港湾，空港，道路ネットワーク，広域物流拠点，情報化等の国際交流基盤に係わる総合的な施策の伴った国際交流インフラ推進事業を平成9年度は全国13地域で推進する」（13頁）とされており，これは関係省庁，地方公共団体，物流事業者，荷主が連携して施策や取組を展開していくことになっている。言うまでもないが，国及び地方の関係省庁（概ね30機関）が相互連携して物流事業を推進するということは，わが国の従来型の縦割り行政からは考えられない出来事でもある。しかも物流事業創設のための法律（時限立法を含む）を体系的に行って来ている事実は，一般的には看過されているが，優れて現実的であり実効性の高いものとなっているのである。これほどの特徴（パワー）をもつ施策を法案整備した上で，大綱を提出したという点を真摯に受け止めなければ全国的な開発プロジェクト動向の本質を把握することは困難である。物流を推進母体として，わが国の高コスト構造の是正を一挙に達成しようとする主たる理由としては，端的に言って積年にわたる対米貿易交渉での辻褄合わせ的外交の失敗が挙げられると思う。日本が官民挙げて日本的経営（護送船団方式）に固執している間に，米国は80年代に入ってから軍事交渉を軸に積極的な外交戦略を展開していき，国の財政再建目標を明確にしていった。そして90年代からの米国の躍進は目覚ましく，わが国の景気低迷とは裏腹に世界通貨としてのドルの強みを最大限に生かして，世界の貿易・金融・証券業界を呑み込み始め，更に資本主義社会の根本をなす競争面での投機性を市場メカニズムの規準として東南アジア市場にまで浸透させ，中国との経済交流と友好提携を深め，情報化戦略を駆使した国際的な商品流通体制を一貫して作り上げていったのである。

こうした動向の波が，日本にはアジア市場の時代として認識されてきたことは衆知のところである。そうした中で，日本に対する期待と役割は一挙に増大してきたのである。わが国の空港及び港湾，そして高規格道路の整備が物流効率化に向けて進展しているのは，このような時代の流れに適合するためのものであると考えられる。

先の『経済構造の変革と創造のための行動計画』において今後成長が期待される15分野があるが，中でも成長予測の高い2分野すなわち情報通信分野の雇用規模は，現状から2010年までが125万人→245万人，市場規模は38兆円→126兆円と予測されており，一方流通・物流分野においては49万人→145万人，36兆円→132兆円（3.7倍）と予測されている。それだけに21世紀初頭は流通・物流分野の成長が情報通信分野と比較しても予測値が高くなっていることから，流通・物流分野が今後，わが国の産業や景気の牽引車的役割を担うことになることを明示しているのである。具体的な対策として，97年度より建設・通産・運輸省は共同で，空港，港湾を核にした国際競争力のある物流拠点の整備を目的とした新事業に既に着手しており，物流拠点までのアクセス道路の整備や地域産業の技術開発支援及び地域産業支援策など，各省庁が所管する基盤整備事業を物流の高度化に資する事業として一括して実施しているのである。

こうした点については，前章の「日本の変革とグローバル・スタンダード」でも考察しているが，21世紀初頭にかけての成長分野は新聞紙上での記事掲載扱いを見る限り，情報通信分野を第一とする意見が主流であると思われる。しかしながら，わが国の情報化戦略に対しては，一方では数年来危惧の念が伝えられているのも事実である。

明治維新以来，日本の門戸開放は外圧という形で行われてきた。98年4月のいわゆる「金融ビッグバン」の開始は，アメリカの強制によるものであったことはもはや否定できない歴史的事実である。金融・証券分野に対して，「フリー」「フェアー」「グローバル」が強硬に求められた背景には，アメリカの電子商取引（EC）の拡大戦略があったのである。21世紀のビジネスに対して，この取引形態を一般的なものにするための情報武装の準備がアメリカでは90年代から着実に推進されていたのである。端的に言うと，アメリカでのインターネットビジネス（企業間の情報共有や紙の伝票・訪問販売の廃止など）の急激な拡大が，旧態然たる日本の様々な商慣習に内在する規制の撤廃を迫ったことが，シンボリックな美名の下に冷徹な完全競争（優勝劣敗）を強いるビックバン採択へと向かわせた直接的原因である。アメリカの基本的な戦略は，情報技術（IT）の高度化によるものであり，これは航空宇宙産業で開発した高度な情報通信技術を民営化して，この分野での一人勝ちを決め込んだいわば御家芸ともいうものであり，残念ながらわが国の後進性は否定できない状況にある。それだけに，この分野での改革は必然的に繰り返し外からの強制として押し寄せているのである。

直近の記事でその点を紹介し考察していくことにする。日経新聞（98.8.18）によると，「貿易専用の世界通信網　来春メド稼働　電子商取引に弾み……世界の主要な金融機関や船舶会社，多国籍企業など一万社以上が，国際的な商取引を一手に取り扱う通信網を整備する。これまで国際郵便などでやりとりしていた貿易にかかわる書類を電子データ化すると同時にコンピューター通信網を構築，九十九年四月の稼働を目指す」とあり，これに参加する日本企業は三和銀行や三井物産などの企業数十社で，実用化をにらみ試験運用に入っているとのことである。このことによる最大の効果は，貿易手続きにかかる時間がこれまでの十分の一程度に圧縮されることである。

また翌19日の日経新聞では，「日米欧の主要七カ国（G７）の税関当局は，相互の貿易を円滑にするため，企業などが輸出する際に税関に申告しなければならない項目を統一することで合意した。七カ国全体で約八百ある申告項目を年内に八十にまで絞り，2000年からの適応を目指す」という記事があり，輸出入に付随する申告項目が世界的に統一される動向を伝えているのである。

こうした動向が今年に入って急速に広がっている背景には，世界的な物流コスト削減（貿易額の最大１％程度）に向けた情報ネットワーク構築が本格化し始めた証左である。とはいえ，上記で指摘したように一部の先進企業間での適合戦略は世界の動向に合致していける経営体制を構築しているようにみられるが，日本全体の商慣習や慣行には依然とし前門に各省庁別の規制が存在し，後門に個人情報の保護や税制面での遅れが存在するのである。欧米からみれば，本質的な欠陥ともいえるこれらの問題をクリアーしない限り，日本の情報化の将来は，また時代に逆行する国内だけに通用するローカルネットに終始してしまう危険性を宿していると言えるのである。

情報分野の経営環境は，現実的にはかなりの悪化がみられるのである。それを示す記事を一つ掲載しておきたい。[富士通の英半導体工場閉鎖が英国社会に波紋を広げている。富士通が現地従業員などに閉鎖の意向を伝えた四日，ブレア首相は「地域経済に打撃を与える悲しむべきニュース」とのコメントを発表した。……ダラム工場があるセッジフィールドはブレア首相の選挙区。首相はコメントの中で「(富士通の撤退は) 世界的な半導体市場の低迷が原因」と富士通の決定に一定の理解を示したが，七月にはジーメンスも同地域にある半導体工場の閉鎖を決めており，地元では「ポンド高で産業の空洞化が始まった」と不安視する声も上がっている] (日本経済新聞，1998. 9. 5)。

アジアやロシアの経済危機をよそに好景気を続けていた英国も，ここ数年来のポンド高 (対顧客電信売り相場，英ポンド＝230.95円，1998. 9. 4) で輸出産業の経済・経営環境はかなり厳しくなっているのである。9月3日の米紙付ウォールストリート・ジャーナルは，今回のロシア金融危機によって世界の金融機関が被った損失は80億ドルであると推計しているが，損失の最も大きいのはロシア，アジア，中南米市場であることに変わりはないのである。問題は金融派生商品 (デリバティブ) 投資などで知られるヘッジファンドも巨額な損失を抱えていると予測されているだけに，米国も日本の経済再生に期待せざるを得ないのである。というのは，今月に入ってバンカース・トラストやシティコープ，バンカメリカ，JP モルガン，ソロモン・スミス・バーニーを始め，米国最大のチェースマンハッタン銀行などが矢継ぎ早に損失計上を発表しているだけに，米国としても市場経済を守るために具体的な行動を取れる余地のある日本に，一刻も早く金融面での財政措置を達成させ，日本に世界第二の経済国としての牽引役を求めざるを得ないのである。

本論の考察に際して，金融経済及び情報分野の指摘が多くなっているのには理由がある。というのは，これらの分野と物流とは二重・三重のスパイラルな関係にあると考えるからである。それだけに現実の喫緊の課題である金融経済対策の早期解決こそが，物流事業を円滑にスタートさせるためには是非とも必要なのである。また情報化戦略と「物流大綱」でいう物流事業とは表裏の関係にあり，情報化戦略は上記でみたように世界標準を指向した電子商取引を前提に，通商貿易を始め各国の企業間で契約から決済までを瞬時に行うことになるだけに，これらを切り離しては現実の世界経済を把握することは難しく，また日本の置かれた差し迫った状況を摘出することも具体性を欠くと考えたからである。

わが国の現状は，「世界の中の日本」という認識の上に立たない限り，その分析は抽象化を免れないものであると考える。それ故，世界を席巻する金融証券業界の構造的弱点が，世界経済を危機に陥れ，各国に不況の嵐をもたらしている動向を分析し，わが国の立場を確定し，そして国の意図する具体的施策を検討する中で，わが国の再生を約すと共に世界の経済をも活性化させる壮大な意図をもつ，この度の「物流大綱」の意義と現実的な経済効果を明らかにするために本論をまとめているのである。

筆者としてはそのための導きの糸を事実関係の確認に求め，ここ数年来の政府の施策についての時系列的記事を随所に紹介し分析を重ねているのである。世情の思惑の目はマスメディアの示す方向の中で終始しているようにみられるが，実際は政府の「経済構造の変革ための行動計画」は第一回のフォローアップの下に強化され，既に動き始めている。経済行動改革には，約500もの対策を盛り込んだ計画が閣議決定されているのである。しかも重要なことは，「官民の役割分担を明確にし，しかも構造改革を阻んできた過剰な規制を速やかに見直し，民間の活力を引き出す脇役に徹することが重要である」(日本経済新聞，98.12.24) として，民間活力の最大活用を打ち出していることである。これが全国の行政の地域活性化対策に際して注目されている

「PFI 方式」であり「BOT 方式」となっているが，これについては別稿でまとめる予定なので，ここでは省略する。いずれにせよ，従来型の半官半民の第三セクター方式はコストが割高になることと，事業の推進・経営母体の権利（権限）関係が明確でないため今日までその殆どの事業が経営的に悪化・後退している現状を改め主要な法律を改正し，「民間企業が建設から一定期間の運営まで一貫して手掛け，投資資金を回収後に国に引き渡す」という手法に切り替えた国の姿勢に対しては，大いに評価すべきであり，従来のわが国の施策にはあり得なかった手法によって，21世紀の日本の再生を目指していることに，もっと多くの関心を寄せるべきであると考える。

民間の認定事業者（株式会社）が日本開発銀行から無利子の資金を使い，民間の競争原理を円滑に運用しながら，個別の官庁がもっていた権利及び規制の垣根を超えた関係省庁連携による法律整備に支えられながら，国際的に通用する活力ある産業を創造していくという道筋は，出来上がっているのである。物流拠点の創設事業は，こうした内容を伴った戦略的構想なのである。

III．総合物流化と社会資本整備

客観的にみて今日までの“まちづくり”（都市計画）は，大別すると行政の都市総合計画（道路，下水，防災，教育，福祉，医療など）と商工会議所での大店法下の商業まちづくりによって，その特徴を形成してきたと言えると思う。しかしながら，現実問題としてそうした計画遂行方式は，都市間競争下での魅力ある本格的な拠点都市の形成は困難な状況となっている。住民の生活行動範囲の広域化に伴う周辺諸都市への知識量の豊富さは，無意識の内に自分の生活する都市と他都市との比較を積み上げてきているのである。しかも，その認識は国内に止まらず海外の他都市との生活・文化比較をも根底にしているのである。「市民」とは，もはや概念化された抽象的な総体を指すものではなく，様々な情報を保持し，生活し続ける個性的な行動力ある「実体」

である。それ故に，その実体の集積が自分たちの都市を構成しているという認識が行政の担当者に必要なのである。

端的に言えば，地方行政担当者には従来のような（官→行→民）という縦型の関係から脱する必要がある。意識の中では厳然として中央（依存）という関係に引きずられ，上位下達の行為や行動が無意識的に随所に具現していると思われるからである。サービスということは，他者の利用に供する行為をいうのである。そして行政は，このサービス部門の第一に位置する組織なのである。日本の現状は，あらゆる分野において普遍的に形成されてきた日本型組織管理システムを打破し，21世紀の国際社会に適合するシステムを創設しなければならなくなっているのである。ここで問題なのは国際的な金融・経済システムへの適合であり，自由経済市場でのあらゆる製品に求められる国際的価格への平準化である。今日ではこれらの問題は喫緊の課題となっており，もはや貿易摩擦の場での政治家間の将来の検討課題ではなく，またモラトリアム付きの暗黙の協約でもないのである。前節でも述べたように，日本そのものの真価が問われている時代なのである。

日本が世界一の債権国（1985）になって早や15年が経過するものの，国民感情からすれば現状は逆に世界一住み辛い国へと進んでいるように思え，これでは豊かな社会の実感は統計上のマジックとしか考えられない。現状の日本は，政治的，経済的，そして社会的にも規範となる価値観の喪失がみられ，漆黒の闇の中を暴走するバイクにも似て前方の光の当たる部分だけを唯一の手掛かりとするかのようで，一瞬先は依然として不明であり危険でもある。こうした世相感を内包する社会の中で，日本国民の人的資源を今一度結集し，物的資源の効率的な活用を達成するために幹線交通ネットワークを完備したコアとなる拠点を整備すると共に，情報化戦略を基礎とした巨大なインテリジェント物流施設を創設していくことを目指し，21世紀の日本の再建をかけて静かにそして着実に準備され，また計画されて来ているのが総合物流施策大綱（物流大綱）なのである。本節では，この物流大綱の意図する総合物流拠点の創設が及ぼす影響・効果について更に詳細に検討していくと共に，筆者が考えるその全体像と周辺地域との関係を明らかにしていく。

1．PFIと社会資本整備

ここでは本論との関係から，97年12月3日に発表された行政改革会議の報告内容を再度一部検証しておくことにする。以下に，先ず主要な箇所を抽出しておくことにする。[今回の行政改革は「行政」の改革であると同時に，国民が明治憲法下にあって統治の客体という立場に慣れ，戦後も行政依存しがちであった「この国の在り方」自体の改革であり，この国を形作っている「われわれ国民」自体の在り方にかかわるものである。日本の国民がもつ伝統的特性の良き面を想起し，日本国憲法のよって立つ精神によってそれを洗練し「この国のかたち」を再構築することこそ，今回の行政改革の目標である]（日本経済新聞，1997.12.4）。この行政改革の眼目は，何といっても2001年の省庁再編と中央省庁のありかたに大方の関心が移行しており，こうした本質論は現在では殆ど新聞紙上でも取り上げられなくなっている。「本質は抽象であり，現象は具体である」という哲学者の言葉があるが，現代の日本人は本質論を避けて通ることが多くなり過ぎているように思える。それだけならまだしも，本質論そのものをいわゆる“たてまえ論”として軽視し，現実はどうなる（或いはどうする）といった観点に終始しているようにもみえる。新たな中央省庁の在り方で重要なのは，次の2点である。

ア．国の事務・事業は官民の役割分担の適正化の観点から，民間のできるものは民間にゆだねるとの基本的な考え方をとるべきである。

イ．国と地方の役割分担の観点から，地方行政は基本的に地方公共団体の手にゆだねられるべきである。

国が公的に民間への事業委託を明示しているところが，画期的なことなのである。これは，98年5月に民間投資を誘導する新しい社会資本整備検討委員会によってまとめられた「日本版PFIのガイドライン」（中間報告）となって，日本の今後の新しい社会資本整備方策推進の基本的な考え方として広く喧伝されることになった。勿論こうした考え方は，英国や米国の先進事例を研究した準備期間があったことは言うまでもないことである。しかしながら，国がこのPFI（Private Finance Initiative）を日本版として打ち出した背景には，金融ビッグバンと同様にわが国の差し迫った財政事情と国際的協約の完全履行のタイムリミットがあるのも事実である。

筆者としては，この日本版PFIや中心市街地活性化法について併行して論究を進めているが，ここでは物流事業創設にこれらの方式や法案が密接な関係にあるという指摘をするに止めておきたい。この中間報告のはじめにの冒頭文は次のようなっているので引用しておく。即ち，「社会資本は，広く国民に利益，利便をもたらすために整備されるべきものであり，社会資本の計画，建設，管理のすべての段階にわたって，時機を得た事業実施と経済効率の追求に加えて，国民に必要なサービスを提供することが求められる。しかしながら，これまでの社会資本整備は主として公的機関により行われてきた。現在の民間の能力を勘案したとき，これからの社会資本整備をより効果的に推進するためには，民間活力を可能な限り有効に活用する方策について検討する必要がある」。

この民間活力の利用には様々な現実的課題，つまり国，地方自治体の財政支出を有効に活用する，官民の役割分担の見直し，民間事業の創出など従来型の縦割り行政ではない関係省庁連携の下に行う社会資本整備であるだけに，ガイドラインの法整備が必要なのである。一般に流布しているPFIのための法律（案）としては，次のような長い名称で検討されることになっている。「民間資金等の活用による公共施設等の整備等の促進に関する法律案」。これについての論究は省略するが，重要と思われる箇所のみを引用しておく。この法案の（目的）は，次のようになっている。「第一条　この法律は，民間の資金，経営能力及び技術的能力を活用した公共施設等の建設，維持管理及び運営（これらに関する企画を含む。）の促進を図るための措置を講ずること等により，効率的に社会資本を整備し，もって国民経済の健全な発展に寄与することを目的とする」。

具体的には，国及び地方公共団体と民間事業者との責任分担の明確化が図られ，国等の民間事業者に対する関与を必要最小限のものとするものであり，民間事業者の発案や創意工夫の尊重などが明確になっている。唯，筆者がこの法案の中で特に重要と考える箇所は次の点である。

◇特定事業……選定事業（者）＝民間事業者＝（株式会社）である

◇政府がこの事業者に出資することが出来，公共性の高い事業に対しては無利子で貸付けを行うことができる

◇そして何よりも選定事業の用に供する土地等については，土地取得に関して土地収用法（昭和26年法律第二百十九号）に基づく収用などの配慮が行われる

こうした国の施策の方針等を読む限り，いくつもの施策およびガイドラインが一つの共通した理念の下に形成されていることに気付くと思う。官・民の役割分担の見直し作業は，21世紀に向けた新雇用と新事業（ビジネスチャンス）の創出と創造を目的とし，最終的にはわが国の経済・産業構造の変革に資することになると考えられているのである。それだけに，国民も一体となってこの国のかたちを正常なものにしていく改革の努力が求められているのである。「民間」と「国民」とは，この場合同義なのである。それだけに民間活力の活用には，国民に対する説明責任（Accountability）が提唱されているのである。言うまでもなく国の事業と言えども，その財源はすべて国民の税金だからである。今一つ強調しておきたいことは，国の事業が総合化及び体系化を完全に指向しているということである。掛け声だけのネットワーク化ではなく，拠点整備事業間の交流促進に向けた動向が発進しているのである。

2．大深度地下利用

例えば同時期に発表された「臨時大深度地下利用調査会答申」（平成10年5月27日）の基本的な考え方も，上記の中間報告と重ね合わせることによって

国の姿勢がより一層明確となると思われる。すなわち「国民が豊かさとゆとりを実感できる社会を実現するためには，良質な社会資本を整備していくことが不可欠である。その際，長期的な投資余力の減少等を背景として，社会資本整備に当たっては，その事業の必要性を十分吟味することは当然として，効率的・効果的に事業を実施していくことが従来にも増して強く求められている。……このため，今後大都市地域において社会資本を整備するに当たっては，地上及び浅深度地下の利用に加えて，大深度地下，すなわち，土地所有者等による通常の利用が行われない地下空間を利用することが考えられるようになった」と大深度地下利用に一定のルールを作るための法制度の検討に着手している。答申では大深度地下を「地下室の建設や建築物の基礎に通常利用されない地下」と定義しており，具体的には地表から深さ40m以上としているのである。

こうした大深度の地下空間利用が今後の大都市づくりの主流となってきた背景には，現段階でのわが国の技術水準の高さ（トンネル及び橋梁技術等）の裏付けがある。現状では地下100m程度までは施設の建設が可能とされているのである。地下空間の優位性は，道路整備を例にみても，最短ルートの建設が可能なこと，用地費が軽減できること，そして建設期間が大幅に短縮でき経済性が見込めることなどである。地上での権利の錯綜した道路整備では，建設に至るまでに世界一高価な土地買収で予算の大半を消費することになるだけに，公共事業に対する国民の批判が大きくなっているのである。しかしながら従来割高であるとして考慮の末端にあった地下事業は，十分採算ベースに乗るものとなっており，また大量物流の時代に対応するためには必須の事業となってきているのである。

法制面での課題はあるが，国の方針としては大深度地下利用制度を適用する地域としては，当面，東京，大阪，名古屋をはじめとする大都市及びその周辺地域とすることが妥当だとしており，制度を利用できる事業の種類は，鉄道，道路，河川，電気，ガス，通信，水道等の公共性のある事業であって，かつ，大深度地下を使用する必要性が高い事業とすべきだとしている。

ここで問題となるのは，正に大深度地下を使用する必要性が高い事業という箇所である。大深度地下を使用する事業は，計画性と連続性の高いネットワーク型事業となるだけに国土全体の利用を根本から大きく変革していく可能性を秘めているのである。21世紀に向けての地下空間の利用形態とその事業推進が，今後の日本の再生と創造を司るベクトルとなることは十分に予測することができる。

本来ならば答申内容を吟味していくべきであると考えるが，ここでは答申に対する新聞紙上での見解を引用し，その論点だけを摘出しておきたい。朝日新聞（1998.6.9）の見出しは次のようになっている。

[**「大深度地下の利用」法制度づくりへ適用範囲など慎重審議を**　好き嫌いは別にして，ビルは一層高くなり，地下鉄は一段ともぐる時代になってきた。ところが，その地下の深い部分，「大深度地下」の利用は未整備で，十年来の懸案だった。政府の調査会が五月末，ようやく答申をまとめ，利用の円滑化と規制の両面から法体系づくりが始まる。国土庁は「体系的な法制度は恐らく世界で初めてだろう」という。土地所有権は地下何メートルで制限されるのか，補償は必要か，適用範囲は大都市にかぎるのか，といった論点にとりあえずの答えが出たが，法制化まで論議はなお続く]。

新聞の論調は答申内容を整理して一応の支持を示しつつ，大深度地下事業のもつ課題が多いとして，法案整備に対して「拙速を避け，じっくり練り上げてほしい」と結論している。確かに土地所有権の及ぶ範囲については，憲法第29条第2項の「財産権の内容は，公共の福祉に適合するやうに，法律でこれを定める」と民法第207条「土地ノ所有権ハ法令ノ制限内ニ於テ其土地ノ上下ニ及フ」などの論拠があり，この解釈上の課題が存在している。しかしながら，今日「公共性」というものが，あらゆる事業計画の前提ともなっている「環境問題」を検討していく場合，重要な視座となってきているのも事実である。何故，今，こうした答申が矢継ぎ早にまとめられているのかという疑問を一つもつことで，国のビッグプロジェクトの一つであるリニア新幹線の整備問題なども，大深度地下の位置付けがあって初めて事業化へのプ

（図Ⅲ－１）　もう始まっています大深度地下利用

今、大都市地域において、様々な地下利用が始まっています。鉄道、道路、河川、上下水道、電気、ガス、通信などのために利用され、我々の生活に深く関わってきています。

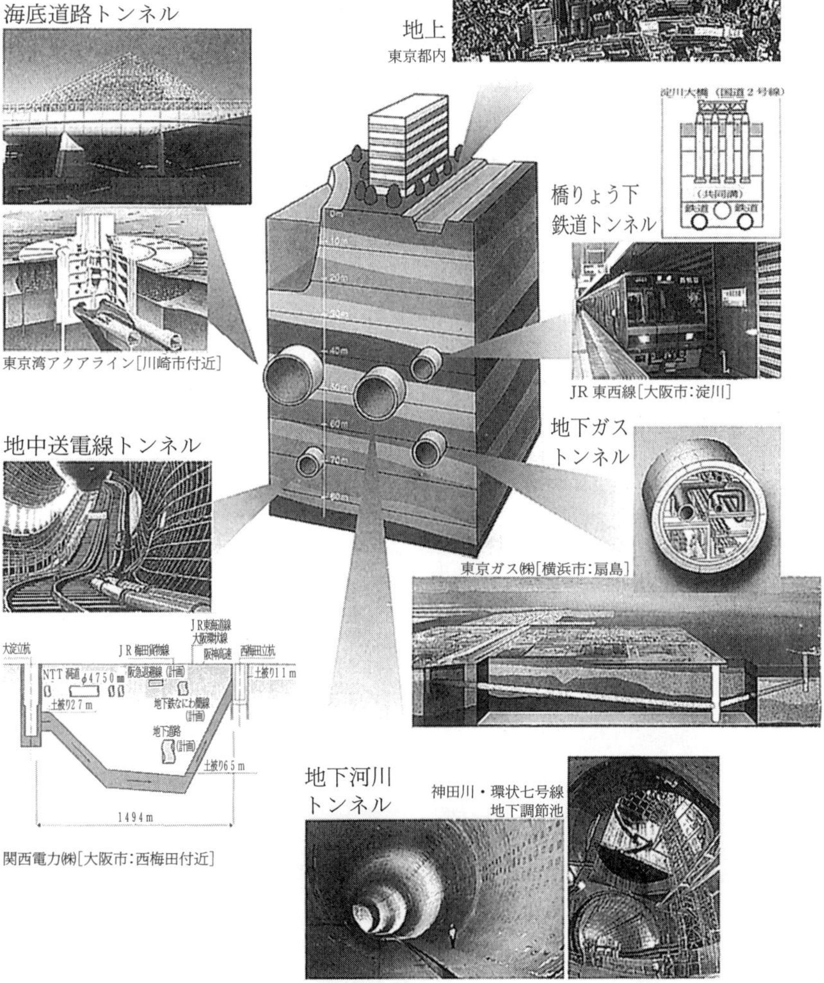

（図Ⅲ－２）　さまざまな可能性を秘めている大深度地下

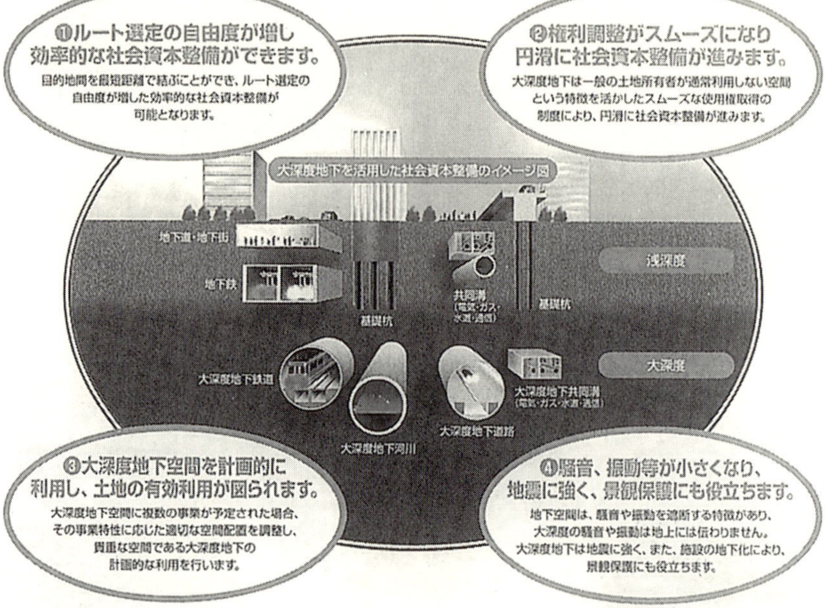

①ルート選定の自由度が増し
効率的な社会資本整備ができます。
目的地間を最短距離で結ぶことができ、ルート選定の自由度が増した効率的な社会資本整備が可能となります。
②権利調整がスムーズになり
円滑に社会資本整備が進みます。
大深度地下は一般の土地所有者が通常利用しない空間という特徴を活かしたスムーズな使用権取得の制度により、円滑に社会資本整備が進みます。
大深度地下を活用した社会資本整備のイメージ図
地下道・地下街
地下鉄
基礎杭
共同溝
(電気・ガス・水道・通信)
基礎杭
浅深度
大深度
大深度地下鉄道
大深度地下河川
大深度地下道路
大深度地下共同溝
(電気・ガス・水道・通信)
③大深度地下空間を計画的に
利用し、土地の有効利用が図られます。
大深度地下空間に複数の事業が予定された場合、その事業特性に応じた適切な空間配置を調整し、貴重な空間である大深度地下の計画的な利用を行います。
④騒音、振動等が小さくなり、
地震に強く、景観保護にも役立ちます。
地下空間は、騒音や振動を遮断する特徴があり、大深度の騒音や振動は地上には伝わりません。
大深度地下は地震に強く、また、施設の地下化により、景観保護にも役立ちます。

トンネルの掘り方

●シールドマシンによるトンネルの掘り方

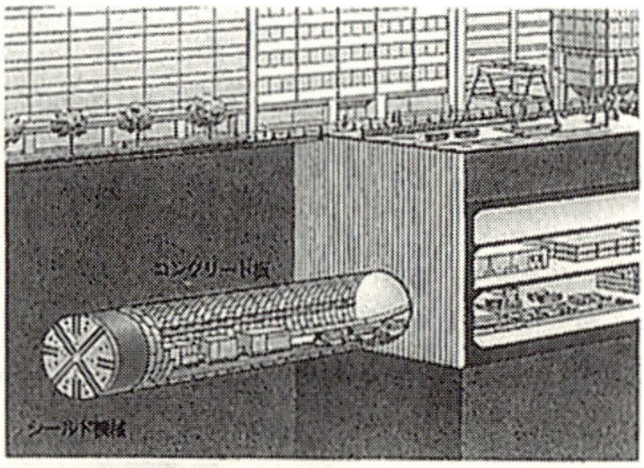

❶大深度地下などのトンネルを掘る場合、図のような機械を使っています。これをシールドマシンといいます。
❷トンネルは、シールドマシンが、土を削って掘り進みながら、コンクリート板などを使ってトンネルの形に仕上げます。
❸このトンネルの中には、電車、自動車が通ったり、水が流れたり、電線や電話線などが入ったりします。

●シールドマシンによるトンネルの掘り方

泥水加圧式シールド
現在では、直径15m程度のトンネルを掘ることが可能となっています。

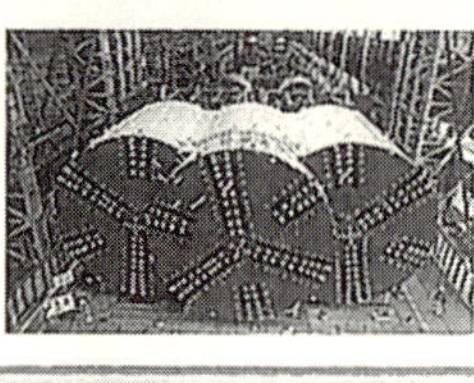

三連型シールド
駅のホームも掘れるような三連型のシールドマシンもあります。

ロセスが可能となってくるということが判明するのである。国の計画事業は，法案整備が完了して初めて推進されるものである。こうした答申が法整備されていくことは，その適合範囲が多岐に及びまた既存の法体系を包含した新しい法律の下で運用されるだけに，巨大な総合的プロジェクトが動き出すためのプロセスであると言えるかもしれない。それだけに，現行での様々な法案整備状況を点検し，その乗数効果とも言える法関係の意図するものを見出す必要がある。

前頁の図（Ⅲ－1）（Ⅲ－2）は，大深度地下パンフレットから転載したものである。こうした図案を見ることで，個別具体で存在しているものが一つの総体としてまとまっていくことによって，いかに壮大で効率的な“ものの流れ”が実現していくかが一目瞭然となると思う。このものの流れこそが，カネの流れや人の流れを促進させる源流なのである。こうした観点から見ると，物流拠点創設事業は現行でのわが国の様々な分野での事業や制度の利用が具現化する事業であることが判明すると思う。港湾，空港，高規格道路の一体的な連携の下に進められる事業であることは，これらを包含しているからである。

3．省庁連携の意図

今日，わが国が指し示すあらゆる施策に共通した重要な“キーワード”の一つが総合化である。道路審議会の答申（日本経済新聞，98年5月28日）一つを取り上げてみても，新しい5ケ年計画では2002年度を目標に約1360㎞の高規格幹線道路や730カ所の料金所で自動料金収受システムなどを整備すると共に，道路の地下に光ファイバー網（16600㎞）を整備するなど，従来の単体としての道路事業だけではない複合的な効果を前提に事業を推進する計画となっている。総事業費は約78兆円であるが，この中には物流効率化や中心市街地活性化などの施策にかかわる道路の整備が含まれているのである。

こうした事例を瞥見するだけでも，従来の道路政策と大きく異なっていることが理解されると思う。つまり道路事業の中に，建設・通産・運輸各省の連携が組み込まれているという事実が示されているからである。省庁間の連携がより緊密になれば（裏返して見れば省庁間に張り巡らされていた主管業務の壁がなくなれば），例えば空港と高速道路をつなぐアクセスポイントの整備などが一つの事業として推進することができ，またそのことによって，事業間・省庁間にまたがる総合プロジェクトの推進が可能となるからである。

そして重要なことは各省庁の共同要望事業への優先的配分を行うことによって，質的・量的・コスト的・タイミング的にも，従来と比較して飛躍的な事業効果が得られることである。とはいえ，各省庁間の調整を円滑にするためには，やはり共通のキーワードとまとめ役が必要となる。それが物流（効率化）であり，連携事業のまとめ役は国土庁（一括）となっているのである。

政府が公共事業への投資計画及び施策を積極的に提示する背景には，95－2004年度に630兆円の公共投資をすることを既に閣議了解しているからであり，この直接的原因が「日米構造協議」にあるからである。98年秋現在で候補地論議の的の一つになっている「首都機能移転」に伴う費用も，この枠から振り替え充当することも可能だとする指摘もあるが，景気低迷の最中にも係わらずこうした巨額な公共投資をしていかなければならないところに，わが国の政治の複雑さと困難さが内在しているのである。

確かに「情報の開示」は時代の要請するところであるが，戦後50数年にわたる米国との政治・経済関係の表裏に及ぶ複合形態の存在は絶大なものとなっており，一朝一夕に改善できるものではなくなってしまっている。「国体護持」という言葉が適切であるとは思えないが，国際社会の中の一国であり続けるためには独立国としての自負と見識を持ち，独自の歴史・文化を継承して国民生活の資質向上に寄与する国家を構築していかねばならないのである。それだけに，新しい日本の創造が希求されているのである。筆者としては，徒に政府案を批判したり，傍観者のごとくに批評を加える立場は採りたくない。少なくとも物流及びそれに関連する施策を研究する範囲では，政官内部にあって日本の将来を憂慮し続ける人達の意志とビジョン実現の行動を見極めたいと考えている。

例えば，「首都機能移転」の進展状況を少し振り返ると，具体化し始めたのは90年に自民党の金丸信氏が中心となり衆参両院で国会等の移転を決議し，92年に国会等移転法が成立して，その後95年に移転調査会が新首都像に関する最終報告をまとめた経緯がある。更に96年に国会等移転審議会が発足し，移転先候補地の選定が始まったのである。しかしながら，今少し過去を辿れば，東京への一極集中を是正するために60年代から様々な遷都構想が発表されていたのである。問題はこの約30年間に，“遷都構想”→“国会等移転”→“首都機能移転”へと主題が変化していることである。首都機能移転の第一次候補地は，次の通りである。

1．北東ブロック（宮城県南部，福島県阿武隈地域，茨城県中北部，栃木県中北部）
2．東海ブロック（静岡県西部，愛知県東三河南部，西三河北部，岐阜県南東部）
3．三重・畿央ブロック

これらの候補地は，一応の目安とされている東京から60-300km圏の枠内に入る地域である。構想としては，面積は最大9000ha，人口も最大60万人の新首都像が発表されており，総費用の試算では（97年）は12兆3千億円（公的負担4兆4千億円，民間投資7兆9千億円）である。そして候補地選定の調査項目の中には，環境，文化，情報通信，地震などがある。これらの中で重要な点は，「この地域が歴史的にみて地震が少ない安全な土地である」ことである。最近では政府も「遷都」という言葉を殆ど使わなくなっているが，首都機能という言葉が意味するものは，本来的には司法・立法・行政の中枢機能を指すものであるはずである。となれば，実質的にはやはり遷都ということになる。しかしながら，「皇居」は移転しない。それ故に，国会等の移転であることになる。しかし「国会」は移転しない。では首都機能とは何か。

このように考えると，現状での候補地調査に際しては今一度本質論議が浮上してくることが予測できる。中枢機能の移転なくして，首都機能という言葉は使用できないのではないだろうか。首都機能移転問題は，株式会社における経営形態の分社化とは異なるのである。国際社会の中で一国を代表する「首都」であるということは，平時においても災害などの緊急時においても機敏かつ迅速な対応が望まれるからである。いわゆる「危機管理」機能が問われる機関だけに，首都機能移転に際しては国内事情に左右されず，国際情勢を十分に見据えた上での対応が望まれる。

国民が求めているものはいつの世も平和と繁栄，そして生活の安寧である。巨額の民間投資を前提にするならば国民のための法社会を整備し，社会資本整備を共に考えていく必要がある。自由主義社会は，法治国家であることが前提となる。それだけに，国の形態を変えるほどの計画に対しては，同時代人はもとより次世代の子供たちに対しても満足のいくものを提供していかなければならないのである。

このように，個別の事業（手法）として同時期に浮上しているいくつもの政府の社会資本整備戦略も，それぞれが内包する意義を集約し相互に整合性を検証していくと，当面する個別対策の改善という表面的な有効性以外に，巨大な拠点整備に向けた随伴的効用が見え隠れしているように思える。また，そのように考えない限り縄張り意識の強い省庁が従来の慣行の枠に捕らわれず，他の省庁と連携して共同作業で事業を推進し始めたという事実を理解することは出来ない。関係省庁がこうした意識の大転換を余儀なくされた背景には，やはりこの十数年来のわが国の現状認識に対する恐れがあったのではないかと推測される。つまり，21世紀社会への危惧感である。

わが国の戦後から今日までの発展は，端的に言って企業優先社会の創造によって達成され，そして資源小国日本の復興計画は，輸出主体の貿易構造（振興）と産業誘致（立地）を牽引車として順調に発展してきたが，構造的な変化は70年代に起こった。この後，少品種大量生産体制の下に莫大な利益を生み出していた企業中心の市場原理も，80年代に入って消費者の嗜好を前提とした消費構造へと市場が転換したことによって，メーカー各社は多品種少量生産体制へと大きくシフトを転換して，新製品市場を熾烈な競争市場へと変容させていったのである。その結果，各産業内部では川上から川下に至るまでコスト削減が企業経営の最重要課題となり，殊に生産現場内では系列及び関係会社（下請け）への徹底した原価見直しが断行されたのである。このことが中小企業（いわゆる町工場）の資金繰りを悪化させて行き，銀行からの融資を断られた企業は不可避的に倒産に追いやられていくことになったのである。この業界の底辺を支えていた企業群の間引きともいえる現象は，大手や中堅企業の海外生産への参入による産業の空洞化に拍車を掛けるように，日本の技術力を益々弱体化させ始めているのである。一方，マネーゲームを繰り広げていた企業や銀行・証券も世界的な投機市場の動向の前に挫折し始め，次第に大型倒産への連鎖を招いており，景気全体を戦後最悪の低迷状態に閉じ込めているのである。

またここ20年間の動向は20世紀の歴史の中で特筆すべき出来事が数多く続出しており，世界史の特異性を際立たせていることは改めて指摘するまでもないと思うが，世界への影響度の点からは89年11月のベルリンの壁崩壊，91年1月の湾岸戦争勃発，91年11月のソ連解体などは，今日の世界的動向を分析する場合の前提となる出来事であると考える。わが国でも70年代には，2回にわたる石油危機による景気後退があり，その後も相次ぐ円高による輸出競争力の低下，更に今日のような株価の大幅な下落による企業収益の悪化（この背景にはわが国特有の土地神話，つまり含み資産を頼みとした営業外利益への狂奔劇の終焉）などの経済的・制度的変動要因が大きく介在したことは否定できない。とはいえ21世紀の国際社会で生き残るためには，何としても国際競争力の低下を補い，そして安価・良品供給体制を構築していくための技術力を高めていくしかなく，具体的な「MADE IN JAPAN」の製品の優秀性を世界に示していくより他ないのである。省庁を連携させた危惧感は，一体奈辺に存在するのだろうか。

Ⅳ．物流拠点のイメージ

現代の基本的特質を挙げるとすれば，それはグローバリゼーションの進展がもたらす情報の高速受発信による通商貿易の形態変化が明確となった時代であると言える。今日世界的な“ものの流れ”は捕捉が困難なほど多岐多用にわたっており，あらゆる国々の特産品や製品及び資源が世界各地の産業・国家に欠かせないものとなっている。国際的分業という言葉は，企業経営を前提とした描写を示すに止まり，世界の実態の一部を表すことしかできない。衣食住という人間の生命維持と種の保存のための基本的生活行動は，例え民族や宗教や人種の違いはあっても皆同じである。この当たり前のことを当たり前のように支えているのが，実は経済発展なのである。

経済が発展することで“ものの流れ”は活発化し，それが世界中の国々にとって国民の生命と安全を保障する機能を果たしている。大量の生活必需品や便宜品などを出来るだけ早く，正確に送り届けるという世界的な共同物流システムは，90年代に入って漸く稼働し始め，大型の航空貨物便や超大型の貨物船の就航が次世代の主流として浮上してきた。そして情報通信分野においても，電子商取引が従来の慣行に替わって国際的商ビジネスの契約・決済手段として普及してきているのである。

考えてみれば，物流は動脈と静脈を主導線とする人間の血管のネットワークに例えることができる。社会が円滑に様々な財貨を流通させ，人から人の下へと物を移動させることができる仕組みが，物と金の交換や取引を成り立たせてきたのである。今日的な意味で世界という言葉を使うとすれば，その端緒は，15世紀から始まる大航海時代以後の近世に起源を求めることが適当なのかもしれない。スペイン，ポルトガル，オランダ，イギリスなどの遠洋航海への投資（征服）行動が，後のヨーロッパに商業革命をもたらしたことは歴史上有名であるが，このことによって世界中の産品がヨーロッパの主要国に集中することになり，結果として内陸部の河川行路（運河）を利用した交通網も整備されるようになったのである。一方旧来の道路網（街道）も次第に大都市を中核とした遠心的機能を備えるようになり，大型の馬車が陸上の輸送手段として整備され各地に中継点（道の駅）を形成することになる。更に重要な点は，遍歴職人や商人たちの往来が活発化したことによって，更なる技術の移転や市の賑わいをみせるようになったことである。ヨーロッパ各地に現存する商工会館は，これらの先人たちの格好の溜まり場（サロン）となっていたのである。このように見ると古来よりものの流れは人を呼び，その集積場を形成し投資機会を助成して，「規模の経済」の魅力を手にしてきたのである。大型船舶の登場は，古来より一国の経済だけでなく，世界を変革してきたのである。それだけに港のもつ役割は，国家の存在を支える基盤であり，文字通り「世界の玄関口」となったのである。この意義は現在においても変化しておらず，むしろその機能面，効用面の高度化こそが21世紀の国家的戦略となってきているのである。

20世紀末の数年間，わが国は金融面での混乱と挫折を経験しているが，このことで21世紀を不安と危惧で始まる世紀とするわけにはいかないのである。筆者が論究しているわが国の再生策ともいうべき「総合物流施策大綱」と「経済の変革と創造のための行動計画」は，閣議決定から2年目を迎え次第にその形を整え始めているのである。しかしながら，前節までに示したように国及び各ブロック単位での推進会議では，未だその全容は明らかにされていないのである。

それ故，筆者は敢えて自らの考えた全容を図案化して，本論のまとめとした次第である。筆者としては，こうしたチャートを作成しない限り，少なくとも次ぎに示す法律，即ち，

「民活法」（法律第77号，昭和61.5.30）

「構造転換法」（法律第24号，昭和62.4.1）

「新規事業法」（法律第59号，平成元年6.28）

「輸入促進対内投資法」（法律第22号，平成4.3.31）

「関税法の一部改正」（法律第17号，平成4.3.31）

「流市法・改正法」（法律第110号，平成5.5.26）

「行政手続法」（法律第88号，平成5.11.12）

「新事業促進法」（法律第128号，平成7.11.1）

「日本開発銀行法」（法律第108号，平成9.1.23）

などが，総合物流施策大綱の成立にどのように関連し，その意図するところの構想の全容を予測することさえできず，ましてこれらの法律の相互関連性を捕捉することは不可能であると考えたからである。実際この大綱の中には，先の拙稿で明らかにしたように，これらの法律が見事に体系化されているのである。ただ，この大綱の意図する総合物流拠点を実現していくためには，現状での省庁再編動向の水面下で関係省庁間の役割分担の明確化や，主管業務として保持している各種の規制の撤廃など協議事項が数多くあり，課題は残っているのであるが国が再生を懸けて打ち出した施策であるだけに，この実現化の失敗は許されないのである。

極言すれば，21世紀の日本の国際的地位を決定する世界初の経済的戦略基地の創造だけに，日本の叡知を集めた国家的事業を官民の一致した協力体勢で望む必要があるのである。本論で展開したように民間の公共事業への参加，すなわち公共事業の民営化は全国各地で現実のものとなっているのである。筆者としては「物流大綱」がその本来の構想の実現に向けて，周辺地域や広く圏域単位の活性化をも促進していくという“随伴的効用”を発揮する特性を保持していることに対しても多大な関心を抱いているのであるが，この具体化は別稿で検討することにして，全体の鳥瞰図を添えて論考を終えることにする。

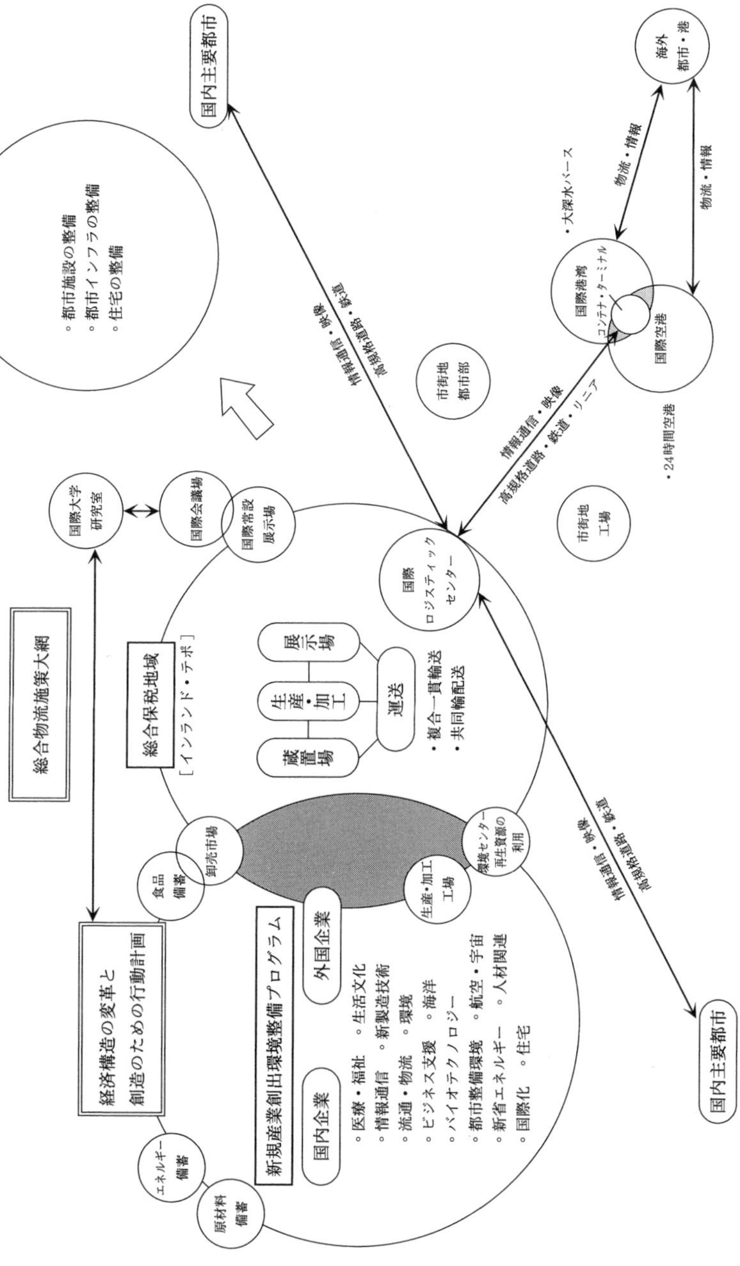

国際物流拠点のイメージ

物流拠点創設のための法律の変遷と歴代の内閣との関連について

平成9年4月8日　現在

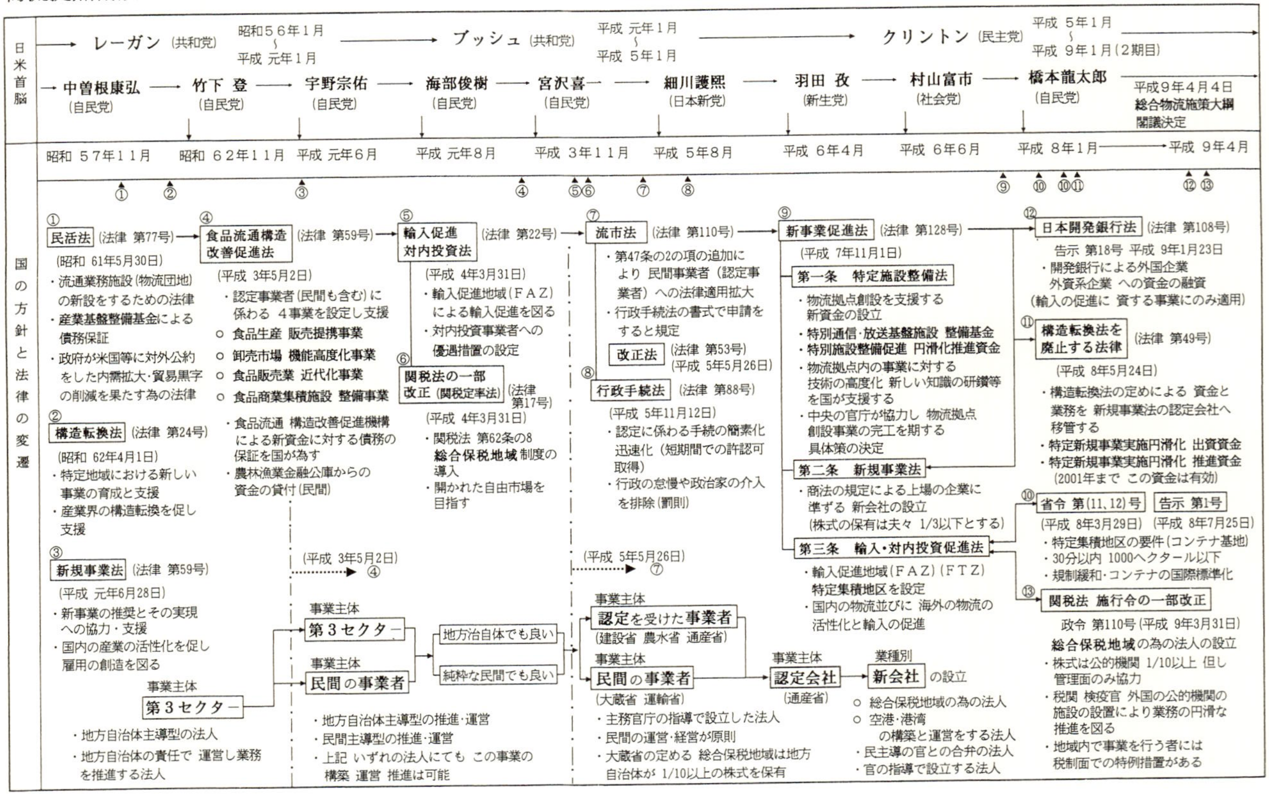
日米首脳
レーガン（共和党）
昭和56年1月 ～ 平成 元年1月
ブッシュ（共和党）
平成 元年1月 ～ 平成 5年1月
クリントン（民主党）
平成 5年1月 ～ 平成 9年1月（2期目）
中曽根康弘（自民党）
竹下 登（自民党）
宇野宗佑（自民党）
海部俊樹（自民党）
宮沢喜一（自民党）
細川護煕（日本新党）
羽田 孜（新生党）
村山富市（社会党）
橋本龍太郎（自民党）
平成9年4月4日 総合物流施策大綱 閣議決定
昭和 57年11月
昭和 62年11月
平成 元年6月
平成 元年8月
平成 3年11月
平成 5年8月
平成 6年4月
平成 6年6月
平成 8年1月
平成 9年4月
国の方針と法律の変遷
① 民活法（法律 第77号）
（昭和 61年5月30日）
・流通業務施設（物流団地）の新設をするための法律
・産業基盤整備基金による債務保証
・政府が米国等に対外公約をした内需拡大・貿易黒字の削減を果たす為の法律
② 構造転換法（法律 第24号）
（昭和 62年4月1日）
・特定地域における新しい事業の育成と支援
・産業界の構造転換を促し支援
③ 新規事業法（法律 第59号）
（平成 元年6月28日）
・新事業の推奨とその実現への協力・支援
・国内の産業の活性化を促し雇用の創造を図る
事業主体
第３セクター
・地方自治体主導型の法人
・地方自治体の責任で 運営し業務を推進する法人
④ 食品流通構造改善促進法（法律 第59号）
（平成 3年5月2日）
・認定事業者（民間も含む）に係わる 4事業を設定し支援
○ 食品生産 販売提携事業
○ 卸売市場 機能高度化事業
○ 食品販売業 近代化事業
○ 食品商業集積施設 整備事業
・食品流通 構造改善促進機構による新資金に対する債務の保証を国が為す
・農林漁業金融公庫からの資金の貸付（民間）
（平成 3年5月2日）④
事業主体
第３セクター
事業主体
民間の事業者
地方治自体でも良い
純粋な民間でも良い
・地方自治体主導型の推進・運営
・民間主導型の推進・運営
・上記 いずれの法人にても この事業の構築 運営 推進は可能
⑤ 輸入促進 対内投資法（法律 第22号）
（平成 4年3月31日）
・輸入促進地域（ＦＡＺ）による輸入促進を図る
・対内投資事業者への優遇措置の設定
⑥ 関税法の一部改正（関税定率法）（法律 第17号）
（平成 4年3月31日）
・関税法 第62条の8 総合保税地域 制度の導入
・開かれた自由市場を目指す
⑦ 流市法（法律 第110号）
・第47条の2の項の追加により 民間事業者（認定事業者）への法律適用拡大
・行政手続法の書式で申請をすると規定
改正法（法律 第53号）（平成 5年5月26日）
⑧ 行政手続法（法律 第88号）
（平成 5年11月12日）
・認定に係わる手続の簡素化 迅速化（短期間での許認可取得）
・行政の怠慢や政治家の介入を排除（罰則）
（平成 5年5月26日）⑦
事業主体
認定を受けた事業者
（建設省 農水省 通産省）
事業主体
民間の事業者
（大蔵省 運輸省）
・主務官庁の指導で設立した法人
・民間の運営・経営が原則
・大蔵省の定める 総合保税地域は地方自治体が 1/10以上の株式を保有
事業主体
認定会社
（通産省）
業種別
新会社 の設立
○ 総合保税地域の為の法人
○ 空港・港湾 の構築と運営をする法人
・民主導の官との合弁の法人
・官の指導で設立する法人
⑨ 新事業促進法（法律 第128号）
（平成 7年11月1日）
第一条 特定施設整備法
・物流拠点創設を支援する新資金の設立
・特別通信・放送基盤施設 整備基金
・特別施設整備促進 円滑化推進資金
・物流拠点内の事業に対する技術の高度化 新しい知識の研鑽等を国が支援する
・中央の官庁が協力し 物流拠点創設事業の完工を期する具体策の決定
第二条 新規事業法
・商法の規定による上場の企業に準ずる 新会社の設立
（株式の保有は夫々 1/3以下とする）
第三条 輸入・対内投資促進法
・輸入促進地域（ＦＡＺ）（ＦＴＺ）特定集積地区を設定
・国内の物流並びに 海外の物流の活性化と輸入の促進
⑫ 日本開発銀行法（法律 第108号）
告示 第18号 平成 9年1月23日
・開発銀行による外国企業 外資系企業 への資金の融資
（輸入の促進に 資する事業にのみ適用）
⑪ 構造転換法を廃止する法律（法律 第49号）
（平成 8年5月24日）
・構造転換法の定めによる 資金と業務を 新規事業法の認定会社へ移管する
・特定新規事業実施円滑化 出資資金
・特定新規事業実施円滑化 推進資金
（2001年まで この資金は有効）
⑩ 省令 第（11、12）号　告示 第1号
（平成 8年3月29日）（平成 8年7月25日）
・特定集積地区の要件（コンテナ基地）
・30分以内 1000ヘクタール以下
・規制緩和・コンテナの国際標準化
⑬ 関税法 施行令の一部改正
政令 第110号（平成 9年3月31日）
総合保税地域の為の法人の設立
・株式は公的機関 1/10以上 但し管理面のみ協力
・税関 検疫官 外国の公的機関の施設の設置により業務の円滑な推進を図る
・地域内で事業を行う者には税制面での特例措置がある

緑につつまれた国会都市
～新たな時代の幕明けを告げます～

国際空港

資料：「中部国際空港の現状について」より

国際ロジスティックセンター

資料：国土庁「新首都時代の鼓動」より

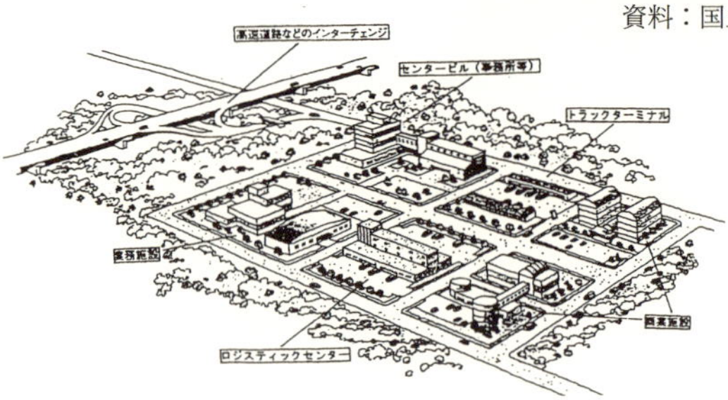

資料：「物流拠点の整備を進める上での指針」より

情報通信・映像

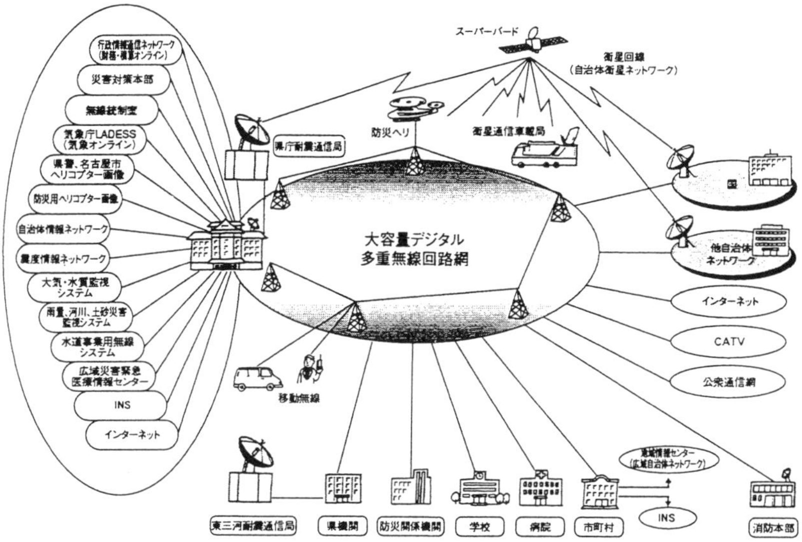

資料：「愛知2010計画」より

国際常設展示場

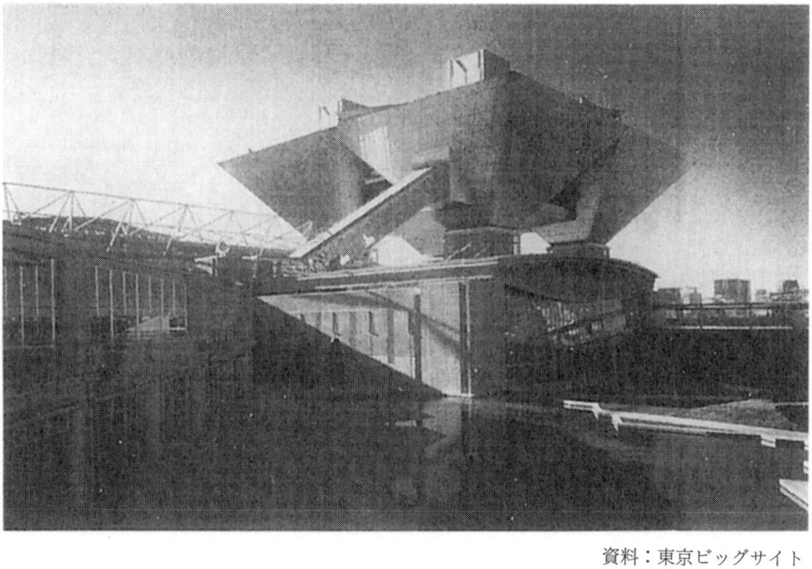

資料：東京ビッグサイト

国際会議場

資料：国土庁「首都機能移転先の新都市イメージ図」より

卸売市場

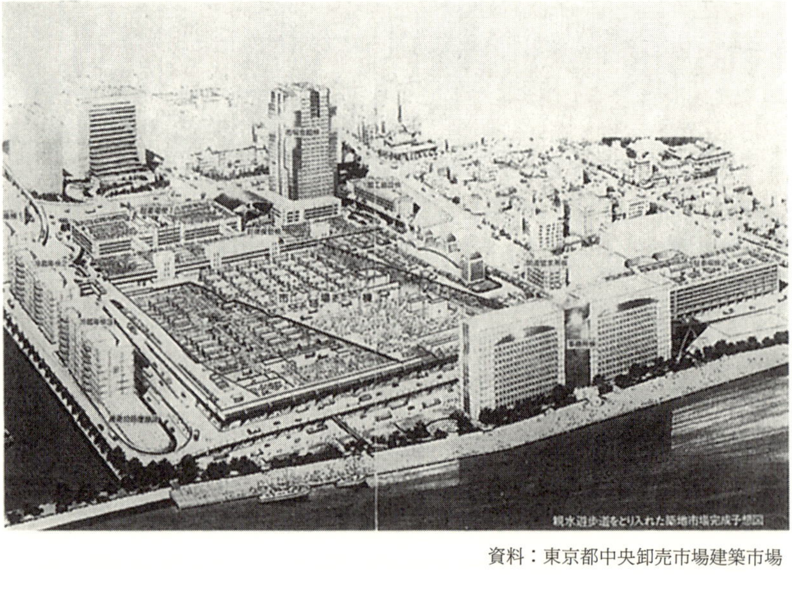

資料：東京都中央卸売市場建築市場

都市づくり

資料：国土庁「首都機能移転先の新都市イメージ図」より

参考文献（主要なもの）

・拙著『地域活性化と広域交流の創造』（創成社，1997）
・拙稿「物流拠点を中核とした広域交流圏の創造」（中部大学産業経済研究所紀要，1998）
・「新事業促進法」（平成８年９月10日）
・「総合物流施策大綱第一回フォローアップ」（総合物流施策推進会議，1998．６．11）
・「物流拠点整備ビジョン（全国版）」（運輸省，1998．７）
・「北海道総合物流施策推進会議の活動状況」（北海道総合物流施策推進会議事務局，1998．６．17）
・「平成９年度東北地方総合物流施策推進会議報告書（概要）」
・「平成９年度関東・甲信越地方総合物流施策の検討作業状況について」
・「平成９年度中部地方総合物流施策推進会議における検討作業の概要」
・「平成９年度近畿地方総合物流施策推進会議の活動状況」（1998．６．17）
・「平成９年度中国地方総合物流施策推進会議検討結果の概要」（1998．６．17）
・「平成９年度四国地方総合物流施策推進会議の概要」
・「平成９年度九州地方総合物流施策推進会議の取り組み状況について」（1998．６．17）
・「平成９年度沖縄地方総合物流施策推進会議報告（要約編）」
・「臨時大深度地下利用調査会議事内容」
http://www.nla.go.jp/shingi/gizi/l_ringi/mdpbkh16.html
・「臨時大深度地下利用調査会答申（H.10．５．27（全文）」
http:www.nla.go.jp/daidai/verdict/zenbun.htm
・岩月理浩著「臨時大深度地下利用調査会答申の概要と解説（上）・（下）」（上）・NBLNo.645（1998．７．15），（下）・NBLNo.646（1998.8.1）
・阿部泰隆著「大深度地下利用の法律問題・１～４」法律時報68巻10号～12号
・「日本版 PFI のガイドライン」（民間投資を誘導する新しい社会資本整備検討委員会，H.10年５月）
・「経済構造の変革のための行動計画第一回フォローアップ」（1998.12.24.閣議決定）
・内田俊一著「金融再生トータルプランの推進」（(社）東京都市再開発促進会都市政策説明会資料1998．７）
・「新たな道路整備五箇年計画（案）」（建設省道路局，H．９．８）
・「経済構造改革行動計画について」（通商産業省産業政策局，H.10．３）
・「21世紀の国土のグランドデザイン」（国土庁編，H.10．３）
・拙稿「日本の変革とグローバル・スタンダード」（中部大学経営情報学部論集，1998．３）
・「緊急国民経済対策－大胆な規制緩和等により明るい展望と活力を－」（自由民主党臨時経済対策協議会，H．９．10.21）
・「21世紀を切りひらく緊急経済対策」（経済対策閣僚会議，H.9.11.18）
・「愛知県国土利用計画第三次」（愛知県）
・「経済月報」（経済企画庁調査局編，No.563，H.10．５）
・「大交流時代を支える港湾」（運輸省港湾局編，H.８．１．16）

第4章
都市経営の視点

はじめに

経済企画庁が98年６月12日に発表した国民所得統計速報によると，97年度の国内総生産（GDP）は，物価変動分を除いた実質で前年度と比べて0.7%減少している。戦後から今日までの経済成長率の推移では，23年前（74年）の0.5%を上回る数値となっており，これは過去最悪の数値となっている。また98年度の１－３月期のGDPは，前期（97年10－12月期）と比べ1.3%減，年率に換算して5.3%減となり，直近でも２・４半期続けてマイナス成長となっている。

この背景として考察されているのは，一つは97年４月の消費税の３→５％への引き上げによる消費の落ち込み，今一つは同年秋の金融不安による景気の冷え込みなどである。更に98年４月からの金融・証券ビッグバンによる金融再編に伴う市場の混乱と，いわゆる銀行の貸し渋りなどによって，構造的な経済不況を惹き起してきているのが現状である。こうしたわが国の景気を示す数値を先ず冒頭に記載する理由は，“21世紀を考案する”ということが如何に切実なものであるかを再認識するためである。

日本（政府）がこのような状態にあっては，地方も21世紀ビジョンを構築するに際して，従来のような中央指向型の類型化したものではなく，地方の活性化が日本の再生を約するものになるという意気込みを具体化した提案を行うべき時代となっていると考える。気が付けば大都市から地方へのUターン現象は，90年代に入ってから次第に増加しており，また自然景観の美しさは全国の各地方に依然として残されている。地方が郷土（日本の原型）としての歴史的・伝統的魅力を開示させ，そしてイニシアティブを発揮する時代となっているのである。

地域社会との係わりが深まる過程で，自分が「都市」というものをどのように考え，またどのように対処していくべきなのかを自問する機会が増えている。それ故，今日までの経験を踏まえて21世紀を指向した都市経営の在り方をここにまとめた次第である。とはいえ，この分析作業は，多岐にわたるものである。幸いにも，97年と98年の２年間に亙ってＫ市の総合計画の策定委員として参加して，一つの都市を総合的に（計画する）見ることの重要性と，その必要性を痛感する機会をもった。以下に展開する都市論としての視点の数々は，これまでの経験から生まれたものである。

97年より新たに「名古屋空港将来構想検討会議」の学識委員として現空港の今後の在り方を考察する役割を求められているが，これについては97年閣議決定された「総合物流施策大綱」と「経済構造の変革と創造のための行動計画」との関わりを中心に検討を進めており，21世紀の都市経営にとってこれら２つの国の施策が如何に今後の地方の拠点整備事業に重大な関係があるかという視座を展開している。というのも，空港・港湾・高規格道路の一体連携を想定した中枢・中核拠点整備を指向しているのが，これらの施策及び行動計画であるからである。それだけに，今後の都市計画策定に対しては広域連携と交流拡大を活性化の理念として見極め，国・県・地方行政三者の立場を明確にしていき，地域（現実的・潜在的魅力）を見つめる「位置」を確立しなければならなくなっているのが現状である。

経営学を専門とする立場にあっては，地域プロジェクトは一つの実験場であるのかもしれない。計画・立案・調整・実行の行動パターンは，確かに企業経営の生産活動の日常的経験から生まれたものであるが，審議過程で関係者からの数多くのヒアリングが加わり，見直しと調整がその都度高度化され，そして最終案を作成し，江湖（マスコミ）の批判及び批評を受けながら，首長の判断を仰ぎ，そして関係の議会を通過して初めて実行できるシステムの在り方は，専門知識の実践性を検証するものとなっている。

人，物，金，そして情報という人的・物的資源の中で，やはりいつの時代も一番重要なものは「人」に尽きると考える。経験の裏付けのある人材の活用こそが，組織の基盤を安定させる要であり，そうした経営風土が時代の潮流に右顧左眄しない経営判断をトップに余裕をもって下させる源となる。明確なトップの意思決定は，歴史の教えるところによれば，変革時に際しては特に構成員の士気を高め団結力を強化する効用があるだけに，マネジメントの第一義となる訳である。

とはいえ，企業経営にも環境問題対策や地域社会への貢献という指標が企業の優劣を示すものとなってきている。ISOを初めとして，国際基準への適合を如何に速やかに図っていくかが直近の課題となって浮上している。自然環境を"これ以上汚さない"というこということが地球規模で求められ，澄み切った水と空気を取り戻すための試みが，あらゆるところで着実な行動として開始されているのである。

それだけに地域の活性化を指向する国の巨大な開発事業の進展は，そこに住まうすべての人々の生活に影響するだけに第一に生活問題であり，第二に環境を変える特質を有するだけに地域全体の問題であり，第三に企業社会の組み替えを迫る可能性があるために産業構造の変革に関わる問題でもある。国のビッグプロジェクトをこのように認識するならば，現状での矢継ぎ早の国の社会基盤整備事業の意図しているもの（空港整備から大深度の活用，そして海底トンネル工法の急速な進展など）が，単なる従来型の施策の実行ではなく，21世紀の日本の総合的な再構築を目指したものであることが，各種の事業推進に当たっての理念の中に読み取れると思う。

具体的には総合的な土地利用計画の見直しや，中心市街地の活性化に対する思い切った資金供与，物流効率化に対する絶大な支援体制など，従来では考えられないほどの各省連携の施策が閣議決定されているのである。地方が大都市との対比の中で認知されるのではなく，地方こそが都市を支える基盤（中核都市）であるという認識を徹底しようとしていることを実感しなくてはならないのである。

Ⅰ．21世紀の都市総合計画

ここでは，都市計画を策定するに際しての認識範囲を見ておくことにする。以下にまとめたものはその一部であるが，これだけの事柄に対して考慮を要するものである。都市の将来像を確定していくためには，どうしても現状の認識を徹底しなければならず，前回までの計画の推進状況を再吟味した上で，より効果的で必須の施策を選定していかなければならないのである。その意味からして，先ず第一に時代認識の濃さが要求されてくるのである。時代認識の方法としてまとめたのが，下の表－Ⅰである。

表－Ⅰ　社会的・経済的変化分析・洞察

時代の流れ，人の流れ，物の流れを見極める		
☆高齢化 （生産年齢人口の減少） 高齢化社会	☆国際化 （世界標準の浸透） 国際化社会	☆情報化 （瞬時の世界情報交換） 情報化社会
平均余命の延長と非生産年齢層の増大・ゆとりある老後を過ごすための行政の対策急務世代間交流促進と技術革新及びエネルギー対策 生産年齢人口の減少と少子化	世界的な港湾・空港整備がもたらした通商貿易の日常化及び生活時間短縮異文化接触の経験の蓄積と彼我の国家社会の相違 グローバルスタンダード	放送通信事業の高度化に伴う時間管理意識の向上と情報処理機能の世界的ネットワーク化同時時間体験の普及 デジタル情報化

今後の都市計画としては，つぎのような課題の克服を前提にして行うことが最も望ましいものであると考える。その要点を順次摘出しておくことにする。

課　題　：　21世紀に向けて，個性的なまちづくり
大都市とは異なる地方都市の魅力の創造

☆．地方都市の役割

全国の市町村及び東京都の23特別区における地域の地理的・歴史的特色を活かした地域づくりへの取組みが展開されている。

→　目標は広域的な地域の活性化

◇どのようなまちづくりを展開しているのか。

→　時代流はハードからソフトへ

☆．地方（拠点）都市と国際化の影響

友好提携，姉妹都市提携による交流と国際化の推進運動。

◇どのような提携を実現しているのか。また将来は。

☆．地方（拠点）都市と情報化の推進

高度情報化社会の利便性と有効性の普及。

◇どのような取組みをしているのか。その方向性は。

☆．地方都市と高等教育の連携

大学の活用（及び理系誘致），産・官・学の協力体制構築が進んでいる。

◇このような時代流の中で，大学（研究機関）とどのように連携強化していくのか。

☆．地方（拠点）都市と中部圏広域交流構想の動向

◇将来の交通・物流体系とどのように適合していくのか。

☆．わが街の魅力・再発見

◇街のどこに魅力を発見できるか。

◇市民が共感でき，積極的な参加活動ができるものは何か。

☆．ごみ問題の解決とリサイクル運動の推進。

☆．21世紀への視点

◇現状改革への行動として何をすべきなのか。

◇次世代の子供たちに自信をもって，継承していけるものを残せるか。

◆高齢化社会（バリアフリーとケアー配備）のまちづくり

◆車社会との環境適合とゆとり空間（公園・緑地）の創造

◆ひとづくり（ほめる，育てる，共にする）

◆地域づくり（人と人との付き合い重視），コミュニティ活動（みんなのため）

◆都市防災とまちづくり（みんなのためは自分のため）

◆まちと緑地の調和（ビオトープ工法による自然の再生と生活空間整備）

◆住環境（商工業との共利共生），町並み（朝夕の対比が際立つ）景観の一体整備

◆共生社会の実現，昔あった人と人との心の温もりの回復（袖の縁）

以上の項目に対して，それぞれ効果的な施策を提出し，まちづくりの方向性を明確にしていく必要がある。そしてその方向性の提示によって，将来ビジョンが目に見える形で捕捉されることになると考える。次に示すものは，そのための基本理念と方向性である。

21世紀：都市創造計画

−基本理念と方向性−

基本理念：“心を満たす時代”のまちづくり
自然（歴史・現実）と教育（思想・生活）意識の交差

基本方針：☆「本物」を身近に見聞きし，触れ感じる生活の実現
（山や川から街（中心）を見，町に自然の広がりを実現する）

計画方法：☆箱物からの脱却，施設のネットワーク化の推進
（集いと潤いのあるプロムナードの整備，交通システムの整備）

都市計画：最適効率化推進と農業・自然の恵み（水・空気・草木・花）活用
重点項目の選定，重点課題の克服，

重点施策：駅周辺整備，市内（東西南北）の貫通道路整備
中心市街地の再活性策の検討（TMO），周辺整備・公園（PFI）

住環境整備のための土地利用の促進

とはいえ，まちはそこに居住し，働くものにとって安住の棲家となって初めて市民の共感と支援が得られるものである。それだけに共通の前提としては，誰のために，また何のためにという意識の存在を抜きには，まちづくりのコンセプトは意味をなさないと思われる。この点を整理すると，大別すれば次に示すような2つある。

A．まちづくりは誰のため

創らなければならないもの　vs　残さなければならないもの

☆都市景観：都市レベル，地域レベル，生活レベルでの取組み
☆都市内容：市民・住民のレベルで考え抜いて来たか

全国的動向：広域交流拠点都市整備と魅力あるまちづくり
　　　　　　広域性の中にどの程度国際性を醸し出すか
　　　　　　実現化に至るための経済的合理性追求とゆとりの確立

B．都市の将来像をどこに求めるのか

未来志向型	←	（風　情）	→	歴史・過去からの継承
昔あったもの	←	（季節感）	→	四季折々の恵みの回帰

◎市民の参加意識向上（当然・当たり前という感覚重視）
（目に見える事業化推進とタイム・スケジュールの提示）
◎基本コンセプトの形成

活　性　化 （商工業のための基盤整備）	快　適　性 （きれいなまちづくり）
安　　心 （地域内での人的交流の高まり）	伝　　統 （まちの誇りと余裕）

昨今のわが国の現状は，熟慮するまでもなく次世代を担う子供たちのために大人の叡知のすべてをつぎ込まなければ，この時代は乗り切れない状況である。司馬遼太郎氏の言葉を借りるまでもなく，大人たちに未来に対する“真剣さ”が求められている時代である。実際これなくしては，子供たちは時代の波に翻弄されるだけで郷土愛及び祖国愛といったものと無縁の存在となる可能性が大きいのである。歴史は変革期での大人の失敗は国を滅ぼすという事実を教訓として残しているのである。

II．都市構造

政府が発表した『21世紀を切りひらく緊急経済対策』(経済対策閣僚会議，平成９年11月18日）によると，わが国の抱える構造的な問題に関する対策が示されている。

1．規制緩和を中心とした経済構造改革

2．土地の取引活性化・有効利用

3．中小企業対策

4．民間活力を活用した社会資本整備

などが主なものである。中でも都市の再構築を図るための施策では，従来には見られなかった思い切った施策・措置が図られているのである。その一部を引用しておくと，次のようになっている。「都市構造の再編，防災上，情報化等の観点から，都市中心市街地の更新を促進するため，優良プロジェクトに係わる容積率等の特例制度の活用や容積率指定の見直しなど，機動的に土地利用規制を見直すよう地方公共団体に要請する。(商業地域における法定容積率の最高限度は，1000％)」。

この都市構造再編プログラムの策定の推進策では，［都市計画道路等の整備と連動した容積率のアップとこれによる民間投資の活発化を促進し，「都市の再構築」を実現するため，将来の都市像を明らかにしつつ，都市基盤整備，高度利用等の具体的目標を示す「都市構造再編プログラム（仮称)」の策定を推進する。このプログラムに基づき都市基盤の整備など各種施策を総合的に推進する」としており，更に「都市計画道路の整備によって誘発・促進される土地の高度利用と民間建設投資を支援するため，民間都市開発推進機構の融通業務及び都市開発資金貸付制度の拡充・活用を図る」と続けられている。

また『緊急国民経済対策』（自由民主党臨時経済対策協議会，平成9年10月21日）では，都市基盤整備等の推進について次のような項目を設け，具体策を記述しているので紹介しておくことにする。

◇生活環境の改善のための都市のリノベーション（再構築）緊急対策の実施

都市開発等のための長期・低利の金融市場を補完し，都心居住，向上跡地の利用転換等都市の再構築を推進するため，財政投融資を適切に活用し，臨時的措置として，日本開発銀行等の融資を拡充する。また，住宅・都市整備公団の活用を図る。

◇街路沿道土地高度利用緊急対策の実施

都市計画道路整備によって誘発・促進される土地の高度利用と民間建設投資を早期に発現させるため，都市計画道路の積極的整備と併せて，特例的措置として，民間都市開発推進機構の融通業務（民間都市開発事業者に対する日本開発銀行を長期低利資金の貸付け，及び都市開発資金貸付制度の拡充）を検討する。

◇民間都市開発推進機構の積極的活用

土地の高度利用・中心市街地の活性化等を積極的に進めるため，民間都市開発推進機構を積極的に活用するものとする。

・融通業務（民間都市開発事業者に対する日本開発銀行等を通じた長期低利資金の貸付け）を積極的に活用するため，面積要件を大幅に緩和（現行2,000平方メートルから500平方メートル）にすること。

・土地取得・譲渡業務で取得した土地を含め，民間都市開発推進機構自らが民間都市開発事業・都市再開発事業等の整備を行うプロジェクトに積極的に参加して事業の推進を図れるようにすること。

・土地取得・譲渡業務については，当面，残りの取得枠（約7,500億円）を活用して，積極的に取得を進めるとともに，取得した土地の事業化を推進する方策を充実すること。

・土地の取得に係わる政府保証枠（現行１兆円）の拡大については，取得期限（平成10年度末）の延長と併せて１兆円程度の政府保証枠の上積みを検討すること。また，これに関連して，地域限定の緩和を検討すること。

・取得した土地を証券化（SPC・特別事業会社導入のための新法又は土地信託の小口化等による）する等，市場流通させる方策を検討する。

◇土地の有効活用の促進

地価の現況等に鑑み，及び将来の公共用地の需要に備えて，公有地拡大法等による公有地の先行的取得を全国にわたり適切に進める。また，そのための地方債手当等の措置を拡充する。

◇借地方式による公共事業の推進

・現在，都市公園事業について実施されている借地方式（相続税の一部軽減措置等）を一層促進する。

・公営住宅，公共住宅，公団住宅の供給に当たり，借地による住宅の供給や，借地による供給よりも効率的な住宅整備方策として民間住宅の借上げ（借家）方式による供給を推進する。

・道路，河川についても将来にわたり公共の用に供される施設であることに十分留意しつつ，施設の構造，機能等に支障がないと考えられる場合には，借地権等の活用を図る。

以上のような具体策が，都市基盤整備に関して検討されているのである。国の施策がこのように大幅に改革されている現状を考えれば，地域としても総合計画の策定に際しては，こうした動向を取り入れ，時代の要請に適合するビジョンを構築していくことが当面の課題となる。地方（都市）は大きく変貌していく過渡期に位置しているのである。

それだけに地域間に内在する“やる気”（住民の一体感と高揚感）の大小によって，今まで以上に，例えば同一県内の市町村間や他県との地域間格差はより明確になっていくことが，当然予測される。開発の進み切った地域よりもむしろ大きく遅れていた地域や取り残されたという感のある地域こそが，国の再生計画の意図する“チャンス”を手にする時かもしれない。経済学では，こうした現象を雁行理論といっている。一つの制度化した社会が成熟段階に達すると，やはり根本からの変革を呼び覚まし，その変革の動力となるものを機軸として，次の時代が再度統合され，調整されていくのである。

開発の具体的手法としては，現状ではPFI（Private Finance Initiative）が最も話題性の高いものであるが，これについては既に拙稿「総合物流化への潮流」（中部大学経営情報学部論集，98.12）で，その意義と方向性を論述してあるので参照されたい。筆者としては現下の国の施策を検討する過程で，“総合物流化動向”をあらゆる国土計画の源流として位置づけて研究を続けているが，この射程（捕捉範囲）で国の発表している報告書などを改めて検証してみると，このPFIや先のTMOなどが何故この時期に矢継ぎ早に閣議決定され，また法的整備されているのかが浮き彫りになっている。この詳細は拙稿に譲ることにするが，わが国は極めて法的拘束力の強い国であり，あらゆる施策は法的整備の達成を待ってしか発動しないものであることを，先ず念頭に置く必要がある。

それ故に，筆者も関連する法律の入手とその精読に心掛けている。現在，検討しているものは98年11月の「新事業創出促進法」である。以下において，この法律の概要を若干紹介してこの項を終えることにする。この法案の目的は，次の通りである。

「この法律は，技術，人材その他の我が国に蓄積された産業資源を活用しつつ，創業等，新商品の生産もしくは新役務の提供，事業方式の改善その他の新たな事業の創出を促進するため，個人による創業及び新たに企業を設立して行う事業を直接支援するとともに，中小企業者の新技術を利用した事業活動を促進するための措置を講じ，併せて地域の産業資源を有効に活用して地域産業の自律的発展を促す事業環境を整備する措置を講ずることにより，活力ある経済社会を構築していくことを目的とすること」。

法律の主要な内容は，

1．創業者に対する直接支援

2．中小企業者の新技術を利用した事業活動への支援

3．地域産業資源を活用した事業環境の整備　　　　　　……である。

しかしながら，詳細に見ていくと，この法案の意図するところは従来同種及び同様の法律名で提出されているものの精緻化を意図しながら，全く新しい視点からの取り組がさりげなく秘められているように思えるのである。

それは「創業等」の定義にある。つまり，

1．事業を営んでいない個人が新たに事業を開始すること

2．事業を営んでいない個人が新たに会社を設立し，当該新たに設立された会社が事業を開始すること。

3．会社が自らの事業の全部又は一部を継続して実施しつつ，新たに会社を設立し，当該新たに設立された会社が事業を開始すること。

こうした内容を一読して，その文面から理解を得ようとすれば，次のような結論を導き出すのではないだろうか。例えば，

Q．従来と一体どのように異なるのか。

Q．事業を営んでいない個人が事業を開始するというのだから，事業規模はそれほど大きなものではないだろう。

Q．そんな会社が事業をまた新たな会社に事業を継承させていく，そんなことになれば言わんとするところは理解できるが，一体，事業・運営責

任はどうなるのか。

Q．こんな法律を作って，現況の経済活力の低下や雇用情勢の悪化に歯止めが掛かるのか。

等が考えられるが，どうもこのように考えることは間違っているようである。字面だけを追っているようでは，この法案の大きさは把握出来ないと思う。発想を一変する必要がある。それが前提であると思われる。「定義」には，何か従来では考えられなかった事業主体が脳裏にあって，それへの導きの糸を示唆しているようである。筆者としては，この法案の内容は検討中であり，今国会の会期末までにまとめ，また別稿に一括発表する予定なので，ここではこれ以上の追尾は止めておくことにする。

とはいえ，この法案が可決されれば筆者としても，ここ4～5年来の研究に一先ず大きな区切りが出来ると確信しており，今一つの“事業出資に係わる法案”が可決されれば，研究方法は確立すると考えていることだけは明記しておきたい。

事業は，創業者の“夢”と“情熱”と“責任”で完了すると言われているが，現状を見る限り，この国の混迷に対する“大きな義憤”と“徹底した再生ビジョンの構築”とそして何よりも“地域住民と一体化した事業責任者としての自負心”に溢れる事業主体によって実行されていくと予測される。ここでは，こうした時勢を念頭に置きながら，今後の都市経営の視点を構成する資料を掲載しておきたい。

制度部門別土地投資規模の推移

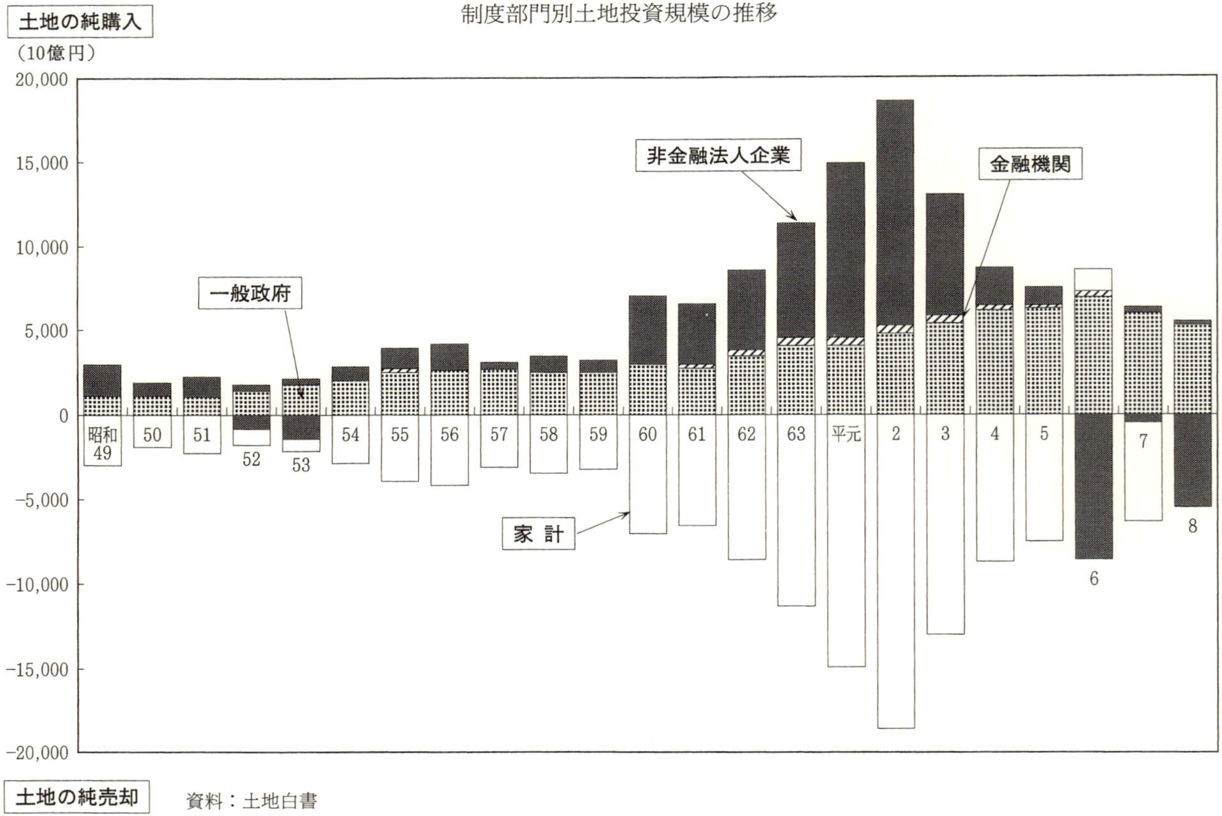

資料：土地白書

土地・債権流動化トータルプラン

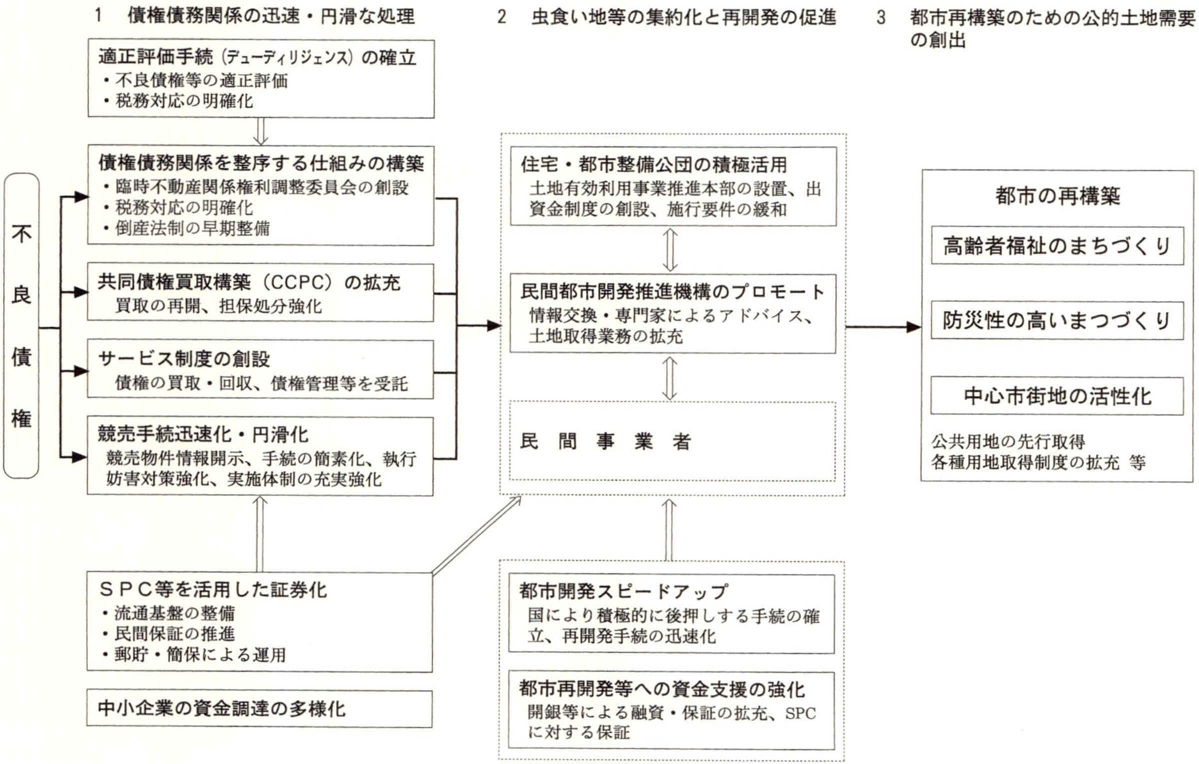
1　債権債務関係の迅速・円滑な処理
2　虫食い地等の集約化と再開発の促進
3　都市再構築のための公的土地需要の創出
不良債権
適正評価手続（デューディリジェンス）の確立
・不良債権等の適正評価
・税務対応の明確化
債権債務関係を整序する仕組みの構築
・臨時不動産関係権利調整委員会の創設
・税務対応の明確化
・倒産法制の早期整備
共同債権買取構築（CCPC）の拡充
買取の再開、担保処分強化
サービス制度の創設
債権の買取・回収、債権管理等を受託
競売手続迅速化・円滑化
競売物件情報開示、手続の簡素化、執行妨害対策強化、実施体制の充実強化
SPC等を活用した証券化
・流通基盤の整備
・民間保証の推進
・郵貯・簡保による運用
中小企業の資金調達の多様化
住宅・都市整備公団の積極活用
土地有効利用事業推進本部の設置、出資金制度の創設、施行要件の緩和
民間都市開発推進機構のプロモート
情報交換・専門家によるアドバイス、土地取得業務の拡充
民間事業者
都市開発スピードアップ
国により積極的に後押しする手続の確立、再開発手続の迅速化
都市再開発等への資金支援の強化
開銀等による融資・保証の拡充、SPCに対する保証
都市の再構築
高齢者福祉のまちづくり
防災性の高いまつづくり
中心市街地の活性化
公共用地の先行取得
各種用地取得制度の拡充　等

土地・債権流通化トータルプランの推進

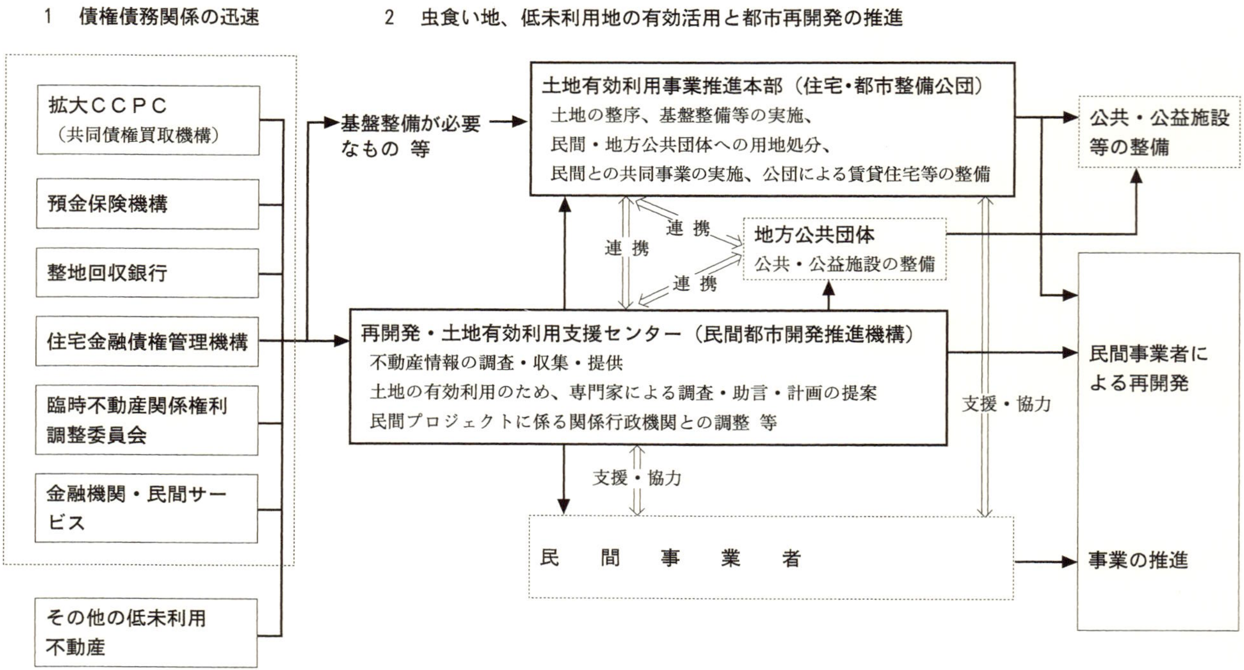
1　債権債務関係の迅速
2　虫食い地、低未利用地の有効活用と都市再開発の推進
拡大ＣＣＰＣ
（共同債権買取機構）
預金保険機構
整地回収銀行
住宅金融債権管理機構
臨時不動産関係権利調整委員会
金融機関・民間サービス
その他の低未利用不動産
基盤整備が必要なもの 等
土地有効利用事業推進本部（住宅・都市整備公団）
土地の整序、基盤整備等の実施、
民間・地方公共団体への用地処分、
民間との共同事業の実施、公団による賃貸住宅等の整備
公共・公益施設等の整備
連 携
連 携
連 携
地方公共団体
公共・公益施設の整備
再開発・土地有効利用支援センター（民間都市開発推進機構）
不動産情報の調査・収集・提供
土地の有効利用のため、専門家による調査・助言・計画の提案
民間プロジェクトに係る関係行政機関との調整 等
支援・協力
支援・協力
民間事業者
民間事業者による再開発
事業の推進

土地有効利用事業に係る主な業務フロー

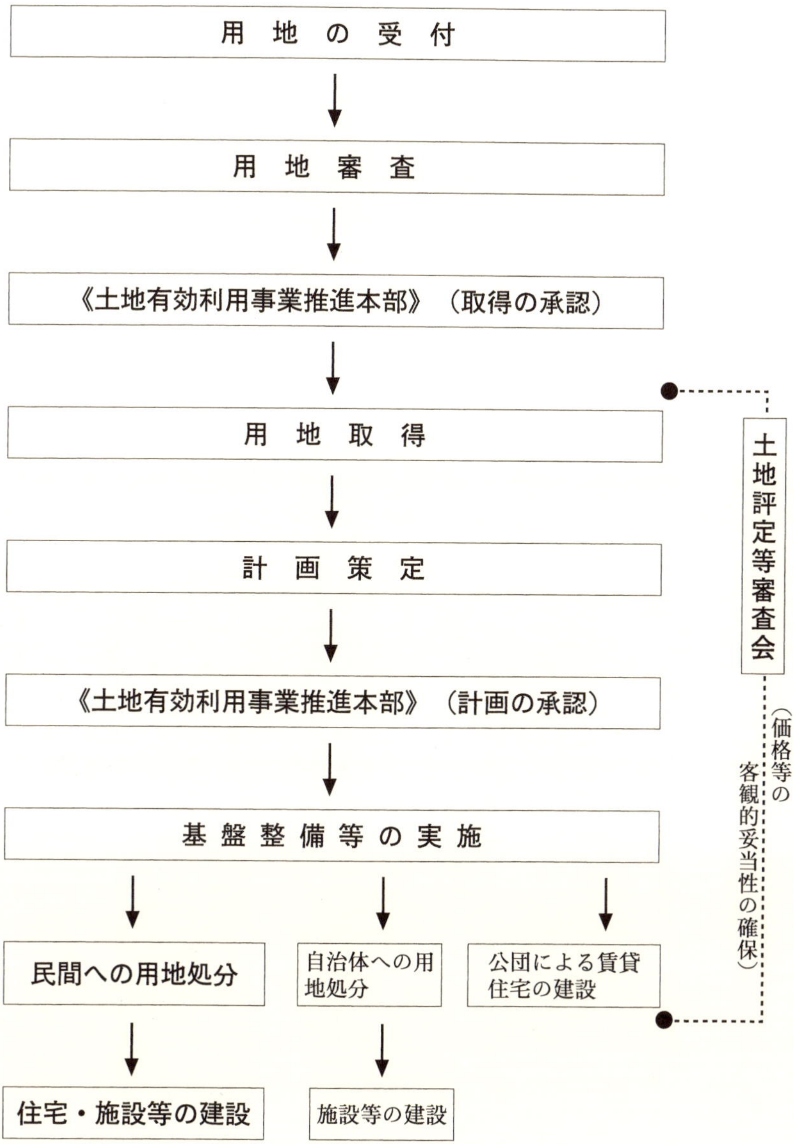

土地有効利用に関する住宅・都市整備公団の取り組みイメージ

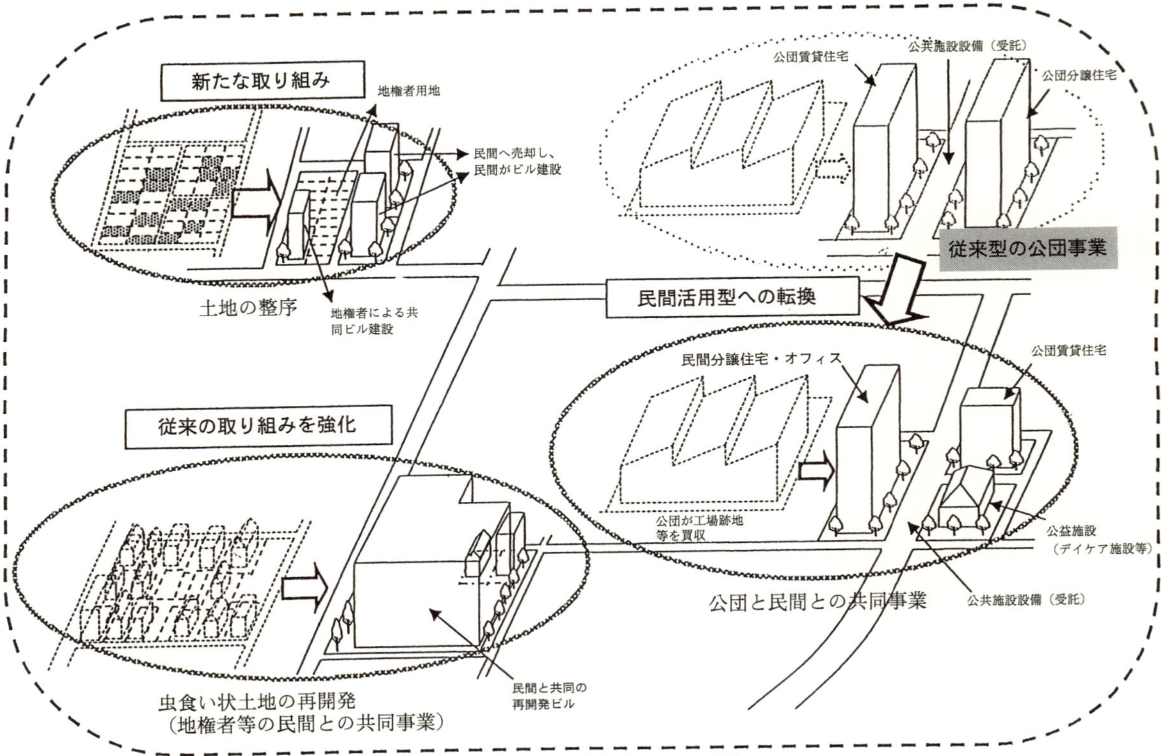

土地の有効利用を図るべき区域

Ⅲ．都市経営の視点と時代認識

時代の要請に適合する都市の在り方を検討していく上で，全国の約3200の行政に共通する課題は，次の5つに集約されると思う。

1．高齢化と少子化
2．安全確保と環境保全
3．国際化と情報化
4．広域的視点
5．都市経営

とはいえ，これらの視点からの都市づくりは単独の行政で可能なものと，そうでないものに分類しなければならない。隣接諸都市との共通の問題，例えば都市交通網の整備拡大などは好例である。財政削減の景気状況を考慮して，21世紀の“まちづくり”を着実に準備し，実行していくことは為政者にとっては，時代認識の鮮度を問われる仕事となる。それだけに行政としても，市民の意向を斟酌しながら計画の策定及び推進に全力を注がなくてはならない時代となっている。個別に項目を検討してみる。

［高齢化と少子化］：日本全体が戦後復興から今日までの豊かな社会実現の発展過程の中で，芽生えていた課題である。ここで先ず問題となるのは，当面することになった高齢社会にどのように対処していくのか，一国の産業経済を支える生産年齢人口の大幅減少による生産力低下を如何に効率を高め，そして予測される高エネルギー消費社会での生産性をどのように達成していくのかということである。地方レベルでも，昭和40年代から始まった団地ブームによって新しい都市形成が実現したが，今やこれらの団地は老朽化を呈しており，地域住民の年齢構成もかなり高齢化してリニューアル・コストを負担するだけの意欲や資金準備さえも低く，新規入居者にとって魅力あ

る住居群とはなっていないのが現状である。

［安全確保と環境保全］：地域の独自性や個性といったものは打ち出せるものではあるが，安全面での問題点は市民の日常生活に対するものと緊急時に対するものがある。日常的なものについては，道路交通の整備や往来道路上の安全対策，市街地や都市公園その他の緑道周辺の夜間照明，上下水道の整備など現実的な問題がある。環境面では，やはり水（辺）と緑の整備と再生の問題がある。自然界のもつ潜在的自浄力をはるかに超えた汚水や油などの排出によって，死相を呈している川が増えている。子供たちの情操面からみても，悪しき現実となっている。自然に対するマナーを教えることから，子育てが始まっていたことを想起すれば，“環境”は川となり，道となり，山となり，田園となり，鳥のさえずりとなり，身の回りの“あるべきもの”と理解される。

［国際化と情報化］：我が国にとって国際化とは，古くは聖徳太子の時代からの現実的課題であったことを想起する必要がある。昨今，喧伝される国際化は人的・物的交流の増大を前提としているが，その実体は政治・経済システムのグローバル化への移行であり，最新の情報機器の使用を社会の隅々にまで浸透させ，デジタルネットットワーク構築を意味している。行政としての国際化適合は，海外の姉妹都市との連携強化を導線としながら増加が予測される他国の人々との日常的な接触に配慮することが重要である。情報化の面では，民間及び教育機関の情報網との接点を広く求めることが第一の使命であると思われる。というのは，この分野における普及の速度は適宜に追随していくことが難しく，行政といえどもユーザーの立場でしかないからである。

［広域的視点］：21世紀を前提とした都市総合計画で最も必要なのは，何と言ってもこの視点からの“まちづくり”であり，またその実現であると考える。単一の行政区分にのみ終始した従来型の都市計画は，一見現実の市民生活を擁護するようにみえながら，実は行動範囲を拘束している要因を形成している。例えば市境に居住する市民たちにとっては，他市への生活行動

（移動）は当然の状況にあり，行政区域内での生活意識はそれほど高いとはいえず，自由な選択を日常化している。今後は交流（通過）人口を増大させていく方向で，行政内の経済的・文化的活性化を促進する広域的な視野に立つ思い切った施策が望まれるのである。

［都市経営］：今日まで，この言葉は看過されてきた。都市計画という事業推進に際して，"都市を一つの機能組織として経営すること"の必要性は指摘されていたが，経営・管理の本来的機能（ヒト・モノ・カネの有機的結合）と役割（能率増進と評価）を達成してきたとは言い難いと思われる。というのも，これまでの行政の施策では，事業を有効に経営するために，常に必要な条件及び方法を極めるといった徹底した姿勢を提示して計画を推進していくというプロセスが整備されていないからである。行政の事業には，本来単独事業はあり得ないのである。個別にみえる事業も，すべて総合計画の意図する理念と目的を具体的に実現していくものであり，ビジョンの完遂に向かう不可欠な要素であるからである。事業の目的と市民の関心度は相関関係をもつべきであり，またそのことが一つの重要な都市経営なのである。この点についての意識の希薄さ及び欠如が従来までの都市経営の弱点であったことは否めない。市民参加という流行言葉の下で，事業そのものを共有するという現象が芽生えなかったのは，経営者としての責務と自負，即ち意思決定の手続きの構築が不十分であったことの証左となる。行政の事業に関しても，事業とは夢で始まり，情熱で遂行され，そして責任で終わることに変わりはないのである。経営とは，明確な方向性の下で，組織の効率を高め，目的を達成していく活動である。社会貢献という指標が，経営を生き物にしているのである。

例えば今後の中部地区の地域環境変化として考えられるものは，21世紀を指向した高規格道路の整備（東海環状道路を含む），中部新国際空港建設に伴う名古屋空港問題，瀬戸市での開催が予定されている2005年の国際博覧会，名古屋港の開港90年を迎えた整備計画事業，及び港湾機能を生かした物流拠点の創造，伊勢湾口をめぐるビッグプロジェクトの計画推進，名古屋駅開発などによって，名古屋市の周辺諸都市の地理的経済拠点としての意義は大きく変化している。これらの動向の源流となっているのが，海運と空輸と陸上運送を立体的に結ぶ広域連携と地域交流を積極的に推進する次期全総計画などがある。

こうした状況を勘案すると地域の特性のみに終始した従前のプラニングは，これからの“まちづくり”事業には到底適合しないと思われる。今日では，あらゆる経営・組織環境が時代の趨勢に適応していくことを要求されており，またそのことが国際化時代に生き残るわが国全体の基本的な戦略となっていると考えられるからである。

まちづくりは，究極的には市民生活の質的向上と地域資源の活性化を希求している事業である。今日まで，一般的に見て“最大多数の最大幸福”を追求する行政の姿勢に対しては相応の評価が与えられると思われる。しかしながら，いつしか，そのことが最善にして最終的な目的へと転化し，気が付けば没個性化した“万人好み”の施設や自然環境づくりへと変容していったことは否めない。客観性（目に見えるもの）を意識し過ぎたために，人間本来の行動特性の源泉をなす“主観”，即ち心に映るものを日々選択しながら喜怒哀楽の意志を表し，義理と人情の狭間にあって年齢と共に個性を形成しながら生きる人たちの，目には見えない“胸の内”を癒し，そして満たすものに対する配慮が欠けていたのも気が付けば十分に応諾できる事実である。

それだけに，今後のまちづくり事業に際しては，担当者及び関係者も“実はこれが自分づくり”に通じるものであることを知る必要がある。住民という名の下においては，同じ立場に位置するからである。担当者としての意識と行動は，時代の流れを正確に見切ったものでない限り，かえって現実を歪曲化するかもしれないのである。気が付けば公平性と平等化が時代の大きな潮流となって来ている。環境問題や福祉問題（高齢社会・少子化社会）を取り沙汰しても，これらは皆自分の問題であり近未来の自身の老後の問題でもある。自分の行動に信念をもつことは大切ではあるが，これに固執するあまり現実の変化を経験則の範囲内しか認めないという事になれば，事業としては本末転倒ということになる。

誰のために，何のために，何故，今，これを実現しようとするのかを，事業推進に際して担当者は十分説明することが必要なのである。市民生活の安寧を願う器づくりとしての“都市計画”は，過去・現在・未来にわたって地域住民を絶えず前提とするものであって，規模よりもむしろ快適性を希求すべきものである。成熟化社会を迎え，その功罪を歴史の観点から内省し，そして審議して次世代の子供たちに時代を継承させていくのがわれわれ大人の使命であるという認識を深めるべきである。そうすれば何をもって第一の目標とするかは，自ずから自然の本源的サイクルに合致した施設環境づくりの中に見い出せると思われる。

1．商工業の課題と産業ビジョンの視点

21世紀を眼前にして内需拡大型の成長へと方向転換を余儀なくされた日本経済も正念場を迎え，企業間競争も景気低迷の中で熾烈さを増す中で戦後最大級の大型倒産を誘発し，また巨大企業間の合併が産業各分野で画策されている。いわゆるバブル崩壊後の金融業界における巨大な投資の回収失敗は，住専やノンバンク問題に波及し，政財官共謀の不祥事を天下に曝して来た。そして今や本体の改革・改組に至っているものの経営体質は変化せず，諸外国からみても異常とも思える低金利政策によって保護されなければ，現業を維持出来ないほどのダメージを負い，更に今年からの資本準備率８％という基準を確保するために選択した銀行の経営行動は，小額の預金者保護策ではなく，金融資本によって経営権まで支配している中小企業への資金提供を大幅に見直し，独自の調査ポイント評価（一般に15段階評価）率によって追加資金支援を打ち切るという非情なものとなり，これが結果として連鎖倒産を引き起こす傍若無人なものへと変貌しているのである。現状でも自行の経営体質改善に狂奔するばかりで，相次ぐ国の「貸し渋り」防止のための公的資金導入も具体的成果は一向に報告されず，依然として銀行を助けるための資金

として税金が湯水のごとくに補填されおり，景気は出口の見えない不気味な暗闇をさ迷っている。

一方，確かに個人消費需要の拡大は経済活性化の必要条件である。しかしながら，可処分所得の減少と購買欲求を誘う新商品の欠落によって，個人の消費意識及び行動は必然的に生活必需品の購入に終始せざるを得ないのである。つまり食べ物と衣類の比重が高まるのである。景気低迷時において高額商品の買い控えは，消費者にとっては当然の生活行動である。こうした中で唯一好調な売上を伸展させているのは携帯電話であるが，消費者の個性化や価値観の多様化が喧伝された時代は既に無く，気が付けば若者世代を中心に同様の商品を購入するといった画一性が如実に見られるようになっているのである。

先行きに不安がある状況下で，新規なものへの興味を高めようとしても無理があるという経験則を想起しなければならない時代なのである。一国の政治・経済に対して信頼を失い，自分の生活設計を大幅に変更して自己防衛に徹しなければならなくなった国民の意識には，当為こそが重要であって，職場での仕事の意義は従来のように個人の生活行動のかなりの部分を占めるものではなくなっているのである。右上がりの経済のもたらしたのは，豊かな社会の実現であったことは事実であるが，失ったものも大きいのである。その第一は自然である。そして第二は，社会規範である。

こうした状況は，実は全国的に蔓延しており，各地ともわが国の景気動向と同様景気低迷の渦中にあり，市内の商業面では消費の伸びが停滞し，大型店を初めとして商店街も大幅な売上の減少を呈しており，従来型の経営形態では生き残りが難しくなり，メガ合併といわれる程の巨大で強大な複合的な商業集積の実現以外に策は無いとされるに至っており，すでに申請（増床）状況は現実問題化している。

一方，工業面においても受注の減少によって売上が減少し，経常経費を初めとして資金繰りが当面の課題となっている状況がみられる。それだけに，市内の各事業所で行われている新製品開発（ベンチャービジネス）に対する支援活動を積極的に展開できるような手立ての構築が望まれているのである。

行政としても，何らかの施策を講じて市内工業の発展に寄与しなければならない時代である。昨今の市場動向を見る限り，優勝劣敗の論理は明確であり，またいよいよ徹底していくと思われる。かつては，弱肉強食と言われた企業競争も，今日では売上高の多寡よりも，利益率の多寡を競うようになっており，それだけに経営内容の見直しとコスト削減が全社的な共通の課題となっているのである。農業部門での従事者の減少が著しいだけに，こうした商工業分野での低迷は，地域産業全体の活力減退を誘うものとなっている。

90年代に入ってから私的企業の自由な経済活動も，国際化の波の中で様々な制約を受け，そして新しい時代の有する課題に挑戦しなければならなくなっている。地場産業として長年地域社会に貢献してきた企業群も，半永続的な経営体としての維持と確保は難しく，雇用の安定を当面の目標に操業しているというのが一般的な様相である。市内の工業地域及び準工業地域の占める範囲は，今後減少する可能性が高く，住居専用地域と商業専用地域との端境が不透明になり，また既存の地域が他の用途に転用される可能性も高くなっている。市内の景観保護と町並み形成という名目の中だけでは，現実の経済行為は包み切れず，また時代の変化に適合していくことは困難となっているのである。

行政としても地方自治法上の運用だけでは対処できない案件が現出していることを真摯に受け止め，過去の延長線上での思考方法から脱却し，市民生活の質的向上を第一の目標に「地方公共団体における民主的にして能率的な行政の確保を図る」ことに全力を尽くすべきである。この場合地方公共団体の使命は，地域最大のサービス業となることである。考えてみれば，地方公共団体とは地域経済の資質向上に寄与できる最大の組織なのである。これほど共通した意識を有する公的な組織は，地域社会には存在しないのである。

行政の「精神革命」必要論が口伝される背景には，行政の施策と市民意識の乖離が目立ってきたという事実が存在する。税金をもって，市民生活に安全性と快適性を提供する社会的使命が，いつしか都市計画そのものの実現・

追求に質的変化し，都市のための行政となっている。今や都市とは，数多くの市民が住まい・集う交歓の場の代名詞に過ぎないものである。歴史上の都市の出現においては「都市の空気は自由にする」という既存社会（農業社会）からの解放感があったが，現状の都市は「お金の無い者は暮らせない」という暗黙の掟を了解させる場所であることも真実であると思う。都市という市民共有の資産価値の意義を徹底的に問い質すことの中から，来し方を顧み行く末を考える時代となっているのである。新しい産業ビジョン構築の必要性は，これらのことからみても極めて高く，そして明瞭でなければならないのである。

現状での政治経済動向は依然として不協和音の目立つ混乱状況を招いており，先行きも不透明なままであるが，政府の経済構造の変革と創造を目指す21世紀改革は着実な法案の成立をみており，中でも97年４月に施行された「総合物流施策大綱」は，新世紀への日本の国際的地位の安定と立場を保障する切り札として注目されている。わが国の経済再生の活路は，今や小手先の対処方法では意味をなさず，産業構造そのものを大変革していく中にしか存在しないのである。昨年来，東海４県を巻き込んで過熱している首都機能移転問題や，2001年より開始される中央省庁再編計画，地方分権に向けた広域の市町村合併への水面下での取組み問題，更には未来型鉄道のシンボルとしてのリニア新幹線整備計画などのビッグプロジェクトの集中化現象は，中部圏域全体の構造的変革をもたらすものだけに，その進展に即応した将来計画の構築が何よりも必要なのである。

とはいえ，そこで重要なことは各行政が当該市の歴史を詳らかにしておくことである。これ無くしては，地方の特性を生かすということは画餅に帰すと考えられる。10年から20年先の構想・計画を策定する場合は，少なくともそれに数倍する過去の地勢を想起しておく必要がある。商工業の発展は，古来より洋の東西を問わず街道沿いに展開しており，陸路及び水運の活用を前提としているのである。そして，そこに定住した商人たちが海運業，仲介商業，卸売業，小売業，銀行業，保険業などを手掛けたことから固有の“まち”が徐々に形成されてきたのである。これが時代の趨勢と共に次第に生産と商業の2部門を専門・分化させていき，地域の特性を一層育んできたのが今日の“まち”なのである。こうした歴史認識を今一度，自分のまちを対象として取り戻すことが，時代の波を乗り切るための最良策となると思う。過去を振り返ることが，未来を引き寄せる第一の知恵となるという古人の教えは，人口に膾炙している“温故知新”という言葉に如実に示されているのである。

あたかも自分自身の過去を想起するがごとく，そして自分自身の将来を想定するがごとくに自分のまちを慈しみ，愛し，育てるという心構えが必要なのである。歴史の知恵を如何に有意義に生かしていくかという創意工夫が問われているのである。大人の見識を全面に打ち出すことが，担当者及び関係者の責務となってくる。考えてみれば，美しいまちを残していくのも，先に世に出た人間の当然の務めである。次世代の子供たちが，各自の可能性を十分に発揮できる社会を創ることは，子を思いやる大人たちの共通の目標であったはずである。しかしながら，子供たちが大人たちと一線を画して生活しているような現状を露呈させたのも，大人・社会にあることは否定できない。それだけに地域社会を活性化させ，魅力あるまちを築いていくことは急務となっている。子供たちが不信感や疎外感を募らせるような社会が，円滑に機能した試しはないのである。“親の背を見て子は育つ”という言葉を胸に堂々と生きてみせることが，この時代には何よりの特効薬と考える。地域社会はそこに居住する大人の意識の投影であり，また作品でもある。ならば，最高のものを目指す姿勢だけは示さねばならないのである。

2．暮らし

暮らしとは時日を過ごすことであり，人々が生計を立て生きていくことである。そして暮らし向きとは，安心して生活していける状態を指す言葉である。家族及びその家庭が，健康で明るい毎日を過ごしていける生活の場が居住区である。まちに住む人々の家の中には，それぞれの個性が宿っているのである。

市民生活の安寧を保障するのが行政の使命である。しかしながら，時代の潮流は人々の価値観を変貌させ，多様な個性化傾向を助長してきた。1970年代後半からのわが国の経済発展は見かけ上の豊かさを享受させてはきたが，喪失したものも絶大なものになっている。親子間の断絶などという言葉が，まるで流行のようになり，また当然のことのように人口に膾炙するようになってしまったことなどは，負の側面での最たる証左の一つである。子供との対話に苦心する母親の数が増大したことは，現代社会の特徴の一つである。失業率が4.1%にもなった昨今の景気状況下では，雇用そのものが社会問題となっている。給与所得者としての立場が，如何に脆いものであるかという事実を見聞し実感させられる日常は，企業社会への不安感の代償に二次的な存在として意識していた家族の重要性を再認識させ始めている。“家庭があって，仕事がある”という順序に戻るまでに戦後50年を要したのかもしれない。それ程までにわが国の企業社会は，自己犠牲を働くものだけに止まらず，家族にまで社会常識のように強いて来たことは否定できない。会社優先主義という集団的示威が，組織人としての成長を約するかのように経営・管理の専門家への登竜門へと駆り立てていたのである。

国際化が欧米の文化を浸透させていく中で，最も遅れたのが“何のために働くのか”という本源的な問いかけへの回答を避けて来たことである。家族のためにという回答が欧米では当然のものであるにも拘らず，わが国では依然として“生きていくため”という世間通用の言葉に収束しており，“自分は誰のために生きているのか”を明確に示さない傾向がある。ここに日本人の歴史的原体験ともいうべき，上下関係の内包する秩序を継承した他者依存及び集団優先の弱点があったのである。

21世紀社会では，家族を中心として貧しくとも夢と安らぎのある家庭を形成していくことが，暮らしの中での最大目標であると考える。暮らし向きは外的環境への適合以上に，家族の相互信頼性に大きく依存するものである。

“衣食足りて礼節を知る”という格言は，夫子（大丈夫・りっぱな社会人）になるための経緯を説くものであるかもしれないが，礼節の始まりは，古来より家庭内の躾にあったことを知る必要がある。社会との係わりの優劣によってのみ，暮らし向きの是非を評価することはもはや意味を為さない時代となっているのである。良き隣人を得ることの重要性と人付き合いの大切さを，真剣に考えなければならない時代なのである。

“今，自分は幸福であるか”という問に答えることを自分に課してみる時，われわれの時代観及び社会観は一体どのように変化するのだろうか。21世紀には高齢社会が待っている。わが国にとって，これは歴史的経験となる。それに加えて少子化の問題が存在し，更に9年後には，日本の総人口の減少が始まると予測されている。平成10年6月の統計結果では，女性が生涯に生む子供の数（合計特殊出生率）が1.39人と史上最低を記録している。戦後団塊の世代の生まれた頃の出生率が4.5でピークを迎えたものの，これ以後減少し続け今日に至っているのである。ドイツやイタリアはすでに1.2人台である。短絡的に比較は出来ないが，わが国の場合も今後この数値を下回ると予測されるだけに深刻な問題となっている。というのも高齢化と少子化が同時期に，しかも相乗的に様々な影響を各方面に及ぼすと考えられているからである。

98年の『厚生白書』では，少子化対策として子育ての障害や負担をできるだけ取り除くことであると記述している。そして女性が望む子育ての支援策では，「保育所の充実」と「育児休暇をとりやすい職場環境の整備」が共にトップとなっている。こうした問題は，地域全体として早急に取り組まなければ解決は難しいと思われる。保育所が厚生省の児童福祉法によって，そして幼稚園が文部省の学校教育法で管轄されているままでは，地元の民間施設に今以上の経営努力を求めても限界があるからである。97年の秋から全国で始めて，幼稚園経営者による保育所との一体経営を認めた横浜市の姿勢は，規制緩和の壁を突破しただけでなく，現実的な市民の切実な要請に応えたものである。こうした事例は，地方自治の今後の有り様を世に問うものだけに学ぶべき点は多い。このように市民の暮らしは，実に大きな時代の潮流に直面しているのである。換言すれば，わが国の将来の明暗が，市民生活に直接係わってきているのである。

21世紀を前提にする場合，“人生いかに生きるべきか”を問うことから，暮らしの在り方を考案すべき時期かもしれない。健康と勇気と希望がなければ，人生は辛いだけのものとなるからである。人々が美しいものを知る能力が有る限り，社会常識は存在すると思われる。この場合，常識とは人との接触によって育まれた自己表現の形式である。暮らし向きが変わるなら，まちも今まで以上に柔軟な対応をしていかねばならない。人々が安心して暮らしていけるようなまちづくりは，日本の壮大な再建計画でもある。古来より山紫水明の国と言われた日本が，自然景観を取り戻すことに終始しているのである。これは日本の歴史及び民族に対する冒瀆である。世界一水の豊かな瑞穂の国の四季を再生させることこそ，すべての行政に要求されている課題である。

実際“幸福になるために生まれてきた”と言えるような社会でなくては，生きる甲斐はないのである。助け合い，認め合える地域社会の創造こそが市民生活の暮らしを成り立たせている源である。それだけに，源からあたかも泉が湧くごとくに必要な手立てを積極的に講じていくことが，市民への期待に応えることになる。人の身に立った施策への思い切った方向転換を望みたい。

3．産　業

90年代に入ってからの急激な景気後退と低迷によって，大量生産方式に陰りが出始めている。昭和49年（1974）の時点から，第三次産業の就業者はすでに５割を超えてたが，この傾向は現状においても益々増大しているのである。つまり経済活動において，物財やエネルギーなどのハードよりも，情報，サービスなどのソフト面が産業では重視されてきているのである。生産，流通，消費を基盤とする経済がソフト化しているのである。

経済がソフト化した理由として考えられるものは，やはり高度成長期を経験した人々の「価値観の変化」，それに時代の要請及び国際的企業競争によって惹起された「情報化」，「ハイテク化」，「国際化」，更に日本の高等教育機関の発達による「高学歴化」，そして「女性の社会進出」などである。

製品市場における顧客満足度（CS. Consumer Satisfaction）優先の開発競争は，メーカー各社の少品種大量生産方式を多品種少量生産に転換させ，しかもあらゆる製品に求められた軽薄短小化現象は，原材料面における研究開発を徹底させるまでになっている。それだけに企業における経営課題は，一般的に次のようなものとなっている。

1．消費者の欲望を満たす商品開発
2．効率的な多品種少量生産体制の構築
3．情報システム利用による販売力強化
4．柔軟な企業組織の構築
5．企業理念の徹底と思い切った人材の登用

もちろん販売面においては，受発注オンライン・システムやVAN（付加価値通信網），POS（販売時点情報管理）などが必須である。確かに高度成長期に大企業の多くは組織を肥大化させてきたが，今日のような景気低迷期における企業経営は従来のような機械論的組織から，ヒト，モノ，カネの適時，適品，適量，を前提とした有機的な結合を意図した組織への移行こそが生き残り戦略となっているのである。その対策として社内ベンチャー，マトリックス組織，プロジェクト・チーム制の導入，分社経営などを採用する企業が増加している。

成熟社会において人間は，量的拡大よりも生活の質を重視するようになるとされてきたが，企業としてもソフト化経済に適合した新しいパラダイムを構築することが求められている。それだけに企業家精神の復活と硬直化した組織の再活性化が，新産業への扉を開くことになるのである。終身雇用及び

年功序列制度から能力主義制度への移行増大は，旧来の企業の経営体質を大きく転換するものとなり，人材の淘汰を激化させると予測されるだけに産業を検討するに際しては，先ず注目しなければならない点である。

諸外国から見た日本の一貫した戦後経済成長の鍵は，「計画経済」「高等教育の普及」「旺盛な設備投資」「労働力移動の成功」「独特な銀行・信用制度」「集団的忠誠心」「優秀な官僚制度」などに求められてきた。しかしながら，1980年代に入って，国際間の摩擦は激化し，政治・経済関係は非常にセンシティブなものとなってきた。73年と79年の二度にわたる石油危機を経験した日本は，低成長期を乗り切るためにいわゆる高付加価値産業（半導体，コンピューター，OA 機器，医薬品）へと転換を図り，日進月歩といわれた技術開発を分進秒歩と言われるまでの新製品市場を生み出した。このことが日本企業に過剰なまでの自意識を植え付け，もはやライバルは世界になく，日本の同業各社であると云わしめるまでになった。強気の経営は次第に実質経済を離れ，いわゆるバブル経済へと突入することになる。その後の展開は省略するが，現状を見る限り良い方向でないことは衆知の一致するところである。

一般的に地域産業の特質は，上記の動向が続く中で第二次及び第三次産業が順調に増加していることである。それだけに景気動向の背後にある状況を的確に検証して，将来の産業政策を構築する必要性が増大しているのである。都市計画事業においては，先ず市内全域を俯瞰して都市施設の充実，有効な土地利用計画，そして市街地開発事業を一体的に推進していくことが課題となるが，産業の振興は都市計画の要となるだけに，時代の流れに沿った広域連携を指向するものへと展開するものでなければならない。そのため，中核都市からの交通アクセスや交通網の整備などの幹線道路（鉄道）の延長・整備に関しても，人の移動手段としてだけでなく，ものの流れを効率良くするための戦略的認識が必要である。国や県の交通網の推進計画には，すでに道路及びインターチェンジ周辺開発が地域活性化に対して積極的な誘因効果を発揮することが示されており，また具体的な支援体制が数多く銘記されているからである。

それだけに地域活性化の中核となる産業振興策は，こうした上位計画との連動を考慮して取り組むべきものとなっているのである。地域の置かれているの地の利を生かし，増加が予測される物流分野への適合施策をいかにタイムリーに構築していくかが，21世紀の産業を保障する鍵となる。総合物流化への潮流は，わが国の高コスト構造を是正するための国是とも言えるものたけに，拠点整備の在り方と高付加価値化を基準にして考察して，施政の充実を総合的に図っていくことが重要であると考える。

4．歴史と自然のネットワーク

“歴史とは過去と現在の対話である”という教えがある。現代人はこうした教訓を忘れたかのように，企業社会に生き，そして地域社会と接しているが今日でも伝統・文化として継承されているものは，新年を寿ぐ正月の神社詣で，女の子の美意識を養うひな祭り，男の子の成長を祝う端午の節句，夏祭り，秋祭り，七五三，そして年の終わりを見送る除夜の行事などがある。日本の文化は四季折々にこうした行事を設け，一年毎の記憶を温め続けてきたのである。問題はこうした行事の由来を問う姿勢が，欠乏し始めていることである。それぞれの行事には，過去の歴史の理が凝縮されているのである。

歴史的建造物は確かに成立年代によって，はるかな過去に溯るものもある。しかしながら，それは単に“古い建物”という範疇で捉えるものではなく，延々と今日まで保存され継承されてきたという事実こそを，そこに見るべきものなのである。神社を例にみても，有名な神社の建立されている位置は，その地域で太陽（日輪）が春分の日に東から上ってくる時の光の道で，最も良い場所にあると言われている。風水の知恵であると思われるが，地勢を考慮し，最適な位置に先ず神仏を安置することが地鎮の始まりである。

自然と人間との関わりは，歴史的には都の位置決定によって次第に都市が形成され，周辺地域がそれと歩調を合わせながら形となっていったのである。現在の国道の多くは，こうした都への全国からの往来の結果の産物である。そしてこの道も光の道（東から西へ）に沿って延長されていった経緯がある。道は過去の人々と現代の人々，そして未来の人々が往来するものである。こうした認識を蘇らせることが，身近な歴史への接近方法なのである。

歴史とは自然そのものであるのかもしれない。また自然とは歴史の化身なのかもしれない。人間が自然に働きかけ，自然をその時代の人々の好みで改造していくことも，都市化の有する必然的行為である。何故ならば，時代はいつもその時代に存在する人間たちの生活の場となっているからである。生活の場となれば，生活手段を模索し，住み良い環境を造ることは当為となる。しかしながら，こうした当為は無制限では決してなく，やはり時代の持つ約束事の中で行われたのである。その意味からして，現代のような法の網の目を潜った乱開発のようなものは，近年までのわが国には余り見られなかったのである。

八百万の神々の存在を認めてきた過去の日本人の理性は，自然が人間と対峙するものであるという西洋の思想とは異なっており，むしろ自然と一体になることを志向していたのである。現代は，こうした日本人の思想を今一度真剣に問い尋ねる時期に来ているのかもしれない。自然は決して特殊で具体的なものだけではないのである。日常，目にし感じるものすべてが自然と人間が生み出したものである。気が付けば山川草木は，地域社会のあらゆる場所に，過去の姿を現しているのである。

とはいえ，山も人の住処を造るために一部崩され，地域内の小さな川も流れを変更され，自然と共生するものでなくなっているのも事実である。人工の川は，川の記憶を取り去られたかに見えるが，大雨や大洪水となれば人間の勝手な変更を無視し，昔の流れを取り戻し氾濫する。自然の摂理というものに逆らっても，人間は自然に勝つことはできないのである。人知は自然と歩調を合わせるものでなければ永続できないということを，こうした事例からも学ぶべきである。

歴史というものは，壮大な人間の生活史でもある。歴史を学ぶということは，過去の人々の生活意識に触れることと同じであり，そのことが自分のものの見方や考え方に何らかの根拠を与えてくれるものである。それだけに歴史を知るということは，自分の現代を見る目を養うものとなるのである。表層的な歴史認識だけでは，壮大な歴史は単なる年表の上での経過を示す出来事に終始してしまう。これでは，“この国のかたち”は解らない。時代の変遷を現代を見切る視点として活用することが，伝統や文化の教えなのである。ものの習いがすべて形から入っていくという事実を見れば，このことは明らかとなる。茶花道などはその好例となる。日本人の持つ居住空間での精神修養の伝統は，日常世界での雑念を一掃し，昨日までの自分と決別して新たな自分を生きることを教えるものでもあった。　地域内に存在する歴史的価値を，私→　家族→　郷土→　希望というキーワードをベースに考察してみれば，それらがもっと身近な存在へと転化すると思う。幸いなことに日本全国には，歴史的には奈良・平安朝にまで溯れる遺産が点在している。また縄文時代にまで溯れるものもある。現代社会の課題は，これらの歴史的価値を単なる歴史の証人に止めることから，例えば観光という産業にまで高め，そこで周辺住民も生活を成り立たせる就業機会を創っていくことである。すなわち“歴史的価値の産業化”が地域活性化の重要な施策となり，コミュニティ活動を円滑に推進していくものとなる。

自然を大切にすることが，今地域作りの原点となってきている。地域社会の構成員が身の回りに対して積極的に美化運動を展開していくことは，潜在的に自然への回帰を願っていることの証左になる。そして，その自然の与える人間の精神浄化作用はさらにこの運動を高めていくことになると予測される。自然歩道の整備が全国的に展開しているが，これなども其処に集う人々に一時の憩いと安らぎを与え，また彼処にある神社仏閣などは普段とは異なった参拝をさせる効用をもつ。

歴史と自然はこうした体験の中で，人々の心の中で静かに一体となっているのである。町中にあっても，市内を流れる河川敷を春になれば桜がその彩りを極め，改めて川が生活と密着しているものであることを実感させている。そして祭り・行事に際しては，神社が市内の人々の集いの場へと一転する。歴史との対話は，実はわれわれの日常生活の中で無意識の内におこなっているのである。これらの歴史的価値と自然を愛でる感情を如何に連携させていくかは，それほど難しい事ではない。われわれの意識が，それらを暮らしの中で季節感を演出するものとして捉えれば可能となる。

豊かな地域のあり様とした，次のような図式を考えてみた。

図の解説をすると，次のようになる。

人が生まれ，育ち，そして生活するのは，自分の才能を発揮することによって得られる生甲斐を求めるからであろう。その生活の中に人との出会い，ふれあいがあり，友人，知人との語らい・交際の中に安心が得られれば，感動（大・小）は身近なところにもあり，日常を肯定し働き甲斐を惹き起こし，自分の行動や顔にゆとりをもたらし始める。年を経るということの意味を考え始めるようになると，その基準としてはやはり古典のもつ伝統的価値に求め，教養としての歴史への関心を高めてゆき，自分を映す鏡とするようになる。温故知新の四文字の持つ歴史性と普遍的存在対応の指針は，現代人にあってさえ，価値・目的・手段・行動という行動パターンをとる上で，重要な知恵となり，殊にあらゆる分野のリーダーにとっては，一つの座右の銘となり得ているのである。

そうした眼で人生を見つめ，生活の場・基盤としての居住する地域を見ると，自分史の実現と共に，人生を楽しむ空間を求めるようになる。個人の持

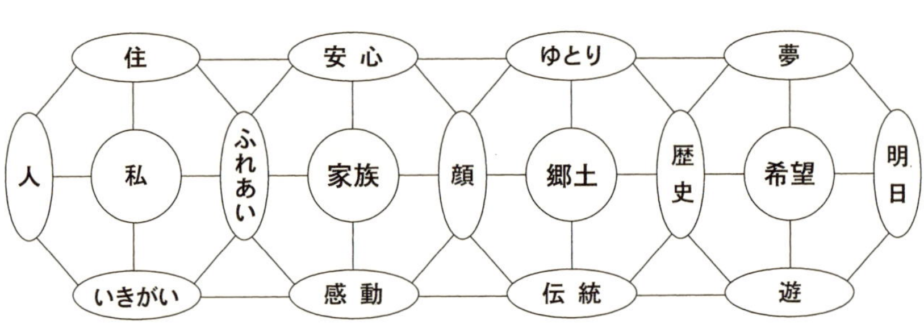

（豊かな地域インフラ：歴史的価値の産業化→21世紀）

つ夢が人とのふれあいや付き合いから芽生えるものである以上，まちはこうした生活者の生き方を支援していくものでなくてはならないのである。

個性的なまちづくりは全国の約3,200の市町村で行われている。こうした現状を充分に考慮する時，その最適手法のヒントは，同時代人として生活し，居住している地域住民，人間・人生といった言葉から見直してゆくことの中にある。殊に今一番大切なことは，すべての人に共通な『人生の一回性』であると考える。

5．中心市街地活性化対策

ここでは中心市街地の再活性化を図るための総合的な支援対策法案を紹介し，その中の街づくり機関（TMO；Town Management Organization）についての概要を検討しておく。先ず，この度の新しい制度の基本的な考え方を示しておくと，次の4点である。

1．市町村のイニシアティブの重視
　地域の特性を生かした優れた街づくりプランを重点的に支援
2．関係省庁間の連携・協力
　道路・駐車場の整備，区画整理事業，公共交通機関の整備，各種公共施設や住宅の整備等の関連施策を一体的に実施
3．点（個店，特定商業集積）対策，線（商店街）対策から
　面の対策へ「中心市街地商業活性化ゾーン」（仮称）への商業・サービス業・都市型産業の立地を集中的に支援。　店舗配置・業種構成等の管理を行う「タウンマネージメント」を導入。
4．大型店と中小店の共存共栄
　大型店を中心市街地活性化の中核として誘致する場合は，関連の施設整備を支援。

更に，商業についての支援策の基本は，次の3点となっている。

1．中心市街地の商業地全体を一つのショッピングモールと見立て，総合的かつ独自のすぐれた計画によって推進される事業を支援する。
2．市町村のマスタープランに従って，上記の事業を推進し中心市街地の運営・管理（タウンマネージメント）を行う機関（TMO）に各種の支援を行う。
3．道路・駐車場の整備や区画整理事業など，商業の活性化に資する事業をあわせて総合的な取り組みを行う地域を，集中的に支援する。

ここで指摘されている中心市街地は，次のように定義されている。つまり，「一定以上の都市機能（商業・公共施設，都市基盤施設等）の集積が存在する地区，あるいは都市機能が集積されることによって，市町村全体の活性化がはかられるポテンシャルを持っている地区と想定する」となっている。この度の法案では，中心市街地を多様な機能が集積する一つのショッピングモールとみなし，一体的に活性化していくという視点から展開されている。そしてそのプロジェクトの主体として管理・運営を行うためにTMOという機関（株主の2/3以上が中小小売商業者等や商工会，商工会議所）を設置することを提案しているところが従来の高度化融資制度と大きく異なる点である。

この法案では関係省庁の支援が中心市街地活性化に対して行われるところが最大の特徴である。国の制度は各省庁ごとに分かれているが，それらを複合的に活用することを進めている。例えば，建設省の助成制度を活用して再開発を行い，再開発後のビルを通産省の助成制度を活用して取得・運営するといった方法が可能となるのである。いずれにしてもTMOの企画力や調整力が，事業の成否を決めるものとなるだけに地域の真剣な取組みが要求されている。

この制度ではTMOに対して次のように助成をする。

都市再開発やショッピングセンターのテナント管理等に関する専門家を派遣する費用

計画を作成するための調査研究費

また事業を具体的に実施する場合には

◇　TMOによるキーテナント誘致のための施設整備
　　家賃補填等への支援

◇　ソフト事業，施設整備事業について，TMOの調整の下で運営・実施される場合の上乗せ

などの支援もある。その他，要点のみを一部列挙しておくと次のようになる。

◇中心市街地への商業・サービス業の立地促進では，市町村の基本構想に沿って行うとしており，地域振興整備公団が中核的な集積関連施設の整備を行うことも新規のものである。またこの施設整備を行う3セクの経営基盤強化には，産業基盤整備基金から出資される点も重要である。そしてこれらの支援体勢が目指しているものは都市型産業の振興であるだけに，時代の潮流となっている物流システムの効率化・高度化，電子商取引の普及促進も含まれているのである。

◇商店街の施設整備や創業支援等の事業への支援では，商業インキュベータ（店舗），駐車場等の整備と関連ソフト事業の一体実施や，空店舗対策等の先進事業への補助，無利子融資，税制措置等が広範囲にみられる。

◇都市型産業については，地域振興整備公団による製販一体型事業支援施設，インキュベータ等の新規事業展開支援施設の整備，市町村等による施設整備への補助などが盛り込まれており，中心市街地の商業機能及び関連する工業分野の活性化を促進することも意図しているのである。

以上のように，中心市街地活性化法案は地域活性化を全面的に支援するものであり，殊に中心市街地を再活性するための手法を提示し，またその具体的支援を多機能にわたって行うところに，最大の特徴がある。それだけに，地方行政としても，この国の支援策に適合した基本構想（都市マスタープラン）を提案していかなければならないのである。

現時点では，この中心市街地の活性化法案の活用こそが地域を再度活性化

させ，地域の特性をより鮮明にする最良の手立てであると考える。ただ，その推進に際して地域の行政を始めとして，地元の企業も十分な支援体制を構築していかなくてはならないのである。中心市街地の活性化については，上記の指針にあるように地元からの発信が求められている。最後に通商産業省のガイドラインを今少し紹介しておく。

☆重要な点は支援対象の選定スキームである。

Ⅰ．支援の対象となる「中心市街地」の条件

①一定以上の都市機能の集積が存在すること

②当該市街地への都市機能の集積による市町村全体の活性化の潜在的可能性が認められること

Ⅱ．支援対象の選定方法

①国による指針の策定と支援メニューの提示

②市町村等が「中心市街地」を指定し，活性化のための基本構想を策定。中心市街地のゾーンの設定，集積関連施設の整備計画，公共施設の整備方針，タウンマネジメント機関を指定する場合はその機関

③上記の基準や計画の熟度等を審査の上，支援を実施

これで明らかなように，TMO の下に中心市街地を活性化させるためには当面の審査をクリアーしなければならないのであるが，その前提として地域が徹底して地元の総合的な都市計画を行い，尚且つ他の施設とこの中心市街地が如何に効率よく連携し，今一度地域の中心となるかをシミュレートし尽くさなければならないのである。換言すれば，この法律の適用を受けるには，他の関連法案との整合性を徹底して検討し，今後の市の将来計画はこの方向で決定するという最終案を提示する意気込みが必要なのである。従来のような微視的な地域（特定区域）のみの開発を支援するものでも，便宜的なものでもないのである。広域交流の創造の時代は，今や地方都市に及んでいるのである。地球サミットなどで膾炙されている『Think Globally, Act Locally』という言葉は，わが国の地域活性化に際しても，すべての人に必

要な視点であると考える。

98年8月25日に98年度版「規制緩和白書」が閣議決定されている。この白書では，その理念を次のように語っている。すなわち「事前規制型行政から事後チェック型擬行政への転換」である。2001年1月早々の省庁再編（一府十二省庁への移行）に政府の姿勢の現われが，こうした言葉に集約されたと考えられる。複数の省庁が横断的な連携によって共通施策を実現するということも，漸くここ3年目にして一般的な動向となってきた。日本の国政史上画期的な今回の動向の真意が，国の再生計画であることを見誤ってはいけないのである。日本の潜在力（豊富な人材と豊かな四季を持つ国土）の大きさに期待したい。

最後にまちづくり問題に関する参考資料の一部を以下に掲載して，この稿を終えることにする。ただ注視すべき点は，中心市街地の活性は，総合物流化動向を国家の最政策として位置付けた後，民間の活力と資源を“経営”という視点から効率的に行うことが求められているのである。

会社を創設するがごとくに，都市を経営していくという“マネジメント”意識が行政及び市民に求められている。知恵を出し切るという程の意気込みとその知恵を元に実行していく決意こそが，関係法律を身近なものにする前提なのである。まちづくりは国づくりであるという認識への接近が，国の再生計画の意図している今ひとつの目的を理解する鍵となる。今日の時代流と社会流は，大変革の次にくる新世紀日本の再構築を目指しているのである。

活性化対策の考え方

多くの都市で、中心市街地の空洞化が深刻な社会問題となっています。都市の中心部は、本来、市民の都市生活の場として賑わいが欠かせない場所です。商店街の衰退や住民の減少・高齢化の進行によって都市の中心機能が低下し、市街地が郊外へ拡大することは、環境問題としても、公共投資の効率という点からも看過できない問題です。

新しい制度では、従来にもまして、総合化と柔軟性を高めることに力を注いでいます。その基本的な考え方は、次の３点です。

1 **市町村のイニシアティブの重視**
地域の特性を活かした優れた街づくりプランを重点的に支援。

2 **関係省庁間の連携・協力**
道路・駐車場の整備、区画整理事業、公共交通機関の整備、各種公共施設や住宅の整備等の関連施策を一体的に実施。

3 **点（個店、特定商業集積）対策、線（商店街）対策から面の対策へ**
「中心市街地商業活性化ゾーン」（仮称）への商業・サービス業・都市型産業の立地を集中的に支援。店舗配置・業種構成等の管理を行う「タウンマネージメント」を導入。

このパンフレットではこの新しい制度の概要を紹介していきます。

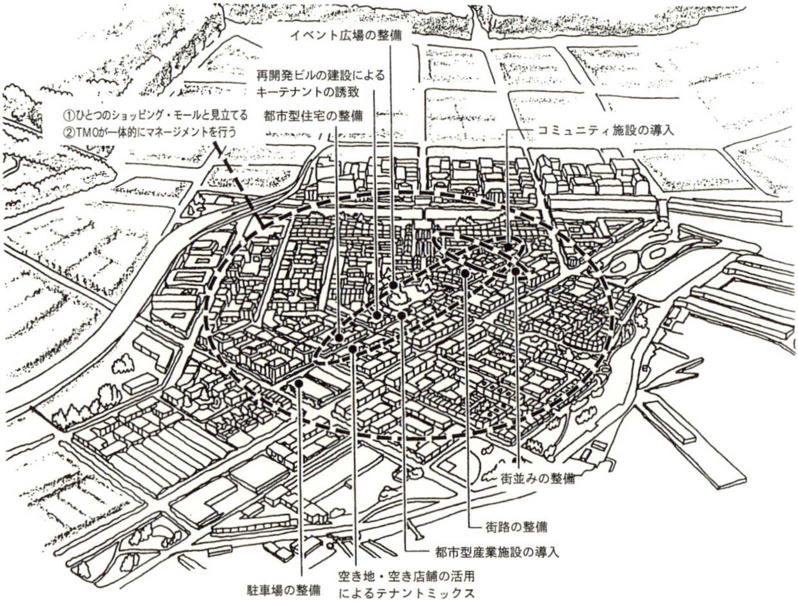

街づくり機関（TMO）の機能と役割

TMOは，その名の通り街づくりをマネージ（運営・管理）する機関です。すなわち，さまざまな主体が参加するまちの運営を横断的・総合的に調整し，プロデュースします。時には，施設の建設主体となることもあります。このようなTMOを図で表したのが下のチャートです。

TMOが具体的にどのような機関で，どのようなプロジェクトに取り組むかは，それぞれの市町村のマスタープランによって決定されます。ただし，国の制度としては，一定の条件を満たす第三セクターまたは商工会，商工会議所を想定しています。一定の条件とは，株主の2/3以上が中小小売商業者等であることなどです。

どのような形態をとるとしても，TMOの企画力・調整力が，事業の成否を決めることになるでしょう。そこで本制度では，この機関に対し，問い再開発やショッピングセンターのテナント管理等に関する専門家を派遣する費用，また計画を作成するための調査研究費等を助成します。

さらに，TMOが具体的に事業を実施する場合，次のような支援措置をとることができます。

①TMOによるキーテナント誘致のための施設整備，家賃補填等への支援

②ソフト提供，施設整備事業について，TMOの調整のもとで運営・実施される場合の上乗せ

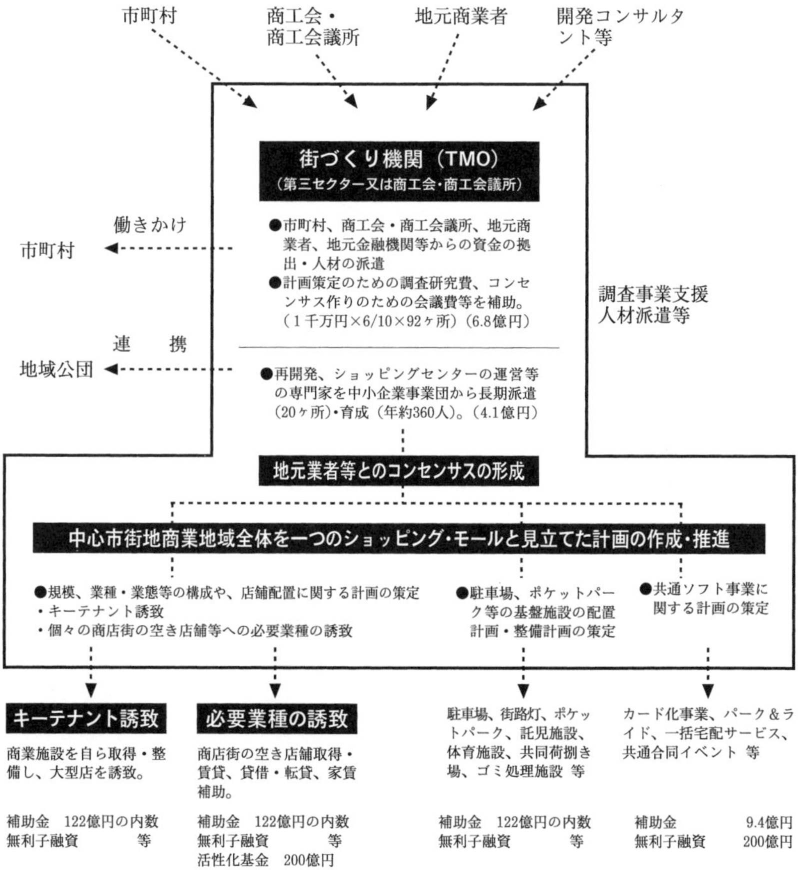

中心市街地の活性化について

モータリゼーション等の影響を受けて中心市街地の空洞化が進む中，地域経済を支える拠点としての中心市街地への商業・サービス業・都市型産業等の集積を図り，魅力ある事業環境の創出，高齢化社会等に対応した室の高い街づくり等を推進する。

1．基本的な考え方

⑴　市町村のイニシアティブの重視

地域の特製を活かしたすぐれた街づくりプランを重点的に支援。

⑵　関係省庁間の連携・協力

道路・駐車場の整備，区画整理事業，公共交通機関の整備，各種公共施設や住宅の整備等の関連施策を一体的に実施。

⑶　点（個店，特定商業集積）対策，線（商店街）対策から面の対策へ

「中心市街地商業活性化ゾーン」（仮称）への商業・サービス業・都市型産業の立地を集中的に支援。

店舗配置・業種構成等の管理を行う「タウンマネージメント」を導入。

⑷　大型店と中小店の共存共栄

大型店を中心市街地活性化の中核として誘致する場合には，関連の施設整備等を支援。

2．支援対象の舟艇スキーム

⑴　支援の対象となる「中心市街地」の条件

以下のような条件に適合する中心市街地を市町村等が指定。

①一定以上の都市機能の集積が存在すること。（商工業・公共施設の立地状況，都市インフラの整備状況等）

②当該市街地への都市機能の集積による市町村全体の活性化の洗剤的可能性が認められること。　等

⑵　支援対象の舟艇方法

①国による指針の策定と支援メニューの提示。

②市町村等が「中心市街地」を指定し，活性化のための基本構想を策定。中心市街のゾーンの設定，集積関連施設の整備計画，公共施設の整備方針，タウンマネージメント機関を指定する場合はその機関　等

③上記の基準や計画の熟度等を審査の上，支援を実施。

3．中心市街地における商業・サービス業・都市型産業振興策の概要

⑴　中心市街地への商業・サービス業の立地促進

市町村の基本構想に沿って，商業・サービス業集積関連施設の整備を行う。

①中核的な集積関連施設の整備（地域振興整備公団）

地域振興整備公団は，当該施設のうち収益性の低い部分（展示ホール，駐車場，共同荷捌き施設等）の整備を担当。

②集積関連施設の整備

・施設整備を行う3セクの経営基盤強化（産業基盤整備基金出資）

・施設整備事業に対する補助金，低利融資，税制措置等

㈲支援対象となる集積関連施設は，店舗のほか，展示ホール，駐車場，共同共同荷捌き施設等。補助金は，このうち収益性の低い部分を支援。

③佛立システムの効率化・高度化，電子商取引の普及促進

⑵　中心市街地における創造性あふれる中小小売業の育成

商店街の整備，中小小売店の競争力強化等を支援。特にタウンマネージメント機関（TMO）を中心に，施設整備事業，ソフト事業，テナント管理事業に対する支援を行う。

①商店街の施設整備や創業支援等の事業への支援

商業インキュベータ（店舗），駐車場等の整備と関連ソフト事業のいったい実施や，空き店舗対策等の先進事業への補助，無利子融資，税制措置等。

②タウンマネージメント機関（TMO）等の事業への支援

空き店舗の取得・管理・賃貸，施設整備，ソフト事業等を実施するタウンマネージメント機関への補助等

③タウンマネージャー養成，派遣等

タウンマネージメントを行うための人材の養成や専門家の派遣に対する補助

④中小小売商業者の情報化等に対する支援

⑶　「都市型産業」の活性化

中心市街地の商業機能等と密接に関連して事業を行う工業等の「都市型産業」の活性化・新展開を促進する。

①新たな事業展開を支援する施設の整備

地域振興整備公団による製販一体型事業支援施設，インキュベーター等の新規事業展開支援施設の整備，市町村等による施設整備への補助

②新たな事業展開や研究開発，生産施設のリニューアルに対する低利融資等の支援

平成9年8月　通商産業省

関係11省庁の中心市街地活性化関連予算等

－平成10年度政府予算等の主要項目について－

中心市街地の再活性化のため，市街地の整備改善及び商業等の活性化の一体的推進に関する措置として，関係省庁は，総額数千億円～1兆円程度の思い切った支援措置を実施。

【建設省：4,995億円】

○街なか再生事業の創設等面的整備事業の充実	913.0億円
○賑わいの道づくり事業の創設，中心市街地活性化広場公園整備事業の創設等都市基盤施設の整備と機能充実	3,872.0億円
○中心市街地活性化住宅の供給等住宅・建築物の整備	210.0億円

【通産省：1,000億円超】

○中心市街地への商業・サービス業の立地促進	(222.4億円)
○中心市街地における想像力あふれる中小小売業の育成	(871.1億円)
○都市型新事業の立地促進	(29.2億円)

【自治省】

○中心市街地再活性化のための施設整備等に対する地方債及び交付税措置等による地方公共団体の支援

ソフト支援交付税	450億円
ハード事業地方債許可	500億円等

【警察庁：171.5億円の内数】

○交通安全施設等整備事業等	(171.5億円)

【国土庁：319.5億円の内数】

○中心市街地活性化支援事業等	2.5億円
○関連事業（国土総合開発事業調整費等）	(317.0億円)

【文部省：142.5億円の内数】

○社会体育施設整備費補助金等	(56.8億円)
○文化財建造物保存修理等事業等	(85.7億円)

【厚生省：3,504.6億円の内数】

○社会福祉施設等施設整備費	(1,904.7億円)
○老人日帰り介護（デイサービス）運営事業	(1,088.6億円)
○在宅介護支援センター運営事業	(268.3億円)

【農林水産省：100.3億円の内数】

○食品流通構造改善基盤施設整備事業等	(11.5億円)
○卸売市場施設整備	(88.9億円)

【運輸省：4.405.2億円の内数】

○中心市街地活性化のための施策の総合的推進	0.5億円
○バスサービスの高度化•物流の効率化	(14.0億円)
○鉄道サービスの高度化，街づくりと連携した鉄道施設整備	(614.5億円)
○街づくりと連携したウォーターフロント整備	(3,750.9億円)

【郵政省：73.1億円の内数】

○「マルチメディア街中にぎわい創出事業」の創設	6.4億円
○郵便局舎の整備・充実等	(66.8億円)

【労働省：134.0億円の内数】

○中小企業労働力確保法に基づく支援施策	(128.8億円)
○地域職業訓練センターの設置	(5.3億円)

中心市街地活性化に関するモデルスケジュール（暫定版）
（市街地の整備改善と商業等の一体的推進）

平成 10 年 6 月
中小企業庁小売商業課

中心市街地活性化法における支援措置を活用し、中心市街地の活性化を図る際の事業スケジュール等のモデルケースを想定する。

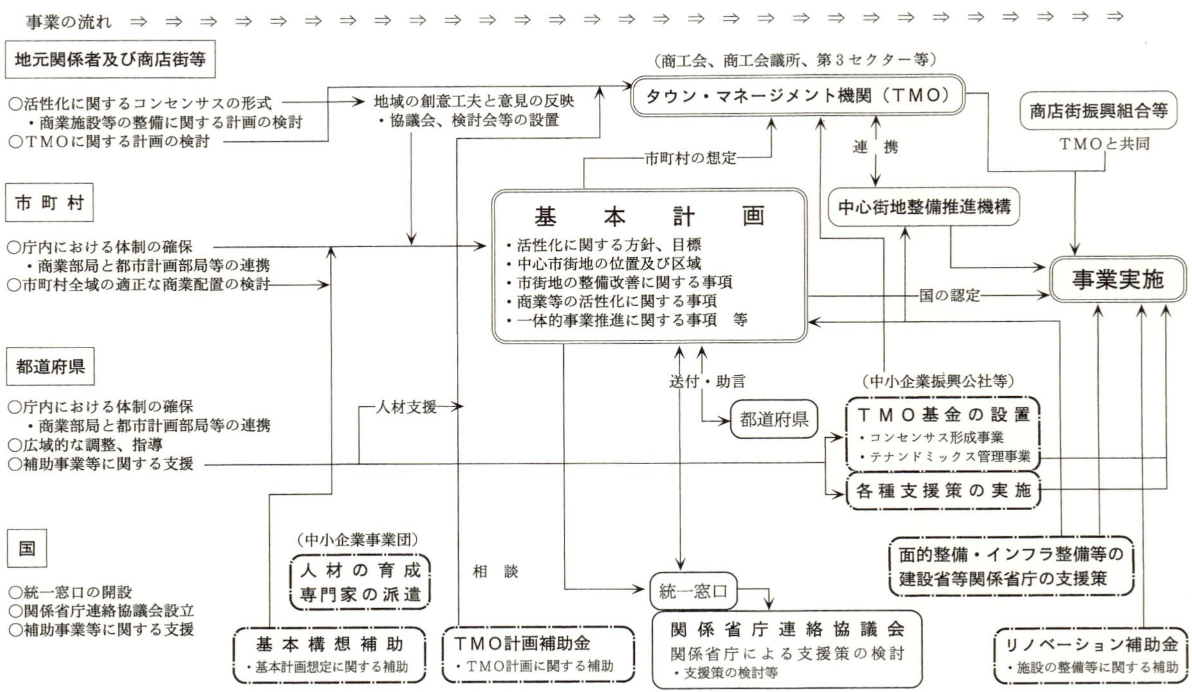

主な参考文献

・大島俊一著『地域活性化と広域交流の創造』創成社，1997.
・富山和子著『水と緑と土』中公新書，1987.
・石水照雄編『都市空間システム』古今書院，1995.
・「21世紀の国土のグランドデザイン」国土庁，1998.
・「まちづくり問題に関する参考資料」日本商工会議所，1998.
・「新たな道路整備五箇年計画（案）」建設省道路局，1997.
・「今後の住宅・社会資本整備の方向性について」1995.
・中村英夫・樺山紘一監修『新くにづくり論』第一法規，1996.
・「広域交流圏構想」広域交流研究会，1994.
・拙稿「都市機能の変化と新時代への潮流」中部大学産業経済研究所紀要第 7 号，1997. 3 .
・拙著『ビジネスと経営管理』成文堂，1995.
・大野輝之・レイコ・ハベ・エバンス著『都市開発を考える』岩波新書，1992.
・「日本の将来」潮出版，春季号，1971.
・「まちづくりスタートアップ・マニュアル」日本商工会議所，1998.12.

第5章 都市開発と社会資本整備

はじめに

端的に言って，現在の日本に欠けているものの代表格は品格と誇り（プライド）であると考える。旧態然とした職務権限を縦横に行使しながら責任を果たせないこの国の政財官界のトップたちの積年に及ぶ愚行の数々は，市民社会に対する悪影響の根本的な懸念材料になっているが，それ以上に憂慮すべきことは，国民を一様に失望させ，また法律を遵守することの大切さをあざ笑う知能犯を生み続けるという現象を蔓延させていることである。こんな状況では21世紀日本は，誰がどのように考えても“大変”の一語に尽きる。一人や二人ぐらい，国民から本当に「敬慕され期待される人物」が政治や経済の表舞台に立たないと，この不安と不満の充満する社会の澱は本来向かうべきはずの時代の流れを大きく折り曲げて，より一層混沌とした社会を作り上げてしまうかもしれない。長期的な視野をもたない小手先だけの器用さだけでは，もはや何らの有効性も発揮できるものではないのである。金融・証券業界を初めとしてバブル期に不動産を巡って違法の限りを尽くし，しかも新聞のスクープによって実態を暴かれた後においても被害者を装って国家の危機的状況を招いた結果責任をいとも容易く回避して，性懲りもなく国民全体の高額な税金（公的資金）で処理を計ることに専念したことは，誰が何と言い訳しても間違っている。

日本（人）の歴史的，伝統的・美的価値遺産と言ってもよい普遍的「良識」（人に迷惑を掛けない）がこんな形で呆気なく台無しにされる国家の有り方に対しては，やはりこれまでの社会の仕組み（海外からも護送船団方式，株式会社日本丸という呼称があたえられている）が“異常をきたしている”という共通の認識が必要なのではないだろうか。われわれ日本人には伝統的に他者とのコミュニケーションの前提として，“性善説”を採用する価値観が存在していたことを想起すべきてはないだろうか。

これに対して戦後の社会は，西欧化したビジネス風土に一挙に最適合しようとしてまるで“性悪説”を行動本来の前提とする国民であったかのように変貌させ，国を挙げて人を押しのけ勝ち負けに拘る“マネーゲーム”の虜に変身させて，気が付けば国民の意識を「お金の獲得こそが人生の目標」であるかのように誘導してきたかにみえる。そして結果として，現状を見渡せば地域共同体までも擬似会社・組織人間集団へと変貌させて，先祖が営々として守り伝えて来た全国各地の名所旧跡にまで，何かしら便利さと機能性優先の指標を完全に浸透させており，無残にも昔を忍ぶ縁は消失させられてしまっている。（その一例は，日本を代表する都市（京都や奈良）でさえ重要文化財級の古寺の入り口付近に，料金徴収のために設置された安直な駐車場と全くお粗末なトイレによって折角の歴史的建造物や自然景観などが寸断され，旅行者を落胆させることが多いのである。）

僅かに残された昔の町並みや名所旧跡でさえも，周辺地域との違和感を一見の内に覚えさせるものが多く，先祖が営々として苦心を重ねて継承してきたもの（殊に美観と風情）を余りにもあっさりと，価値無化の方向へと転換させたことは，諸外国に今なお多数存在する創建当時の“威風堂々とした姿”で世界中の人々を迎える名所・旧跡とは格段の差がついている。それだけに世紀末を目前にしたわが国に対して“だらしの無い国家”という印象を拭うことが出来ない「憂国の人々」はかなり存在するのではないだろうか。とはいえ，その一方で“失ったもの”の価値の大きさに気付き始めた多数の庶民の良識は，徐々にではあるが本来あるべき姿を希求し始め，この国の社会システムを機能性重視の御旗の下にパターン化してきた旧勢力に対して，袂を分かつ行動を開始しているのも事実である。

2000年3月の時点でも依然として戦後最悪の雇用状況は続いていたが，それにも関わらず治安が悪くなっていないということが，わが国の唯一の救いである。そんな中で気掛かりな現象は，第一に全国各地から伝統（産業・工芸）技術を持った人がいなくなり，また第二に農業従事者も高齢化して米を作るということができなくなり，第三にそれらの後継者が不在のまま最も大切な職業（職人）が日本から消えていこうとしていることである。更に何よりも心配なことは，全国各地で“土の温もり”を知らない子供たちが増え続けていることであり，自然（四季）の変化とその恵みに無縁な子供たちが大人となっており，汚れや汗を嫌う生活行動を当然視する若者たちが増大していることである。

今や国民の殆どが生活手段のすべてを他者の労働に依存しているという厳然たる事実を想起すれば，こうした現象は由々しき喫緊の問題として国を挙げてもっと真剣に審議すべきなのではないだろうか。客観的にみても，諸個人の“生活適応力”の範囲が極端に縮小しているのは否めない事実であると思う。これが紛れも無い，日本の現実の姿であると断言できるのではないだろうか。戦後50数年間，疑うことなく近代化・西欧化を追い求め，「文化」さえ模倣し続けたわが国の基本原理及び姿勢は，今重大な岐路に立たされているのである。個人としてはわが国の現状に対して上記のような様々な感慨を抱いているのであるが，筆者の今日までの僅かな経験では，中部地区を例にみても経済団体や行政担当者は，概ね会議の席上では他県の先進例を議題として紹介することを好まない傾向があるように思える。ここで「他山の石」の教訓を強要するものではないが，郷土意識が強くなりすぎて，他都市の先進例をその背後関係にまで溯って捕捉し，時代の要請を真剣に論議しない姿勢は，些か度量が狭いと言えないだろうか。

例えば近時の事例では，98年4月に開通した明石海峡大橋の「影響」と「効果」の問題がある。世界的にも認められている難工事を無事達成したこの大橋の開通によって，四国経済は関西経済圏と従来まで船便で4時間かかっていたものが1時間に短縮されて往来出来ることになり，運送業者を初めとする物流部門の大幅な効率化（海上交通から陸上交通への歴史的転換）が促進され，地元業者の関西圏や中国・九州圏への自社製品の進出が大幅に活発化して新規事業（VB）が多数誕生しているのである。

中部の将来像の構築に際して，大いなる先例となると思われるこうした事例をあらゆる会議や研究会を通して真面目に自分たちの問題として検討することがあまり見られないのは残念なことである。瀬戸内「３橋時代」が99年５月１日にスタートし，更に今後21世紀初頭に紀淡海峡大橋が出来れば，四国経済は関西圏だけでなく中部圏域にとっても重要な生活物資提供のパートナーとなってくることが当然予測されるのに，未だ国の全総計画に示されている「広域交流圏構想」の意味と，公共事業ではなく社会資本整備であるという明確な意識が確立されていないように思えてならない。ところが一方で，地元のプロジェクトとなる伊勢湾口道路については第二東名名神高速道路の整備や，最近では首都機能移転候補地論議の高まりと共に声高にあらゆる団体で喧伝されているのである。道路（殊に高規格道路）整備は，古来より単一の圏域内で完結するものではないのである。

歴史的にみれば，わが国の道路・水運（河川・港湾）整備は，諸国（全国）の人々の往来を活発にするための第一義的事業として展開されて来たのである。その整備が「都」を中心とした「街道経済圏」を実現させ，領域単位毎の経済圏の充実と共に“国家維持”が達成されてきたのである。歴史から学ぶべきものは現在でも数多くあるはずである。それ故，国や地方の行政担当者も事業の理念や規模，採算性や地域経済及びGDPなどへの影響度や進捗状況等に関する正確な情報をもっと一般市民に適宜開示すべきであって，住民の理解を得るという美名の下に，逸早く暗躍する地域エゴとの水面下の交渉に左右されたり，またその対処・応答の際の言辞に明け暮れていたのでは，公僕たる責任を果たすことはできなくなるのである。悪しき旧例とそこから派生する強制的慣行から脱却しなければ，事業そのものが当初のビジョンからかなり後退したものになり，結局は税金の使途に疑問を抱かせ，政治不信を高めてしまうという悪循環を具現してしまうことになる。

92年８月（事業規模10.7兆円，国債発行額2.26兆円）から98年11月（事業規模約24

兆円，国債発行額10兆円）まで，計8回に及ぶ国の総合（緊急）経済対策（総額は事業規模で約107兆円，国債発行額は約34兆円）に対して，マスコミは道路・橋梁などの公共事業投資重視であるとして十年一日の如くに批判的報道を繰り返しているが，道路網（高規格道路を中核とする）のネットワーク（リンケージ）化を完成させることは，混迷の続くわが国の将来にとって是非とも必要な事業であると考える。というのも，客観的に欧米との比較をみると，格段に高規格道路網が未完成であり，陸海空の輸送貨物に伴う物流コストの削減も十分とは言えず，すべての市場製品が高コストとなっている日本の構造的・産業的欠陥を指摘するものではないからである。

産業界の現状を見渡せばメーカー（関係会社間）の工場出荷段階までの製品コスト削減競争は既に限界点にまで近づいており，市場への安価・安定良品供給のためには，何よりもこれらの輸送（物流）コストを大幅に削減できるようにすることが景気立て直しの最善策であると考える。徒な思惑の介入する市場の論理に左右され，国際的市場価格という名の無理やりの値段（原価）をベースとした激しい売上競争は，このままでは日本だけでなく世界経済も機能不全の状態におとしめていくのではないかと暗い思いに駆られる。

とはいえ，いつの時代も「誰のため，何のため」という当然の問いに終始応え続ける姿勢が当事者に求められていると考える。つまり，どんな場合でも「国民のため」「安全で快適な生活実現のため」という大目標の達成が，事業（官から民間まで）の第一義でなければならないのである。日本という国の魅力（空気と水がおいしく，四季折々の景観も人の心を和ませる風情をもつ）は，現況での不景気風の蔓延する中でも，依然としてその価値の大半は損なうことなく存在していると考えたい。

大都市や地方都市のもつ魅力（吸引力）は，郷土の自負に裏付けされた庶民たちの自己実現（見栄・お国自慢）でもあったということを想起すべきである。地方と「都」が表裏一体となって機能していたからこそ，日本は全国がそれぞれ固有の特性を育み，今日まで継承されてきているのである。高度成長期以来，人々の生活行動は急速な海外渡航者の増大や「ディスカバー・

ジャパン」の掛け声と共に始まった国内旅行客の大移動などの現象にみられるごとく，既に日常性の中に時間的にも空間的にも広域指向を獲得しているのである。確かに時代は変貌を続けているが，最も大きな変革を遂げたのは眼前のモノの豊富さよりも，むしろ人々の「生活意識」そのものの世界の拡大である。

Ⅰ．国の中心施策と社会資本整備

Ⅰ－1．時代の流れ

一国の社会資本整備の代表格は，古代ローマの街道整備の歴史を繙くまでもなく，その有効性と普遍性の面からみればやはり「道路事業」であると考える。1965年7月に名神高速道路が全線供用開始され，更に69年5月に東名高速道路が全線開通した後のわが国の経済発展の推移を今一度想起すれば，これは当然のこととして受け止められると考える。時系列的には64年10月の東海道新幹線の開業をまず第一に掲げるべきかもしれないが，この後35年間に亙ってわが国の新しい歴史を作ってきた本源的資産としての公共事業（中でも高速鉄道と高規格道路整備）計画は，現在に至るまで財政的には幾多の批判を浴びながらも，先進諸国に並び得る社会資本整備を目指しているのである。98年3月に発表された国土総合開発法第7条1項に基づく「第五次全国総合開発計画」では，陸上交通網について次のように記載されているので引用しておく。

すなわち［国土を縦貫あるいは横断し，全国の主要都市間を連結する14,000kmの高規格幹線道路網とこれを補完し地域相互の交流促進等の役割を担う地域高規格道路が一体となった規格の高い自動車交通網，並びに大都市圏，地方中枢都市圏及び主要な地方中核都市を結ぶ高速鉄道網により，国土の骨格となる基幹的な高速陸上交通網を形成する。このうち，地域高規格道路については，既存ストックの有効活用も含めて，6,000～8,000kmの整備を進めることを目指す。また，この基幹的な高速陸上交通網に直結する地域の主要な道路網及び鉄道網を通じ，各地域からこの高速陸上網への至近のアクセスが可能となり，「地域半日交通網」の形成も進む。」

ここで重要なのは地域半日交通網の形成の箇所である。これは大都市間を結ぶ「横の主軸」の形成が概ね目処が立ち，道路整備も大都市と地方都市を結ぶ「縦の主軸」が連動し始めたことによって，いわゆる「大廻り」をせずに，最短距離の移動が可能になってくる結果として，地域間の相互交流が大幅に促進されるからである。換言すれば，地方は地方のまま存在することで自立出来る可能性が大きくなっていくとしていることである。

最近の新聞紙上でも，わが国の道路網整備事業が大都市間の幹線道路整備から，地域間を連結する横断的な機能を持つ計画に沿って実現されてきていることが十分理解される。例えば中部圏でも98年12月13日に東海北陸自動車道（愛知県一宮市～富山県小矢部市間の総延長約185km）の整備計画の内，一宮ジャンクション～尾西インターチェンジ間の約3.9kmが開通し，これによって高規格幹線道の名神高速道路と直結した。現時点での開通区間は一宮ジャンクション～白鳥インターチェンジまでではあるが，21世紀当初までには全線開通の見通しが立っている。問題は，その名称にあるように太平洋側の東海地域と日本海側の北陸地域が連動されるということである。これによって，この二つの地域経済間の交流は従来までとは異なり，大幅な時間短縮が可能となって飛躍的に推進されることが予測され，また経済の活性化に対して緊密なパートナーとしての役割を果たしていくことになるのである。具体的にはこれら2地域の事業者や住民（個人）にとって，相互に日勤の仕事圏や一日のレジャー圏になることから，モノの流れ，人の流れが活発化していくのである。

中でも特に重要なのは，モノの流れが飛躍的に進展するということである。商品市場は，物流分野における時間短縮によって左右されるものだけに，より一層の物流の効率化に向けてのビジネス機会の胎動が大きなものとなっていくことが，こうした道路整備計画の付加価値的側面なのである。現実的にみて世界中の産物が全国津々浦々にまで浸透しているわが国の特異性を想起するならば，道路建設は循環型の道路網が完成するまでは全国各地の社会資本整備の基盤として必要不可欠なものである。それだけに，地域の総合的な活性化を周辺地域にまで同時に広域的に伝播・普及させる実効性の優れた施策が，矢継ぎ早に国を挙げて推進されているのである。

十数年来，地域との係わりを深める中で得た筆者自身の結論では，地域の未来図創造に関して従来型の都市計画の在り方はもはや通用しないということである。客観的に見ても，世界中に「安全」と同様主要な関心事となってきた「環境」問題や，21世紀初頭に世界の先進例となるわが国の少子高齢化社会，そして多岐多様にわたる国際化動向の現実的普及及び急速な軽便情報機器の家庭生活（若年世代を中心とする携帯電話など）への浸透，更にEメールの普及につれて惹き起される世界向けの情報受発信，企業・行政の経営活動の結果責任としての情報公開（ディスクロージャー）など，問題は山積しているのである。こうした中で全国的な市民の「まちづくり事業」への参加意識の高まりは，居住地域内のプロジェクトに止まらず国政の在り方にも及び，トータルな観点からの適正な施策の実現を要望し始めており，同時に税金支出に伴う公正さを痛切に求め，行政の総合計画を構成する各種事業に対しても時宜を得た提案を行いながら“自分たちのまち”の将来図の構築とその実現を目指す勢力へと着実に育ちつつあると考えられる。

現下ではこうした二つの動向の相乗（シナジー）効果をどのようにして結合していくかが，わが国の再生計画の“核”となっているのである。それだけに地方の特色を生かしながら，陸海空の機能連携する物流動脈を形成して“ものの流れ”と“人の流れ”を活性化させていくという施策やそのための手法の検討が促進されているのである。

筆者はここ数年来，わが国の「総合物流化への潮流」をテーマに研究を進めている関係から政府の各種法案の検討を行っているが，そのベースとなるものは「総合物流施策大綱」（平成9年4月4日，閣議決定）と「経済構造の変革と創造のための行動計画」（平成9年5月16日，閣議決定）である。それ故，これらの法案を検証した論文を既に2つ発表し，また98年10月3日には東海・北陸地区大学放送公開講座において「国際化と総合物流化への潮流」と題してTV（名古屋テレビ）の中で，中部圏域での中核拠点整備地域の特定と事業化に至る経緯について試論を紹介してきた。筆者としては，上記の「物流大綱」及び「行動計画」が具備している内容と今後の国民経済全般に対する影響度などを適宜解説してきた次第であるが，本稿では21世紀に向けたわが国の地域振興策として98年5月頃から一般紙の中にも頻繁に登場してきた21世紀型の事業方式，即ち「PFI」についても論究を加え，改めて総合物流化動向との関連性を明確にしたいと考えている。

PFI（Private Finance Initiative）の問題点については，拙稿「総合物流化への潮流」（中部大学経営情報学部論集，13-1，Dec.1998）で全国13地域で推進されている物流大綱のフォローアップと大深度地下利用整備動向との相関から論を展開してきたが，ここでは今国会で成立することになったこのPFIの法制化の経緯と概要について検討を加え，更に筆者が99年4月に愛知，岐阜，三重，長野，静岡の5県，計245の市町に対して実施した「自治体における公共施設整備に関するアンケート」の分析結果から類推される試論を付加しておくことにする。始めに「日本版PFIのガイドライン」の概要版があるので，先ずそれを掲載して国の考え方を把握しておきたい。図表（1－1）

次の図は建設省が平成10年5月19日付けで公表した資料から転載したものである。つまり［「日本版PFIのガイドライン」について　民間投資を誘導する新しい社会資本整備検討委員会中間報告］と題された概要である。これを見ると4つに大別されており，その適応範囲が国土形成のすべてにわたっていることが理解されると思う。内訳は以下の通りである。

Ⅰ．新しい社会資本整備方策の考え方

Ⅱ．新しい整備方策の適用が考えられる事業の分野

Ⅲ．推進のための環境整備

Ⅳ．事業の実施手続きの例

各々の項目について詳細は省くことにするが，第一に社会資本整備の必要

（図表Ⅰ－1） 日本版 PFI のガイドライン

Ⅰ 新しい社会資本整備方策の考え方

1．新しい社会資本整備方策推進の視点

○財政支出の有効活用による社会資本整備の充実
○官民の役割分担の見直し
○民間事業機会の創出

2．新しい整備方策の枠組み

(1) 基本的考え方

① 日本版ＰＦＩは，民間の参加とこれによる市場原理等の導入により，社会資本の効率的整備と公共の財政支出の有効活用を図ることによって社会資本整備を促進することを目的とした整備手法
② 従来公的主体により行われてきた社会資本整備事業を対象とする
③ 日本版ＰＦＩは，公共の適切な関与のもとで，民間の発意・創意工夫をいかしつつ，民間の主体的な経営判断により行われる
④ 官民の役割と責任の分担，リスク分担，公的支援の程度などは，基本的には民間事業者と管理者等との協定によって定める

(2) 協定における重要事項の考え方

① 公共主体の役割は，政策目的を効果的かつ最小のコストで実現するため，可能な限り市場原理に任せ，民間事業者の参加を促進するための環境整備に重点を置く
② 事業に伴う種々のリスクは，最も適切に管理できる主体が分担
③ 公共側の持つ社会資本整備の計画に整合が図られていることから公的支援が行われることは妥当であるが，通常の公共事業よりもサービス水準の向上も含めて実質的に公的負担が軽減されることが前提

Ⅱ 新しい整備方策の適用が考えられる事業の分野

第１類型 料金徴収型　料金収入又は関連事業収入を充当することにより民間事業者が整備費用を回収するもの。

市場では供給が困難であるという公共施設本来の性格から，このタイプの事業の発掘には様々な課題があると考えれるが，事例ごとに成立の可能性を探る必要がある。
また，地下共通路等については，関連事業収益を整備費に充当することが考えられ，民間事業者からの発意を尊重しつつ，その推進を図る必要。

第２類型 一体整備型　公共施設と民間施設とを一体的に整備することにより，公共施設整備を単独で実施するよりも効率が向上する（公共負担が軽減される）もの

民間の参画により，公共施設等の効率的整備が図られるほか，利用者の利便性の向上等も期待できる。また，都市開発事業，各種複合施設整備などの可能性が考えられ，官民連携施策の一環として積極的に推進していく必要。

第３類型 公共サービス購入型　公共主体に代わって民間事業者が施設を整備・管理することが相当合理的であり，当該公共主体から対価を受け取るもの

民間事業者が建設・管理する施設から提供されるサービスに対し，公共主体が対価を支払うことにより，効率が向上する事業。例えば，
・運営面を含めて民間に高度なノウハウがあり，これを活用して効率的，合理的な計画・建設・運営が期待できるもの
・耐用年数が短い又は陳腐化が早い施設を必要とするサービス
・ニーズの変動の大きい，又は将来小さくなることが見込まれる公共サービス
民間が施設建設を行い，単純に公共に貸与，分割譲渡するものについては，英国においてもＰＦＩとして扱われていないことに留意する必要。

Ⅲ　推進のための環境整備

1．ファイナンス上の課題

○プロジェクト・ファイナンス導入の基本的考え方
○具体的検討事項（介入権の確保，第三者仲裁機関の設置等，キャッシュフローに対する担保権の設定等，融資の確約，商法上の配当制限の緩和）

2．公的支援

○補助金（従来の公共の負担額に比べその額が軽減されることが原則として必要）
○税の特例，○出資（国による直接の債務保証，出資については民間の自主性が損なわれないよう運用に当たっての配慮が必要）
○その他の公的支援〈計画調整，用地取得，関連公共施設整備等の負担等〉
（個々の事業案件により必要とされる内容が異なることから事業毎に協議により決定）

3．その他法制上の課題

○事業者の法的な立場に係る課題
○長期債務負担行為に関する課題
○公共が所有する土地等を有効に活用するための課題
○事業者選定や政府調達手続き上の課題

4．推進のための情報公開等

○整備プログラムの情報公開
○官民連携組織の設置
○推進のための周知措置

Ⅳ　事業の実施手続きの例

1．事業の発意

○民間からの発意が望ましい
○特に導入当初は民間からの発意を持たず公募することも必要

2．事業者の募集

○公告，○参加意向の申し出，○事業者の募集，○事前資格審査，○提案書の提出

3．事業者の選定

○提案書の評価（評価の視点：公的支出額の大小，移転されるリスク，サービス内容等）
○優先交渉権者の選定，条件交渉，○事業者の決定

4．事業に係る協定の締結

○事業会社の設立，○協定の締結

5．資金の調達

○民間事業者は自らの責任にをおいて最適と考える手法により資金を調達

6．事業破綻時の対応

○極力民間により事業修復を実施
○事業会社の帰責事由による事業破綻時，市場価格で代替事業者に承継，不可能な場合，管理者が引き受ける

7．施設の移管

○管理者への移管は，無償，あらかじめ定めた価格，その時点での市場価格等によるが，その方法は協定において明記

性の説明として「考え方」があり　→　続いて「事業の分野」を措定し　→　そのための「環境整備」を具体的に示した上で　→　「実施手続きの例」を明らかにしているところが，この法律の最大の特徴である。戦後最悪の事態を招くに至った国家経済体制を前提に21世紀日本の再生計画を実行していくためには，何よりも国が既存の因習から脱却し，思い切って政策・方針を大きく転換することが不可欠である。その骨子はやはり国と地方公共団体との間に対等・協力の新しい関係を築く地方分権の推進（地方分権一括法案は今国会で成立）であると考える。これによって中央集権的国家運営ではなく，地方の活性化のために権限が委譲されていき，公共性の高い社会資本整備事業に際しては積極的に各地域の民間及びその資金を導入して事業を展開し，更に当該地域の開発に終始することなく圏域単位に及ぶ広域的な交流が可能となる事業活動のネットワーク化を順次促進して，活力ある日本の再建を達成するという明確な国の方針が策定されるからである。

今回のわが国の不況は，衆知の如くバブルがはじけてから始まった長期停滞の延長上にあり，しかもこの大停滞の原因はいわゆる「右肩上がりの経済に酔いしれたあげくの莫大な“つけ”」とも言うべき２つのデフレ圧力である。第一は既に８年目を迎えることになるバブル崩壊によって株価で460兆円，土地で630兆円もの資産が失われたことであり，第二は戦後世界を一変させる契機となった冷戦の終結（ベルリンの壁の崩壊，ソビエトの崩壊による）によってもたらされた約30億人にも及ぶ途上国民の市場経済への参入と過激な競争による価格構造の下落である。わが国の土地神話の崩壊現象は，過剰投資や過剰雇用構造を一挙に押し潰し，リストラを製造業を中心に喫緊の課題として迫り，また「含み資産」の旨みを前提に成立・維持していた日本的経営慣行（企業間カルテル）を一瞬の中に機能不全の状態に陥れ，加えて金融資産ベースでの強気一辺倒の資金運用は呆気ないほど脆く再生不能といえる綻びを随所にみせ，金融・証券業界をはじめとする巨大企業の倒産の連鎖を誘発してしまったのである。北海道拓殖銀行や山一証券などの名門企業の倒産は，戦後日本経済発達史の終焉を物語る序曲となった感を拭えない。

PFI法案はこうした渦中に急浮上したものである。ここで少しその成立に至る過程をみておくことにする。すなわち平成9年11月18日，経済対策閣僚会議で決定された緊急経済対策で，社会資本の整備に関し，PFI（Private Finance Initiative），BOT（Build Operate Transfer）等の新しい整備手法が提唱され，政府としてもそれらの検討をすることが水面下ではなく正式に決まったことに端を発しているのである。既に建設省では，同年5月29日に事務次官を委員長とする「PFI推進会議」を設置しており，当日の初会合では民間からの相談や事業規模などに対応するために関係各部に「PFI相談窓口」を設けることに決めていたのである。

一方，経済企画庁総合計画局の発表している「調査費（補正予算）の使途等の取り扱いについて」（平成10年度の補正予算でPFI推進のための調査費の要求）を見ると「3.調査の背景」として次のように記されてあるので掲載しておく。

[厳しい財政事情のもと，「官から民へ」という流れの中で民間資金や経営能力，技術　的能力を活用した社会資本整備手法であるPFI（Private Finance Initiative）の導入が注目されている。PFIの導入により公的施設等の整備に際し，公債発行の回避，工期の短縮，事業費の削減，低廉かつ良好なサービスの提供，民間企業にとってのビジネス機会の拡大等のメリットが考えられるが，契約に係わる諸手続きが複雑となったり，事業破綻時の処理等の課題もあげられている。またPFIの考え方を実際に日本の事業に適用する際には，イギリスに比べて不十分と考えられる透明性の確保，すなわち，行政の説明責任の遂行，費用の便益の総合評価，情報公開等を徹底する必要がある。]

また「4．調査の内容」では，その主旨と目標及び効果が次のように指摘されている。

［PFI の対象となり得る事業の市場把握，適切な PFI 手法の導入，官民の役割分担，公的支援の内容等に表する調査を行う。この調査結果は「民間資金等の活用による公共　施設等の整備等の促進に関する法律案」で規定している「基本方針」や「実施方針」に反映できるものである。なお，PFI 事業を実施する省庁が多岐にわたることから，これまでも社会資本整備および経済政策にかかる総合調整を行っている経済企画庁に調整費として計上し，その後，経済企画庁が執行あるいは関係省庁へ配分する。このことにより，関係省庁の行う調査の重複が避けられ，政府全体として統一した枠組での PFI 事業が推進され，総合効果が期待できる。］

経済企画庁が PFI 推進のための調査費の要綱・様式等を定め，補正予算成立後に各省庁の要求内容を把握し，速やかな調査活動を行ったことは今後の動向を把握していく上で注視すべき点である。

実際平成10年度に行われた各省・関係機関の調査活動は，かってない迅速さの下に総合的な検討課題摘出と日本の事業環境に合致した日本型手法の具体的構築を目指して行われたのである。というのも，この調査予算の費目は「国民生活安定対策等経済政策推進費」となっており，しかも副題は「民間資金活用等経済政策推進に必要な経費」となっていたからである。国民生活安定対策推進費という“美名”の下にあっては，どのような調査も行えるということになると考えるが，とにかく平成11年度の国会会期中（7月23日）に法案成立へとこぎつけたということは評価すべきであり，またこの手法が前政権の経済構造改革で打ち出した［政府は民間の活力を引き出す脇役に徹することが重要］（平成8年12月24日，日経新聞）とする基本姿勢を具現したものであることは事実である。確かに財政構造改革では，大いなる手間をかける結果となっているが，元橋本首相が強調した［聖域を設けず歳出を削減する］（平成9年5月25日，日経新聞）とした指針は，現在も継承されており，それが2001年から開始される一府十二省庁への再編という日本の憲政史上稀にみる大改革となってきているのである。ただここで特記しておきたいことは，この歳出削減策の原案の骨子となっているのが［公共事業予算の配分については物流の効率化対策に資するものを中心に優先的・重点的に整備する］（平成9年5月27日，日経新聞）という事である。筆者がここ数年「総合物流化への潮流」を機軸に検証しているわが国の再生計画の状況突破策は，99年6月に入り漸く“目に見える”形となって現れて来たと言える。

Ⅱ－2．イギリスのPFI

PFIの先進事例研究調査のために，既に数多くの機関がイギリスを中心に視察を行っているが，日本でもこのイギリスの成功例を基にしたPFIが施行されることになった。イギリスでは現在も政府予算は年々削減されているが，公共部門が実施する事業の総額は約200億ポンドと言われ，その中の10%に当たる20億ポンドが民間部門で行われ，政府の財政支出の減額による社会資本整備の不足分をPFIプロジェクトが補完する役割を果たしているのである。

イギリスでは衆知のように，1980年代にサッチャー保守党政権下においてBritish Airway や British Steel, Rolls Royce 等の国営企業の民営化が行われ，その後もアウトソーシングやPFI事業推進のためのユニバーサルテスティング（Universal Testing：すべての公共事業についてPFI方式導入の可能性を検討すること）等が行われ，いわゆる「英国病」と言われていた国家経済の立て直しに向けた懸案を実行し始めたのである。米国のレーガン大統領に一歩も引けを取らない“鉄の女”と言われたサッチャー首相の剛腕振りは，80年代半ばの世界をリードしていたと言える。

今日でもウインブルドン方式と喧伝されている思い切った“金融ビッグバン”の実施による金融・証券業界の大再編成は，当初は数多くの国内有名企業を外資系企業の傘下へと追いやることとなったが，結果をみれば，世界の金融街としての“CITY”の盛況振りは往年の勢いを回復している。

PFIの先行形態とも言える事業は，Queen Elizabeth II Bridge（有料橋）の建設運営を民間によって行うと決定されたことである。このプロジェクトはロンドン市内のダートフォード地区のテムズ川を横切る全長 3 ㎞，4 車線の橋梁建設である。契約は86年 9 月に締結され，88年 2 月着工，91年 1 月竣工の後供用が開始されている。英国政府（交通省）から建設会社や金融機関からなる民間事業会社（コンソーシアム）に与えられた運営権（既存トンネルを含む）の期間は20年間であり，BOT 方式を採り，終了時点で施設を国に無償譲渡することになっていた点が，その後の PFI の導入に大きく起因しているのである。事業構成を見ておくと，次のようになっている。

事業主体：ダートフォード・リバークロッシング社

出資比率：1．トラファルガー・ハウス社（英国の建設会社）…………50.0％
2．プルーデンシャル保険（英国の生保会社）………………17.0％
3．グレインワート・ベンソン社（米国の投資会社）………16.5％
4．バンク・オブ・アメリカ（米国の銀行）…………………16.5％

総事業費は18,400万ポンドであり，この事業の資金調達は，出資者による出資と融資で賄われているのであるが，特記すべき主な公的支援は以下の 3 点である。

◆既存のトンネルの運営権が事業主体に譲渡されたことで，ここから上がる収入を本事業の資金として充当出来たこと
◇連絡道路の建設
◇用地取得

◆の公的支援策について，筆者としてはポート・オーソリティー・オブ・ニューヨーク・アンド・ニュージャージィーの事業手法を直ちに想起するのであるが，単一の事業にのみ適応するだけでは，事業自体の進化ともいえる都市創造のためのネットワーク事業への連続的なビジョンが描けないような

気がする。それだけにこうした事業方式は，絶えず次のステップ（Next Step）への連携を促進していかなければ，その真価は発揮されないのではないかと考える。

とはいえ，こうした経験を基にイギリスでは国有企業の民営化や執行機能を外局とするエイジェンシー化の過程を経て，メージャー政権下で公共事業の民間委託へのシフトを推進したのである。それが1992年秋から本格的に導入されたPFIであり，これにより道路，鉄道，医療，都市開発，情報システム，刑務所，教育，上下水道など事業対象と規模は拡大の一途を辿っている。

PFIに関してイギリスでは次の2つの要件を設けている。

1．VFM（Value For Money：公共資金の最も効果的な運用）の達成

2．リスク分担（公共が負担していたリスクの民間への移転）

重要なのは，このVFMとリスク分担を達成することであり，あくまで公共のサービスを提供することとしている点である。一般的にイギリスでは，PFIは事業手法というよりは「考え方」，つまり「理念」と見做されている向きが強いのである。97年に労働党政権（ブレア首相）となってから，このPFIは公共と民間の連携をより一層鮮明にしたPPPs（Public Private Partnerships）に移行（呼称変更）し，より広い概念として推奨されているのである。

本来ならば，イギリスのPFIについて詳細に論究を進めるべきかもしれないが，そのバリュエーションはケース・スタディー的なものが多く，そして各種の海外調査報告書の内容も機関や団体のメンバーの相違によってニュアンスが異なり，これらは専門外の者にとって論考を危うくする基になる可能性があと思われるので，わが国のガイドラインとの絡みからみて必要と思われるものを適宜参照することにする。

実際，海外調査団や各種委員会の視察報告書等を読む限り，先ず第一の直感（印象）は何といっても因って立つ“文化の相違”である。政治に携わる

ものの気質の違いというものが，如実に現れているという気がしてならない。成る程日本人と米国人のものの考え方は，戦後日本が意識的に国家再建の目標としてアメリカ的生産方式や生活文化を模倣し続けた結果，かなり似て来たかもしれないが，イギリス人と日本人では漱石が体験した如くまだまだかなり隔たりがあるように思える。国情では，例えばヴィクトリア時代と昭和の日本の近似性を唱えた人達もいることは事実であるが，やはり“個人主義”の本場での社会形成原理の在り方と人間関係の構築・継承の仕方は格段の違いがあるように思われる。

企業を取り巻く環境についても，イギリスではビジネスに対する根強い社会的評価が存在していたことを想起すべきではないかと考える。いわゆる“金儲け族”に対する社会の評価は，米国と比較してかなり低く（産業界内部の地位のヒエラルヒー：すべての産業部門の中で銀行家が最上であって，生産部門の給料は業界内で一番低く抑えられ，しかも企業首脳部に対しては，投資に対する財政援助の効果が理解出来ない等）といった評価が最近まで続いていたことは，70年代までのイギリスの経営者や事業方式に関する研究・調査では枚挙に暇のないほどに衆知の事実となっていたのである。

そのイギリスがここ20年の間に，公共事業の一部を民間の資金導入で行う政策に踏み切ったことに対しては，もっと根本的な国家の変容に至る直接的な契機や社会背景といった事象を正確に考察していくべきではないかという懸念もあるが，これ以上類推することは止めておく。

ここでは，イギリスがPFIを導入した背景および仕組について「ベイエリア委員会欧州調査団報告書－欧州のPFI・都市づくり・港湾整備に学ぶ－」（社，関西経済連合会ベイエリア委員会，p.p.30-31）に基づいて，今一度簡潔に整理しておきたい。

［背景］

1．財政再建（「小さな政府」政策，91年のマーストリヒト合意（財政赤字３％以下，政府債務60％以下））；通貨統合への準備

２．行政改革（民営化，エージェンシー化，保守党メージャー政権のシチズンズ・チャーターなど）

３．新しい事業化手法の導入

［タイプ］

☆．独立採算型　：

民間部門が設計，建設，運営，資金調達を行い，最終利用者から徴収した料金でプロジェクトの費用を賄う。（有料道路，有料橋，駐車場など）

☆．公共へのサービス提供型　：

民間部門が契約を結んだ公共部門にサービスを提供し，その費用が政府から徴収する料金で賄われる。（刑務所，病院，道路，情報システムなど）

☆．ジョイント・ベンチャー型　：

プロジェクトの費用の一部が政府予算から支給されるが，全体の運営，管理は民間企業が行う。収益は官民が共有するが，公共部門の収益とは財務的利益だけでなく社会的利益も含む。（都市再開発，ビジネスパーク開発，鉄道等：英仏トンネル連結鉄道，環状道路線など）

上記は，PFIの要点のみを示したものであるが，1980年代のサツチャー保守党政権以降，イギリスの財政再建や行政改革に本格的に取り組んで来た結果生まれたものであるということを，何よりも重視すべきである。一時の思い切った外科手術にも匹敵する大改革を果たし得たイギリスに学ぶべき点は，むしろその英断と精神力なのかもしれない。以下にイギリスのPFIの仕組みを表すパターン図表（Ⅰ－２）を掲載して，次の論考に移りたい。

（図表Ｉ－２）　１．英国におけるPFIの概要

⑴　ＰＦＩの意義，適用とその条件

①　意義

従来，公共部門によって建設運営されてきた社会資本の整備，公共サービスの提供について，民間の資金や運営ノウハウを活用する一つの手法である。英国において，1992年11月に導入された。(Private Finance Initiaveの略)

ＰＦＩ導入によって，通常の公共事業より，道路15%，刑務所10%，国民保険記録システムの場合最高60%のコストが削減されたとの実績が発表されている。

［典型的スキーム］

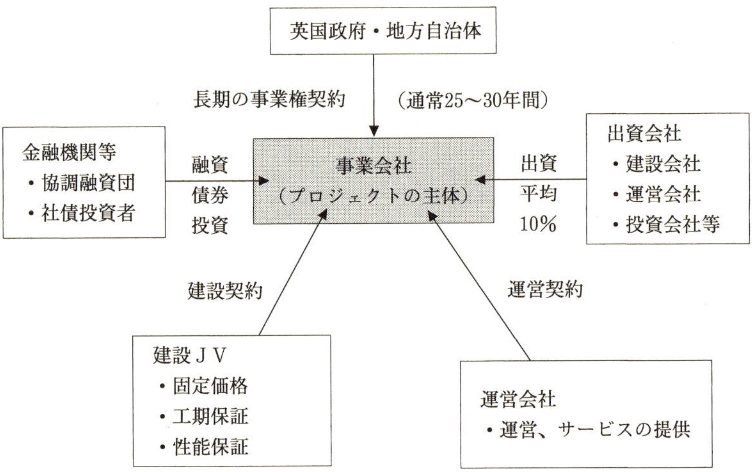

②　適用条件

民間セクターに運営するニーズがあるかどうか，民間セクターが相応のリスク負担できるか，市場性ある事業かどうか。

③　Value for Moneyの原則

「支払う金に応じた最高のサービス価値」－代金に見合った価値ある商品かどうか。

II．日本の選択

II－1．日本版PFIと国土再生計画

ここでは前章で概説したPFIについて，その経緯をまとめながらガイドラインに示された内容を詳細に検討し，この手法の下での社会資本整備の目指すものを明らかにしていく予定であるが，その前段としてこれまでの論考の基本視座を明らかにしておくことにする。筆者のPFI研究の切り口としているところは，次の点である。

1．PFIの導入によって最も大きく変化するものは何か

2．PFIの導入の最終目的とは何か

3．PFI法案成立までに，どのような法整備を必要としたのか

筆者としてはこうした問題点を絶えず脳裏に置きながら，関係資料を検討している次第であるが，現実的に専門的研究報告で紹介されている具体例はかなり詳細なものになっており，筆者の視座を明らかにしていくためには，枝葉部分は切り捨てることにしなければならなくなっている。これは筆者が，「総合物流施策大綱」の内包し，最終目標として意図している壮大な“新都市創造事業”の実現過程を研究している関係上，どうしても物流効率化にPFI推進法がどのように関連しているのかという強い思いがあるからである。

その思いを補強する新聞記事を紹介しておく。

［国有地整備にPFI　未利用地を民間賃貸：国有財産中央審議会（会長，志立託爾，三菱信託銀行最高顧問）は18日，国有地の管理・処分の在り方についての報告書をまとめ，宮沢喜一蔵相に提出した。国有地を使って公共施設などを整備する場合には，設計や建設，管理などに民間企業の資金やノウハウを取り入れるプライベート・ファイナンス・イニシアチブ（PFI）を活用し，資産を効率的に管理運営するよう提言した。また長期にわたって保有する未

利用地については，定期借地権などを導入して民間に貸し付けることも検討すべきだと指摘した。」(日本経済新聞，1999. 6 .19)。

同日の新聞では「産業再生法　時限立法に」という記事が大見出しで紹介されていた。

喫緊の課題となっているわが国の経済・産業構造を改革するためには，産業再生法の税制上の適用期間を３年程度とするというものである。新世紀創造事業の一環として，企業経営のモラルハザードをこれ以上悪化させないためにも，思い切った国の姿勢を示すべきであるとしたものと理解される。この法案は

◇企業の事業再編の促進

◇中小・ベンチャー企業の支援

◇国が保有する特許の民間移転推進

などを柱とするものであり，99年７月下旬に取りまとめられ，そしてPFI（民間資金等の活用による公共施設等の整備等の促進に関する法律）と同様にその秋施行の予定となっていたが，こうした動向の進展も全国の４ケ所（東京湾，伊勢湾，大阪湾，北部九州湾）で推進されている総合物流拠点整備状況と重ね合わせると，全体ビジョンの一つの基盤づくりとして把握できると思われる。

こうした政府の矢継ぎ早な法案整備動向に対して，新聞等の報道の基本的な論調は，99年１－３月期の1.7％成長（速報）を受け，年率換算で7.9％と予測された景気上向き感（底上げ）によって，日経平均株価も７月に入ってから18,000円を超える勢いを取り戻しているが，これらはここ数年来矢継ぎ早に実施されてきた政府の緊急経済対策などを主導線とする一連の政策総動員によるものであって，必ずしも実体経済が自律的に機能し，反映したものではないとする見解が多く見受けられ，しかも秋以降公共投資が減少すれば折角の景気回復もまた谷底景気に戻ると懸念する向きが支配的になっている。この背景には民間の調査機関が実質経済成長率で政府予測とは異なり，かなり厳しい予測値を出していることも一つの裏付けとなっていると考えら

れるが，経済とはそもそも景気変動の申し子である以上，多少でも景気が谷から山に向かっている時は，まだ見ぬ山の頂への道筋を一歩づつ辿ることが何よりも重要であって，徒に山頂への登山道の困難さを初心者（国民）にまで繰り返し教える必要はないように思うが如何なものであろうか。

「過ぎたるは及ばざるが如し」という先人の教訓は，現在のわが国の各層に当て嵌まるものではないだろうか。余りにも眼前の状況に敏感すぎる故の過剰反応は短慮に属し，現実のもつ具体性と今後の方向性の認識を歪曲させる原因となるばかりでなく，価値ベースとしての本質をも見失うことになりかねないのである。表層としての政党間の駆け引き合戦に目を奪われることなく，あくまで法案（政策）の整備状況の意図しているものを摘出し，国の再生計画を支援する姿勢こそが重要ではないだろうか。

今回の社会資本整備が何故このように急速な整備計画を省庁連携の下に推進しているかについて，今少し冷静な考察が必要ではないかと考えている。それは文字通りの国際社会となった現在，わが国の置かれている状況は我々国民が知り得るものとは異なり，もっと深刻なものなのではないかということである。安全保障という問題は，実は切実なまでに身近なものとなっているのではないか。そんな疑念も湧いているが，ここでは一先ず審議を未了にして本論に返ることにする。

論究を進めるに当たって，ここでは日本版 PFI の構成及び概要について再度資料を掲載しながら検討を加えていくことにする。以下の図表（II－１．３）は，経済企画庁総合計画局が平成11年１月に発表した「PFI 推進研究会中間とりまとめ」から転載したものであり，II－２は日本経済新聞に98年８月23日に掲載されたものである。

経企庁の「中間まとめ」では，（II－１）は法律案に添って，

☆基本方針の策定　→　実施方針の策定　→　特定事業及び民間事業者の選定　→　選定事業の実施

という構成で作成されているが，98年８月に発表された（II－２）では，PFI 事業のフローチャートの方は，

（図表Ⅱ－１）「民間資金等の活用による公共施設等の整備等の促進に関する法律案」の構成

基本方針の策定（内閣総理大臣策定，関係行政機関の長に協議，ＰＦＩ推進委員会の議）

○民間事業者の発案による特定事業の策定に関する基本的な事項
○民間事業者の募集及び選定に関する基本的な事項
○事業の適正かつ確実な実施の確保に関する基本的な事項
○法制上及び税制上の措置並びに財政上及び金融上の支援に関する基本的な事項
（地方公共団体が実施する特定事業については，特定事業の促進のために必要な事項に係るもの）
等

↓

実施方針の策定（公共施設等の管理者等作成）

○特定事業の選定に関する事項その他基本方針に定めた基本的事項の具体化
○公共施設等の立地並びに規模及び配置に関する事項
等

↓

特定事業及び民間事業者の選定（上記方針により公共施設等の管理者等が選定）

○特定事業の選定
○当該特定事業を実施する事業者の選定（公募の方法等）
○客観的な評価，結果の公表

↓

選定事業の実施（選定事業者，以下のいずれかに従う）

○事業計画若しくは協定（公共施設等の管理者等及び選定事業者が策定）
○事業計画（選定事業者が策定）

ＰＦＩ推進委員会（総理府に設置，学識経験者等から内閣総理大臣が任命）

○基本方針の議決
○実施方針の策定状況，特定事業の選定状況等の実施状況の調査審議
○民間事業者の意見聴取
○内閣総理大臣又関係行政機関の超への意見
○政府による債務保証に対する意見
等

注：公共事業の管理者等
・公共施設の管理者である大臣
・特定事業を所管する大臣
・公共施設等の管理者である地方公共団体の長
・特定事業を実施しようとする地方公共団体の長
・公共施設等の整備等を行う特殊法人その他の公共法人

支援措置

○国の債務負担５年→30年　　○政府の出資等
○国有財産の無償使用等　　○無利子貸付
○政府，地方公共団体等による債務保証等
○土地の取得等についての配慮　　○規制緩和の促進
等

（図表II－2）　PFIのフローチャート

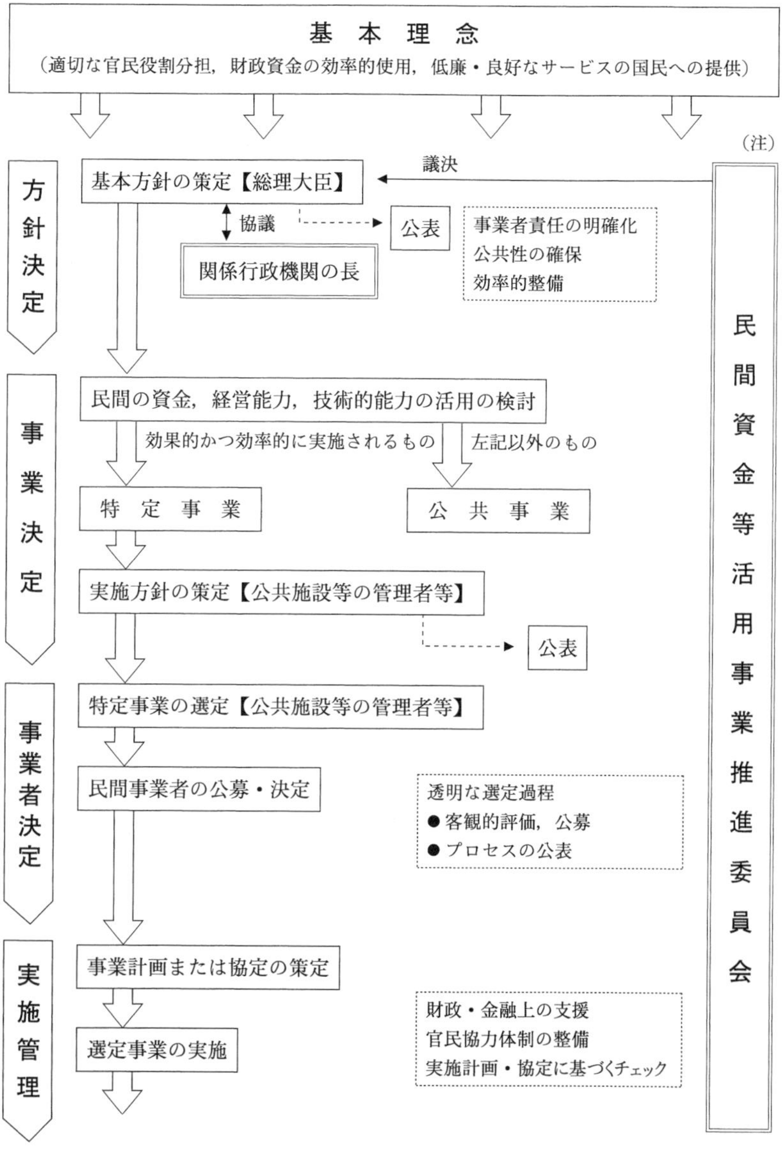

（注）委員会は方針の策定状況，事業の選定状況・事業の評価等への調査審議や民間事業者からの意見提出受け付け等を実施

（図表II－３） PFIの推進体制

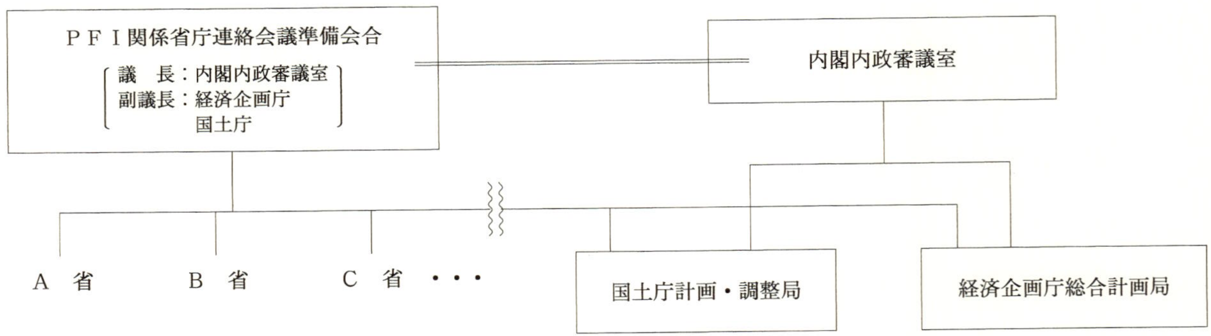

・内閣内政審議室の主宰の下，関係各省庁の局長クラスを構成員とするＰＦＩ関係省庁連絡会議準備会合を設置し，ＰＦＩに係る重要事項についての調整を行う。

☆基本理念　→　方針決定　→　事業決定　→　事業者決定　→　実施管理となっており，より分かりやすいように思う。

通常国会成立に向けて内容は詳細なものとなっていったと考えるが，昨年公表されたものの方が骨子は明解である。しかも，基本理念には「適切な官民役割分担，財政資金の効率的使用，低廉・良好なサービスの国民への提供」が明記されており，この方が社会資本整備事業としての性格が全面に出ていると思う。

指針（ガイドライン）や法律用語に使用される言葉の意味及びニュアンスの違いについて議論を展開することは出来ないが，上記にある「策定」「選定」「実施」「決定」などは施行者サイドでは意味が正確に理解されていると思うが，新旧の用語使用の順序に多少違和感を覚えることは否めない。

とはいえ，わが国の社会資本整備が大きな転換期を迎えていることは事実であり，この背景には，90年代に入って矢継ぎ早に発表された計画・措置がある。すなわち

☆1990（平成2年）　6月「公共投資基本計画」(430兆円)

☆1991（平成3年）　7月「大型公共事業への参入機会等に関する追加措置」

☆1994（平成6年）　10月「公共投資基本計画」(630兆円)

などによって，わが国の公共事業投資の様相が従来とは全く変化したと考えられる。政府がこうした巨額の実数を発表しなければならなかった背景には，米国との建設業摩擦が存在するのであるが，この間の事情を若干推察すると，大きくは積年にわたる日米貿易摩擦のターゲットが70年代の鉄鋼，カラーテレビ，80年代の乗用車，日本たばこ，皮革製品，半導体，包括通商法へと進み，そして90年代を境に日本の建設事業の在り方そのものに向かったことに起因する。これらはすべてアメリカの同業種の衰退を解消するための政治的報復措置と当初からみられているが，わが国の政府はこの間自由化戦略への部分的実施を繰り返すに止まり，歴代政府の積年にわたる申し送り条項の期限切れ寸前の完全履行を求められた結果が今日の状況を招いたのであ

る。

この間のわが国は，また以下のような一面があったのである。印象深い出来事からみておくことにする。1983年4月に東京ディズニーランドが開業しているが，同年末日本のゼネコン各社の海外受注額は一兆円を突破していたのである。この当時の日本はアメリカが双子の赤字に悩む中で，長期化し始めていた中曽根政権の下，GNPはドイツを追い越し，アメリカに迫る勢いを得て，85年9月のプラザ合意を終えた時点では，世界一の債権国となって，比喩的に言えば，“飛ぶ鳥を落とす勢い”であった。

企業各社も，自社の技術水準と研究開発に際して，「もはやライバルは世界ではなく，日本の同業他社である」とまで言い切るほどの強い論調が，連日各種の雑誌で紹介されていたのである。ところが竹下内閣に移ってからの状況は次第に悪い方向に移行し，数値上世界一豊かな国であったはずのわが国の財政政策は，その行く末に大きな危機を孕むことになったのである。88年6月に話題を独占したリクルート事件は，この内閣を倒す原因となるのであるが，実はその前月，その後の日本の産業構造を根本的に変革し得る可能性を持った「外国企業のわが国建設市場への参入問題に関する日米合意」が交わされており，89年3月には「建設業の構造改善推進プログラム策定」が成され，国民の記憶では同年4月に導入された「消費税導入」による景気後退責任と先のリクルート事件の進展による政治的混迷を回避するために，竹下政権は崩れたのである。

その後の政権の盛衰についてはここでは省略するが，今日わが国が直面している課題の殆どが，この政権交代後から“もはや避けられない”喫緊の課題として押し迫って来たことは事実である。世界が「ゼロサム社会」と言われるようになってから，日本企業の一人勝ちが許される状況は消失したと考えるべきである。日本が国際社会の一員として存在するためには，今まで以上に自由化を受け入れ，産業構造を再度転換して，高コスト構造を改め，世界中の国々（国民）から期待感と信頼性を得るための努力をしなければならないのである。

日本の特殊性（官僚主導性，MITIやMOFの行政介入）をビジネスの世界にまで導入した戦後の政治経済社会の結果が，90年代に入ってから何よりも重い代償を伴って帰着していることを真剣に考える必要はないだろうか。日本的経営といわれるものが，日本的であるが故に時代の波に翻弄され続けるのであれば新たな方策の実現を目指すべきではないだろうか。実際問題として，今日まで喧伝されてきた日本的経営の中身は，「日本的アメリカ経営」であり，「アメリカ的日本経営」であったことは否定できない。これらはどちらも「日本」ではないし，また「アメリカ」そのものでもないのである。模倣という域（システム化およびマニュアル化）をどの程度脱していたかについて，断定できる企業家は一体どのくらい存在するのであろうか。学問的には日本的と言われるものを摘出することは充分可能かもしれないが，明治維新政府が採用した「富国強兵」「殖産興業」という二大目標達成のためには，当初より欧米の技術力や科学的知識を前提としていたのである。この歴史的事実は，今日に至ってもそれほど変更が認められないのではないか。明治時代も日清，日露戦争を契機として「一等国」への仲間入りに狂奔し，列強との対等な関係を構築するために費やされた数々の政治的駆け引き（表裏）の歴史は，そのまま今日も政治経済の世界で繰り返されていると言えるのではないか。

とすれば，「護送船団方式」こそが文明開化した日本に与えられた「近代国家への道」であったと言えるかもしれない。何故ならば，開国に際して圧倒的とも思える彼我の差を見せつけられた日本の為政者には，他の選択が無かったからである。

世界史の中でみると，「日本国」を一日も早く先進諸国と同様の市民権を有する国として世界に認めさせるためには，恐らくその是非はともかくとして最短の道を選択して来たと言ってよい。軍事拡大競争は20世紀当初は，世界の国々の最重要課題であったからである。歴史は変えることは出来ないのである。19世紀世界があって，20世紀世界が現出したことを余りにも単純に受け止めていないだろうか。徳川封建国家（鎖国・領域経済国家）が世界の中の「日本国」と成るまでの過程には，明治，大正，昭和，平成の４つの御代を必要としたことを，あらゆる史観の前提としなければならないのである。歴史における不可逆性の原則は，あらゆる可能性（論議）に一定の評価領域を形成するはずである。現実は“いつの世も切実なものであった”という認識がなければ，歴史認識は空虚なものとなって現実を一般化し，そして未来にも不安を残すだけである。

筆者としては，当面の課題である日本版PFIの検討を行い，日本の再生計画の方向性を見極めていくことが主題なのであるが，どうしてもその考察に際しては，こうした歴史的な経緯との関連を無視することはできないのである。というのは，文字通り窮地に追い込まれたわが国の財政状況下で登場してきたこのPFI方式による社会資本整備事業は，その内在化しているシステムがすべて機動していくと既存の日本の政治構造や産業構造を大転換させる効力をもっていると考えているからである。

本論作成中の99年７月23日，このPFI推進法が成立した。これによって，民間主導型の公共事業がいよいよ起動開始となった。前述のごとくPFI推進に対する予備調査は既に今春多くの機関が行っているが，こうした調査を踏まえて法案が成立したことで全国各地で予定されていた事業がPFIを導入して現実のものとして実施されることになったのである。日経産業消費研究所の調査では，現時点において検討中を含めて全国で78の市区がPFI導入に前向きな姿勢を示しているとのことであるが，実数としてはこの数倍に及ぶ潜在的需要があると思われる。特筆すべき点は「公共事業を民間に委託して行うということは，事業主体が民間に移行することであり，行政（自治体）主体ではない」ということである。これはわが国の公共事業史から見て「画期的」なことである。

事業の効率性を高め，その管理や公共へのサービスやメンテナンス，そして事業に付随するソフト面まで民間が行うことによる効果がコスト削減となって現れるだけに，財政難の続く地方自治体にとっても，法的裏付け（後押し）があるだけに本格的参入への準備体制の構築を急ぐ必要がある。税金の使途についての情報公開が重要な問題となっている現状からすれば，毎年度終了後にその事業年度のB/S，P/L及び事業実施報告書など事業内容が情報公開されるPFI推進法の下での民間による公共事業は，新しいシステムによって行われるだけに，今後の都市経営の在り方に対しても再考と熟慮を求める直接的な契機となると思われる。これはPFI推進法についての検討をすれば，一目瞭然である。というのも，この法律に示されている条項には，従来「別法」で個別に処理されるべきものが，当該する法律を一部改正して，この推進法で可能としているからである。

この手法は「総合物流施策大綱」と同様であり，それだけに実は強力なものとなっているのである。論究を進めるに際して，PFI推進法の（目的）と（定義）を掲載しておくことにする。

（目的）第一条

この法律は，民間の資金，経営能力及び技術的能力を活用した公共施設等の建設，維持管理及び運営（これらの企画を含む。）の促進を図るための措置を講ずること等により，効率的かつ効果的に社会資本を整備し，もって国民経済の健全な発展に寄与することを目的とする。

（定義）第二条

この法律において「公共施設等」とは，次の各号に掲げる施設をいう。

1．道路，鉄道，港湾，空港，河川，公園，水道，下水道，工業用水道等の公共施設
2．庁舎，宿舎等の公用施設
3．公営住宅及び教育文化施設，廃棄物処理施設，医療施設，社会福祉施設，更生保護施設，駐車場，地下街等の公益的施設
4．情報通信施設，熱供給施設，新エネルギー施設，リサイクル施設（廃棄物処理施設を除く。），観光施設及び研究施設
5．前各号に掲げる施設に準ずる施設として政令で定めるもの

上記を通覧しても判るように，この法律の適応範囲は正に公共施設等の建設であるだけに広範多岐に及んでいるのである。それ故に，筆者の言及しているように地方自治体においても新しい法律が成立した以上，多くの調査・アンケート項目に見られたような「PFI 事業に関心があるが，実態が分からない」とか「資料などあれば欲しい」程度の回答では済まなくなっているのである。

現実的には各種機関や，異業種間の企業連携（大手企業中心）による PFI 研究会が数多く発足しているが，何故か県庁レベルでの推進本部設置が最も遅れており，市町村レベルでは県の対応待ちの姿勢が如実に見られる。筆者の知る範囲では，99年の5月下旬までは「この国会で PFI 法案は成立しない」という観測が一般的であったため，PFI の調査（聞き取り調査）活動は県市レベルでは，事実上無理であった。

しかしながら，法案成立の見通しが発表されてからの対応は流石に素早く，各県庁内に PFI 推進室の設置までの期間は，驚くほど短かった。省庁再編が喧伝されてから久しく，しかも2001年4月からの実施案が新聞紙上でも数回にわたって詳細に紹介されているにも拘わらず，あくまで法案成立が明確になるまで本格的な対応を明確にしなかった地方行政に対しては，「お上」意識からの脱却は当分望めそうもないという危惧を抱いた次第である。これでは地方分権も，依然としてお上指導でしか運営できないのではという指摘を免れることは難しい。

450以上の関係法律の一括審議となっている地方分権法案の意図するところは，地方が国に代わって，主体的な役割を果たしながら“小さな政府”の実現を目指していくことが求められているのである。明治，大正，昭和，平成の時代を経たわが国の地方自治の在り方が，21世紀到来と共に新たな法律の下で大きく方向転換していくのである。地方自治体内に残存する様々な慣行や慣習，また形骸化してなお拘束力をもつ慣例・因習といったものを判断（決断）の前提にする行動は，今後は一切通用しなくなると考える。地域住民の生活の資質向上と地域の活性化に対して，如何に有効・適切な施策を継続・実現していくかが問われているのである。換言すれば，未来へと続く総合的な“まちづくり”への知恵と実践が市民の目に見える形で求められているのである。全国の約3200の行政間における施策競争は，いよいよ企業並の競争時代に突入していくのである。考えてみれば，わが国最大のサービス機関は地方公共団体である。それだけに「サービス産業」の老舗としての「自負心」と「潜在力」に期待したい。

Ⅱ－２．新しい国家形成への布石

この節では最近の新聞報道で目を引いた記事を紹介して，さらに論究を進めていくことにする。

☆［都市，物流を効率的整備　公共投資今後10年が正念場　土木３団体（日本土木工業協会，日本電力建設業協会，日本海洋開発建設協会）首脳が会見］（建設通信新聞，99.５.６）。

｛この会見では３首脳が，今後の社会資本整備の方向性について国家的プロジェクトが必要として，都市，物流の効率的整備と防災対策の重要性を提唱している。注目したのは古い工業地帯どのリプレイスを積極的に展開する必要があるとの指摘である｝

☆［公共事業改革へ組織一元化　推進本部10日に初会合　事業評価，コスト縮減，重点投資３部会も設置。運輸省は，公共事業の効率化・効果的な実施に関する調査を実施するため，運輸政策局内に新たな「公共事業調査室」を１日付けで設置した。］（建設通信新聞，99.３.３）。

｛これは運輸省が公共事業について「公共事業等施行対策本部」（98年設置），「運輸関係公共事業の投資の重点化，費用対策効果分析，建設コストの縮減等に関するプロジェクトチーム」（97年設置），「運輸関係公共事業改革推進本部」（97年設置）等の３つの事務局で行っていたものを一元化することにしたものであり，同省所管の公共事業に関する検討組織が

2001年の省庁再編に向けて設置されたと考えられる｝

☆［建設省官房官庁営繕部　施設設計すべて外注　1999年度から施設設計をすべて外注する方針］（建設通信新聞，99.3.5）。

｛これは行財政改革で示されている民間の活用の一環で，価格競争は伴わず，施設の規模によって，公募型，簡易公募型，標準型（指名）の三つのプロポーザル方式によって，設計者を選定するものであり，設計委託にあたっては，7200万円以上のWTO（世界貿易機関）政府調達協定の対象となる物件は公募型が適用されるとするものである。以下7200万円未満から5000万円までは簡易公募型，5000万円以下は標準型として適用される。注目点はWTOが関係しているところである｝

☆［行政の枠超え運営・地域支援　「近畿広域戦略会議18日発足７省11機関が緊密連携］（建設通信新聞，99.6.10）。

｛戦略会議は，「時代に対応した活力ある近畿の創出」を目指し，近畿主導の地域づくりを考えるための意見交換の場とするものとして発足したが，国土庁，農林水産省，林野庁，通産省，郵政省，建設省の７機関が参加している。注目点は事務局の進行役を竹村公太郎近畿地建局長が務めているところであり，国の機関がソフト・ハードの面から地域づくりに一体型で参加するという試みは，わが国の施策の中では初めてなのである。また一方で「多様な地域づくり活動と連携」を目指してとしているところが，この戦略会議の含みのあるところではないかと考える｝

こうした記事の検証は迂遠な作業のように思われるかもしれないが，その意味するところは重大なものである。何故ならば，今後の公共投資は広域交流連携を前提とした「都市経営」という理念の下に行われ，しかもその切り口が物流効率化の推進であり，その実現のために各省庁内の所管業務が即効性と効率性をもった組織に一元化されるだけではなく，他の省庁との縦割りの壁を超えて一体的に社会資本整備を推進していくという姿勢が明確になってきているからである。こうした構図は筆者が先の論文「物流拠点を中核とした広域交流の創造」などで解明した「総合物流施策大綱」及びそのフォローアップ推進事業で展開されたものと同じであり，今回の政府対策はその実現化に向けた実施プログラムの第二弾とも言うべきものであると考えられる。換言すれば，壮大な総合物流拠点整備事業を推進していくための地域拠点整備事業を，国策としてより具体的な法律の下で一気呵成に行うための諸準備が整ってきていると言えるのである。

21世紀に向けての社会資本整備事業は，端的に言えば，旧来の慣行や慣例の打破（規制緩和）と徹底した公開性を前提とする効率化（無駄の排除）を目指すものだけに，これに関連する法律の網の目は強靱であり目こぼしは殆どない程に完全なものへと進化しているのである。しかしながら，これを実現していくためには，民間による鋭利な経営能力と地域活性化のための産業構造改革を現実のものとしていくことが求められているのである。つまり，自社（産業・企業）中心のビジネスではなく，「国づくり」のためのニュービジネスが要求されているのである。筆者としては，歴史的な大転換期を迎えているという「意識」の集約が，誤りの許されない施策の実現を着実に果たしているということを，ここ数年来の法案整備の中から検証することは可能であると考えている。

それだけに直近の新聞（日本経済新聞，99．8．6）でも社会資本整備の特集が組まれているが，筆者としてはその内容の豊富さや包括的なプロジェクトの方向性は理解できるが，社会資本整備事業がわが国にとって如何に切実なものであるかについての考察や説得力が些か欠けているように思えるのである。全国紙という性格から総花的に対象を扱うということが前提となっているのかもしれないが，主要な業界紙から伝わる次世代への胎動化現象とは若干のズレがあるように思えてならないのである。

ここで21世紀社会を考察するに際して，T.S.アシュトンの有名な言葉を引用しておきたい。「……土地・労働および資本の供給増加が同時におこったということが，産業の発展を可能ならしめたのであった。石炭と蒸気が大規模製造工業の燃料と動力を準備し，低い利子率や物価騰貴や高利潤の期待が活気を与えた。しかし，これらの物質的・経済的要素の背後にそれ以上の何物かが存在した。外国地域との貿易は，人々の世界に関する見識をひろめ，科学は宇宙観を拡大した。すなわち産業革命は，同時に観念の革命でもあった。産業革命が自然の理解や自然の支配における進歩を記録したとするならば，それは又，人間社会の諸問題に対する新しい態度のはじまりをもけみした」(『産業革命』中川敬一郎訳，岩波現代叢書，P.23)。

時代を写す鏡の一つとして，半世紀前に書かれた優れた歴史家の言及について再読してみると，その徹底した時代（歴史）認識の正確さと普遍性に行き当たる。上記の文章の「……部分に「わが国の戦後社会の発展は」とでも書いてみると，これがとても1760-1830年代のイギリスの産業革命に書かれた文章とは思えないほど，わが国の状況に合致していることが理解されると思う。われわれは文字通り世紀末の岐路に差しかかり，新世紀を迎えるためには新しい態度を身に付けねばならないのである。優れた歴史家の言葉の意味するところは，人間の理解に尽きる。

今，わが国は90年代初頭からのバブル崩壊に付随して，過去の楼閣が砂上に位置していたことを思い知らされている。総額で1200兆円を優に超えるとも言われる資産額の減少は，焦土と化した大戦においても経験しなかったほどの打撃である。これだけの巨額の富みが殆ど一瞬の内に消失したという事実を，もっと真剣に考えなければならない。これだけの国富を取り返すことは，もはや至難の業といって過言ではないのである。国家として残された選択肢も大別して“済んだこととして切り捨てる”，“同じ過ちを繰り返さず出直すこと”でしかない。幸いにも，わが国に残された資産価値の中には国際的に認められるものが存在しており，これらを連携して利用度を高めていくことによって国富を増大していくことはまだ可能な状態にある。

それ故，先の国会（145通常国会・会期207日）の異常とも思える法案（166本）成立への意気込みの背景には，政治家たちのラストチャンスに賭ける意欲が窺える。とはいえ，何のためにという疑問を絶えず持ち続けることが，現実の社会システムを理解するための最良の知恵となっていると考えたい。国土全体が同質性をもった地域・住民によって形成されているという日本の再生計画は，物言わぬ国民の暗黙の同意を積み上げていく他はないのである。

その一つの試みとして評価されるのが，99年８月11日の人事院勧告である。数値の多寡については異論も続出すると思われるが，国家公務員の年収が初めてマイナスとなることは，世論の声に応えた措置である。本省課長級以上の幹部職員はベア見送り，一般職員は0.28％引き上げ，ボーナスにあたる「期末・勤勉手当」は0.3カ月分引き下げ，年収ベースでは戦後初のマイナスとなっている。庶民感情としては，まだまだ足りないという声が上がると予測されるが，漸く不可侵領域に手をかけたことは評価して良いと考える。この勧告に先駆け99年８月10日には，今までのどんな政権担当者も出来なかった改革案が明らかになっているのである。それは自民党行政改革推進本部（武藤嘉文本部長）がまとめた国の特別会計制度改革案である。新聞によると，[2001年４月までに道路整備，石油，石炭，エネルギー国立病院特別会計などを廃止し，残る特別会計についてもコスト計算を厳格にするために企業会計原則による財務諸表の公表を義務づける。自動車損害賠償責任保険など多額の剰余金がある特別会計は，保険料の引き下げなど受益者への利益還元措置を講じる。2001年１月に実施する省庁再編と連動させて，不透明とされてきた特別会計の事業を見直し，行政のスリム化を推進する狙いがある。]（日本経済新聞，1999．8．11)。

この改革案は99年10月末をメドに最終決定し，首相に提出されている。これまた政府が大ナタを振るったものと理解されるが，各省庁が個別に予算を編成し，管理している特別会計の歳入総額は99年度予算で約311兆円もあり，この内大蔵省が一括管理する一般会計からの繰入額は47兆円となっている。政府自民党としても積年にわたる課題であった特別会計や外郭団体の在り方について，ついに本腰を入れざるを得ない状況に直面した結果，取り得る策としてはやはり「廃止」以外の選択はなかったのではないかと考えられる。

税金の使途の不明は，今日の国際社会の通念ではすでに許されない犯罪として認識されており，為政者のモラルと見識に対する外部評価が問われているのである。

フリー，フェアー，グローバルという言葉は，わが国にとっては明治維新後の開国以来常に目標であったものである。今頃になって，企業会計原則による財務諸表の公表を義務づけるとは情けない話であるが問題点もある。すなわち，「企業並の単年度決算で行政の仕事が果たして可能であるのか」，「営利追求団体でない行政にどこまでビジネス慣行が浸透していくのか」，また「行政のサービス内容に対する客観的な評価システムの構築は可能なのか」など，思いつくままに書いてみてもかなり根本的な課題が存在しているからである。

つまり教育や医療，福祉や年金，そして少子高齢社会への適合策の見えぬまま，行政の主要な施策となってきた安全対策や環境整備などに対する日々の業務サービスを，効率性の基準だけで評価してよいものかという反論は直ちに行えるからである。とはいえ，こうした改革の推進が日本の暗部を減少させることは確かなことであり，国民が望む当然の改革の一つである。「政治」が一歩身近になったと感じられることは評価してよい。

こうして見ると新国家形成への布石はパンドラの箱の譬えではないが，世の災いの限りを出し尽くした後，最後に希望の灯火を見せ始めたと言えるかもしれない。国民が知り得ない日本の現状が存在しているという危惧は無くなりそうもないが，政治のトップが直面していると思われる「眼前の壁」の大きさは，想像以上のものであることは確かだと考える。何度も繰り返しているが，90年代に入ってからのわが国の政治，殊に立法府の法律成立件数は戦後政治上最大のものである。この一点から見ても，何かその背後に存在するものがあると考えるのが，理の当然とするところである。筆者の論究も次第に，見えるものの背後にあるものを捉え始めようとしている。

とはいえ，こうした直観のようなものは裏面に収め，今少し直下の対象を分析していくことにする。唯，ここでは哲学者カントの言葉を引用するに止める。すなわち「直観なき概念は空虚であり，概念なき直観は盲目である」。日本の再生計画に際して描かれている筈の壮大な最終ビジョンを想定するためには，不即不離の立場を貫くことが必要であるのかもしれない。玄人筋では，「政治には明日がない」という言葉もあるようだが，法律が出来上がっているだけに，法治国家としてはどのような政権になろうともこれは遵法しなければならないのである。気が付けば，個人に生まれながら付与されている基本的人権は法律の中では，かなりウェイトが高くなっているのである。現実的には個人の生活意識は基本的人権の「権利」も「義務」も些か色褪せたものと認識されている様子であるが，環境問題が21世紀に生きるものすべてに最重要課題となった以上は，「生命」の保持と「安全」確保は地球上に生息するすべての生き物を前提にしなければならないのである。「個」である自分がどこまで普遍的な意味での「人間」として他者の存在を優先していけるかが，21世紀にむけて問われているのである。そうした時代認識と人間観をもった人々をどれだけ多く育てられるかが，21世紀の本当の課題であると考える。

社会資本整備は空港や港湾，そして鉄道や道路などを中核とした物流と情報ネットワーク化を達成することによって，時間短縮による物財のコスト削減を実現していく手立てではあるが，その根底にある理念は人々の生活向上に資するためのものである。ともあれ，時代の牽引車として政府が思い切った行財政改革や規制緩和を行い，民間の活力を全面に引き出して国家再建を意図していることは，文字通りの「民主主義社会」の実現に直結するだけに，その意味するところを十分に踏まえながら多次元による解析に心掛け，次の研究テーマに移ることにしたい。

III．中部圏域における社会資本整備

III－1．PFI アンケート調査に見る地域の対応

この節では，筆者が99年 4 月に行った PFI に関するアンケート調査の分

析結果を中心に考察していくことにするが，先ずPFI推進法の意味を理解するために是非とも知っておかなければならないポイントを改めて指摘しておきたい。その手掛かりの一つは，この法律の「附則」にある。概要は以下の通りである。

(1)　施行期日（第1条）

公布の日から起算して3月を超えない範囲内において政令で定める日から施行する。

(2)　検討（第2条）

5年以内に，特定事業の実施状況について検討を加え，その結果に基づいて必要な措置を講ずる。

(3)　関連改正（第4条～第14条）

①産業廃棄物の処理に係わる特定施設の整備の促進に関する法律の一部改正

②日本開発銀行法の一部改正

③北海道東北開発公庫法の一部改正

④沖縄振興開発金融公庫法の一部改正

⑤民間都市開発の推進に関する特別措置法の一部改正

⑥港湾整備緊急措置法の一部改正

⑦港湾整備特別会計法の一部改正

⑧都市開発資金の貸付けに関する法律の一部改正

⑨都市開発資金融通特別会計法の一部改正

⑩治山治水緊急措置法の一部改正

⑪治水特別会計法の一部改正

⑫道路整備特別会計法の一部改正

⑬地方税法の一部を改正する法律の一部改正

⑭日本政策投資銀行法の一部改正

今回のPFI推進法は，上記の関係法律の一部改正を伴っているのである。これだけの改正を内包した法律であるということを十分に知らなければ，この法律の意味は理解できないと思う。①～⑭までの法律の一部改正では空港に関するものだけが見えないが，それを除けばすべての社会資本整備事業をカバーするものである。PFI推進法の基本方針では（第４条）では，「地方公共団体が実施する特定事業にいては，特定事業の促進のために必要な事項に係わるもの」が定められており，しかも「内閣総理大臣は，基本方針を定めようとするときは，あらかじめ，関係行政機関の長に協議するとともに，民間資金等活用事業推進委員会の議を経なければならない」としているのである。こうした事項に対しても，熟考しておくことがこの度の社会資本整備事業には必要である。

地方都市が独自の発想力や構想力をもとに，どこまで地域性を生かし，かつ地場産業の活性化（再編成・再構築を含む）を実現していけるかが，問われているのである。このことは，98年12月の臨時国会で「テクノポリス法」が廃止されたことによって，政府主導の地方の産業活性策（誘致を中核とした）の時代が終わったことを想起すれば瞭然である。承知のごとく，テクノポリス法は1983年に通産省が全国の26カ所で先端技術集積拠点を整備するという名目で展開されたものであったが，施行後15年にして廃止されたことの意味は重大である。「日本のシリコンバレーをつくる」という触れ込みによって，全国各地は時代の流れに遅れまいとして大々的な誘致（陳情）合戦を展開してきたのであるが，現状では，当初の目標とは程遠く「日の目」を見た地域は殆ど存在していない。

失敗の原因として指摘されていることを集約すると，次の二つである。

1．余りにも先端技術を重視したため，地場産業との技術移転が実現できなかった。

2．政府の支援策が進出企業に対する税制上の支援に止まったため，現実的な工場団地の整備の一切が地元自治体の負担となったこと。

新聞（日本経済新聞，98.12.19）によると全国のテクノポリス地域での1986年から1996年までの工場立地件数は4,300を超えており，いかに多くの地域が

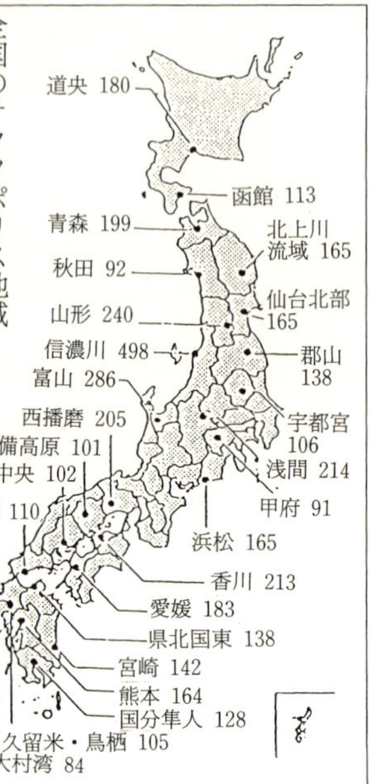

全国のテクノポリス地域
（数字は工場立地件数1986年から97年までの累計）

この法律の下に狂奔したか理解できると思う。

このテクノポリス法の後を受けて成立したのが「新事業創出促進法」である。この新法では三大都市圏も含め〈全国の自治体が指定する公社や財団に対して，人材育成や企業間の情報交流などのソフト面を主力とする支援策を行う〉ことになっており，テクリポリス法と比較してみると，産業立地の誘導策を放棄する内容となっている。雇用拡大を伴う筈の産業立地計画も，長引く景気低迷の中では進出企業も研究開発や施設整備に対して，巨額の資金を投入することは難しく，行政としても財政難を前提とした更なる負担を計画することは出来ないのである。それだけに，地方自治体としてはこの度のPFI推進法が重要となっているのである。

98年12月から99年7月のPFI推進法成立までの間，地方は一体どのような対策を講じていたのか。筆者は数年来，上記のような一連の問題意識を下に国の施策及び法案成立状況を研究していた関係上，地域が一体どの程度の問題意識を持ち，具体的な対策を講じているのかについても調査したいと考えるようになった。そして国や様々な機関の調査内容を検討する中で，このような設問内容では地域は動かないのではないかという結論に達し，独自に調査を行うことにした次第である。

この間の状況について，前章でも若干触れておいたが概説しておくことにする。端的に言って，99年7月まですなわちPFI推進法成立まで，地方行政の内部では表立った検討は行っておらず，対応は精彩を欠いたものであったというのが実態であった。筆者の事前聞き取り調査でも，正鵠を得た回答が返ってきたことはなく，概ね「話題にはなっているのですが，具体的に部門を作って検討することはしていません。私達も概要を新聞などで知る程度で，法律案について先生のように熟読し，今後の課題を分析するということは，全く行っていません。それに今国会で成立しないと聞いておりますので，やはり法律が成立しない限り，私らも動けません。残念ながらこれが行政の実態です。市長選や市議会選挙がありますので，どこでもこんな状況ではないでしょうか」というものであった。

これは99年３月の時点での話である。しかもこの時期，経済企画庁や，JAPIC，民間の調査機関，更に県民局などが PFI に関するフラットなアンケート調査が矢継ぎ早におこなわれており，筆者も同様の調査を行いたいという希望があると言ったところ，その返答は「先生，それは無理ではないですか。先程もお話したように，私達も国とかの調査であれば，回答しますが，何しろその内容も対応策についても専門家は役所内部にいないのですから，先生の意図されているような結果にはならないと思います。先生だから敢えて言いますが，アンケートは無駄に終わると思いますよ。一教員が行う筋合いのものではないと思います。」というものであった。ただ数人の部長の中で一人だけ，「おもしろいかもしれません。行政というものは，大学教員から来たものに対してはそれなりに対処するものですから，案外回答があるかもしれませんよ。私のところでも部下に一度やらせてみたい」と返答し，激励してくれた人がいた。その“言や善し”の心境で，悩みをふっ切ることにしてアンケートを行うことにした次第である。

アンケートの配布先は，中部圏に絞り，愛知県（78），岐阜県（69），三重県（60），長野県（17），静岡県（21）の５県の市町村で，総数245の首長宛とした。実施期間は，99年４月７日から４月末とした。当初，回答がどの程度になるか心配をしていた。時期が悪いということもあり，最悪でも15％ぐらいあれば何とか形にはなるのだがと思っていたが，一週間後から徐々に回答が寄せられるようになり，最終的には51％（125回答）ラインに乗り，予想外の高い回答率となり，胸を撫で下ろした次第であった。筆者が大学の地域交流センター長をしていた関係からセンター活動の一環として行い，職員の方々の支援もあってアンケート調査は無事終了した。アンケート内容は以下の通りである。（表Ⅲ－１～４）

事前に検討した送付先の各自治体の首長宛には，「自治体における公共施設整備に関するアンケートへのご協力のお願い」として一文を添え，アンケートの表題を「公共施設整備状況と民間活力導入についてのアンケート」とした。

アンケートの設問内容は８項目に分かれており，設問１～３は各自治体毎の施設の整備状況や財政上の問題点，そして取組み状況を尋ねたものであ

（表Ⅲ－１） 公共施設設備整備状況と民間活力導入についてのアンケート

貴自治体名：＿＿＿＿＿＿＿＿

ご担当者名：＿＿＿＿＿＿＿＿

所 属 部 署：＿＿＿＿＿＿＿＿

連　絡　先：ＴＥＬ
ＦＡＸ

設問１：別表中の各施設の貴自治体における整備状況について，下記のＡ～Ｃの区分をご記入下さい。
（別表の設問１欄にご記入願います。）
Ａ：整備済で当面問題はない。
Ｂ：住民サービス，社会情勢，老朽化等の理由から，新設もしくは建て替え，改修等の整備が必要である。
（別表中の整備予定施設名に具体的施設名をご記入下さい。）
Ｃ：整備の必要性がない，もしくは貴自治体では該当しない施設である。

設問２：別表中の各施設の整備／維持管理の財政上の問題点の有無について，下記のＡ～Ｃの区分をご記入下さい。（別表の設問２欄にご記入願います。）
整備の必要のある施設：整備を推進するうえでの財政上の問題
整備の必要のない施設：施設運営，維持管理面での財政上の問題
Ａ：財政上の問題で不具合が生じている施設。（整備の遅れ，維持管理費の増大等）
Ｂ：不具合は発生していないが，今後対応が必要と思われる施設。
Ｃ：特に問題はない施設。

（表Ⅲ－２）

設問３：住民への説明責任，情報開示等の観点から，制作評価や個々のプロジェクト評価への取り組みが盛んになっていますが，貴自治体での取り組み状況について，下記のＡ～Ｅの区分のうち該当するものに○印をお付け願います。また，区分Ｄを選択された場合にはカッコ内に理由をご記入願います。

Ａ：既に取り組んでおり評価実績がある。

Ｂ：導入に向けての準備検討段階である。

Ｃ：現在は未対応であるが，今後取り組む必要があると思われる。

Ｄ：取り組む予定はない，もしくは取り組むのは難しい。

（理由：　　　　　　　　　　　　　　　　　　　　　　　　　　　　）

Ｅ：未定

設問４：公共の財政問題等より，公共事業への民間活力導入を目的としてＰＦＩ法案が提出されていますが，貴自治体でのＰＦＩ導入の可能性について，下記のＡ～Ｆの区分のうち該当するものに○印をお付け願います。また，区分Ａを選択された場合には具体的施設名を，区分Ｅを選択された場合にはその理由をかっこ内にご記入願います。

Ａ：既に具体的な施設について検討を開始している。

（具体的施設名：　　　　　　　　　　　　　　　　　　　　　　　　）

Ｂ：自治体内で手法等についての勉強を始めている。

Ｃ：今後，勉強等を進める予定でいる。

Ｄ：当面，国や他の自治体の動向をみて対応を考えたい。

Ｅ：特に導入の意志はない。

（理由：　　　　　　　　　　　　　　　　　　　　　　　　　　　　）

Ｆ：未定

設問５：別表中の各施設の今後のＰＦＩ手法の検討可能性もしくは導入予定について，下記のＡ～Ｃの区分をご記入下さい。（別表の設問５欄にご記入下さい。）

Ａ：ＰＦＩ事業として導入を検討している，もしくは検討予定である。

Ｂ：検討の予定はないが，導入可能な施設と思われる。

Ｃ：導入は難しいと思われる。

設問６：今後，貴自治体において従来方式の公共事業検討と併せて，ＰＦＩ手法でも検討してみたいとお考えになっている事業がありましたら具体的事業名をご記入願います。

１．＿＿＿＿＿＿＿＿＿＿＿＿＿＿＿＿＿＿

２．＿＿＿＿＿＿＿＿＿＿＿＿＿＿＿＿＿＿

３．＿＿＿＿＿＿＿＿＿＿＿＿＿＿＿＿＿＿

４．＿＿＿＿＿＿＿＿＿＿＿＿＿＿＿＿＿＿

５．＿＿＿＿＿＿＿＿＿＿＿＿＿＿＿＿＿＿

（表Ⅲ－３）

設問７：ＰＦＩを推進するにあたっての課題と思われる事項について，下記のＡ～Ｇの区分のうち該当するものに○印をお付け下さい。また，区分Ｇ：その他を選択された場合はカッコ内に問題点をご記入願います。（複数回答でも結構です。）

Ａ：PFI手法導入や事業者選択等で議会対応や住民への説明責任，情報開示が困難。

Ｂ：PFIに対する行政側の認識不足，必要性を感じられないための関心不足。

Ｃ：財政支援上の問題が明確にされていない事により積極的な対応ができない。

Ｄ：公共財産の管理，運用等，種々の規制緩和が明確でないため積極的な対応が困難。

Ｅ：住民サービスや公共施設の維持管理を民間に委ねる事にサービスの質等の面で不安。

Ｆ：PFI事業としての組立，事業者募集，入札，契約等の一連での手続きが複雑で，時間と費用の負担が大きく，現状の人員等の条件では無理がある。

Ｇ：その他（　　　　　　　　　　　　　　　　　　　　　　　）

設問８：ＰＦＩを推進していくうえで，行政の立場として民間サイドに求める事項についてご自由にご記入願います。

１．＿＿＿＿＿＿＿＿＿＿＿＿＿＿＿＿＿＿

２．＿＿＿＿＿＿＿＿＿＿＿＿＿＿＿＿＿＿

３．＿＿＿＿＿＿＿＿＿＿＿＿＿＿＿＿＿＿

アンケートは以上です。

ご協力ありがとうございました。

粗品ですが，大学の発行する記念グッズを同封いたします。ご笑納いただければと存じます。

後日，詳細についてお伺いしたい事項等ありましたら，お電話等をさせていただく事があるかもしれませんが，今後ともよろしくご指導をお願いいたします。

【お願い】　貴自治体のマスタープランに関する資料がありましたら，当アンケートをご返却いただく際にご同封いただければ誠に幸甚でございます。

尚，費用負担が必要であれば，お支払い方法をお教えいただきたく，よろしくお願いいたします。

（費用支払方法：　　　　　　　　　　　　　　　　　　　　　）

（表Ⅲ－４）

別　表

分　類	施　設　名	設問１	設問２	設問５	整備予定施設名
インフラ	有料道路				
	駐車場				
	市街地再開発				
	公園（自然・都市）				
	その他				
庁　舎	庁舎・議会棟				
	公民館・集会場				
	消防署・警察署				
	その他				
廃棄物	序水場・汚水処理場				
	廃棄物処理施設				
	最終処分場				
	その他				
教育・文化	学校（小・中・高校）				
	学校（短大・大学）				
	体育館				
	研修施設				
	図書館				
	博物館				
	美術館				
	文化会館				
	その他				
医療・福祉	病院・診療所				
	老人保健施設				
	各種福祉施設				
	その他				
その他	公営宿泊施設				
	公営住宅				
	スポーツ施設				
	レクリエーション施設				
	観光施設				
	斎場・火葬場				
	その他				

り，設問 4 ～ 8 は PFI の導入の可能性，手法導入，推進に当たっての課題，民間サイドに求める事項となっている。筆者のアンケートが他の調査アンケートと大きく異なる点は，「別表」で具体的な社会資本整備について現状と財政上の問題を確認した後に PFI の導入予定について再度尋ねているところである。

筆者としては，このアンケート調査において地方の自治体の取組み姿勢を問い，PFI 推進に対する意気込みを知りたいと考えていたのでアンケートの作成に関してはその点を明確にすることを当初から目標としてきた。その結果，別表を設けることによってその点を解消することにした次第である。幸いなことに，別表中の手書き部分すなわち整備予定施設名の項目についても，多くの自治体が記述して回答してあり，別表の効果は分析に際してかなり効果を発揮することとなった。

しかし，ここで一つ問題が浮上したのである。つまりアンケート内の記述に施設整備に対する個別名（計画）が書き込まれているため，これを公表していいのかという判断が生じたからである。とはいえ，一般的な記述のみの摘出では内容が希薄になってしまう性質のものだけに，どのようにアンケートを形にしていくか苦慮した次第である。それ故，本来ならばアンケート内容の詳細について明示していくべきなのであるが，各自治体の状況が別表を見る限り余りにも個別具体（地域名が特定されている）となっているため，PFI 手法の検討可能性（設問 4）と問題点（設問 7）に関する設問のみ若干コメントを加え，整備予定施設名の中で記述の多かったものを一部掲載するに止める。アンケートは今後の国の社会資本整備事業の推進動向を捕捉していくための判断資料として利用することにし，ここでは当該市の調査内容の概略を次の（表III－ 5 ～ 8）によって若干掲載することにする。

［整備予定施設名］

今後取組む必要があるとする施設名は以下の通りである。

・在宅介護支援設備　・廃棄物処理施設　・保険センター　・総合スポーツ

公園　・市街地再開発事業　・市民病院　・図書館　・総合野外センター　・消防署分署　・庁舎建設　・空港及びアクセス鉄道　・デイサービスセンター　・温水プール　・斎場・火葬場　・リサイクルセンター　・浄化センター　・特別養護老人ホーム　・児童会館　・自然科学博物館　・公営住宅

分析に際しては，このアンケートが99年４月中に行なわれたものであるということが前提であることを再度記述しておきたい。

［設問４］では，PFI手法の導入・検討可能性を尋ねたが，この結果は以下のようになっている。すなわち，設問項目は次の５つであった。

Ａ：既に具体的な施設について検討している。

Ｂ：自治体内で手法等についての勉強を始めている。

Ｃ：今後勉強等を始める予定である。

Ｄ：特に導入の意志はない。

Ｅ：未定

回　答　結　果　(%)

	愛知県	岐阜県	三重県	長野県	静岡県
Ａ			14		8
Ｂ	6	7	5	12	23
Ｃ	47	24	18	38	31
Ｄ	47	69	59	50	38
Ｅ			4		
計	100	100	100	100	100

☆一瞥して理解できるようにＤの回答が多くなっている。唯，三重県については４月時点で既に検討しているとする回答が14％という高い数値を示しているのが際立っており，静岡県についても８％と予想以上の数値が示されている。結果から見る限り，今年４月時点で最も対応が遅れていたのは岐阜県であり，以下愛知県，長野県となっている。

［設問７］では，PFIを推進するにあたっての課題を尋ねた。

A：PFI手法導入や事業者選択等で議会対応や住民への説明責任，情報公開が困難

B：PFIに対応する行政側の認識不足，必要性を感じられないための関心不足

C：財政支援上の問題が明確にされていない事により積極的な対応ができない

D：公共財産の管理，運用等，規制緩和が明確でないため積極的な対応が困難

E：住民サービスや公共施設の維持管理を民間に委ねることによる不安

F：PFI事業としての組立，事業者募集，契約が複雑で時間と費用負担に課題

G：その他

回答結果 (%)

	愛知県	岐阜県	三重県	長野県	静岡県
A	12	12	10	4	3
B	23	38	22	24	30
C	23	11	24	24	17
D	16	15	18	15	20
E	12	12	10	9	13
F	13	11	15	9	10
G	1	1	1	15	7
計	100	100	100	100	100

☆ここではかなり現実的な課題について尋ねたが，興味ある回答が出た。具体的にはやはりBの項目に見られるように，PFIに対する認識不足や関心不足が三重県以外は最大となっている。三重県ではCの財政上の支援が不明確なので対応ができないという回答が最も高くなっており，先の設問と合わせ考えると，この時点で他県より現実的な問題に直面していることが窺える。またDの規制緩和を課題とする回答率も，各県共に高く，FのPFI導

入に際しての諸手続きに対する認識も同様の数値を示しており，これらを勘案する限り，各県の記述担当者に限っては個人的にはPFI推進法についての一応の予備知識は整えているように思える。敷衍すれば，この設問に対しては，筆者の経験上行政担当者特有の性格と言える回答が示されているように思えるのである。すなわち「この案件については，まだ詳細には検討していないので，申し上げるほどの見解は持ち合わせていませんが……」と言いながら，個別例を挙げながら説明をしていく行動様式が想起される。

設問に対する回答で，一つ注目したのは設問3である。ここでは当該市町の総合計画に対して具体的に政策評価や各プロジェクトの評価についてどの程度情報開示や説明責任を果たしているかを尋ねたのであるが，結果はA：既に取り組んでおり評価実績があるとする回答は少なく，B：導入に向けて準備段階である，C：現在は未対応であるが，今後取り組む必要がある，D：取り組む予定はない，とする回答が多く，興味あることにこのB，C，Dに対してほぼ均等な数値が示されているのである。これは一体どのように考えれば良いのであろうか。「ディスクロージャー」については，時代の流れとなっているが，行政の立場からすれば内部監査体制の見直しを伴うことだけに躊躇しているのかもしれない。これは「行政」に対して「政治」が介入していることの弊害と見ることができるが，現実的に地域を代表する組織体となっている公共事業体としての行政の存在形態を再構築するということは，地方自治法の全面的改正を俟たねば実現は不可能である。

殊に50周年を迎えた市町については，戦後の混乱期の中から統合・合併を経て様々な課題をクリアーしながら今日の態様を整えてきただけに，その過渡期における決断と実行に際して繰り広げられた政治的手法は，その是非はともかく，現在の市政の在り方を決定している根源的な要因となっている。それだけに現状での現象面における改善策として，市民の参加意識と共同意識を喚起する効果を持つ情報公開は当然視されているのであるが，伝統を有する組織体である以上，現象面の変化を随時認めていくことは本質的な構造変革論議を呼ぶことになる。

（表Ⅲ－５）

自治体名	人　口 （万人）	回　答	現状のＰＦＩに対する 自治体の対応状況	具体的ＰＦＩ 検討物件
愛知県				
名古屋市	209.0	○	自治体内で勉強中	
豊橋市	35.1	○	今後勉強予定	○
岡崎市	32.5			
一宮市	27.2	○	今後勉強予定	○
瀬戸市	12.8			
半田市	10.9			
春日井市	28.0	○	今後勉強予定	
豊川市	11.4	○	今後勉強予定	
津島市	6.4	○	今後勉強予定	
碧南市	6.6			
刈谷市	12.7			
豊田市	33.8	○	国等の動向により対応	
安城市	15.3	○	今後勉強予定	
西尾市	9.9			
蒲郡市	8.3	○	自治体内で勉強中	
犬山市	7.1	○	今後勉強予定	○
常滑市	5.1	○	国等の動向により対応	
江南市	9.8			
尾西市	5.8	○	今後勉強予定	
小牧市	13.7	○	今後勉強予定	
稲沢市	9.8			
新城市	3.7			
東海市	9.8			
大府市	7.3			
知多市	8.0	○	国等の動向により対応	
知立市	6.0			
尾張旭市	7.3	○	国等の動向により対応	
高浜市	3.6			
岩倉市	4.6	○	未　定	
豊明市	6.4	○	今後勉強予定日進市	
日進市	6.3			
東郷町	3.4			
長久手町	3.8	○	国等の動向により対応	
西枇杷島町	1.7	○	今後勉強予定	○
豊山町	1.3			
師勝町	4.1	○	未定	
西春町	3.3			
春日町	0.7	○	国等の動向により対応	
清洲町	1.9	○	今後勉強予定	
新川町	1.8			

（表Ⅲ－６）

自治体名	人　口 （万人）	回　答	現状のＰＦＩに対する 自治体の対応状況	具体的ＰＦＩ 検討物件
岐阜県				
岐阜市	40.3			
大垣市	14.9	○	今後勉強予定	
高山市	6.6	○	国等の動向を静観	
多治見市	10.4	○	勉強中	○
関市	7.3	○	具体的施設を検討中	○
中津川市	5.6			
美濃市	2.6			
瑞浪市	4.1	○	国等の動向を静観	○
羽島市	6.5	○	今後勉強予定	
恵那市	3.6			
美濃加茂市	4.6	○	手法等を勉強中	
土岐市	6.5			
各務原市	13.2			
可児市	8.9			
川島町	1.0			
岐南町	2.2	○	国等の動向を静観	
笠松町	2.1			
柳津町	1.1	○	国等の動向を静観	
海津町	1.5	○	国等の動向を静観	
平田町	0.9	○	未　定	
南濃町	1.8			
養老町	3.4			
上石津町	0.7	○	今後勉強予定	○
垂井町	2.9	○	未　定	
関ヶ原町	0.9			
神戸町	2.1	○	国等の動向を静観	
輪之内町	0.9	○	国等の動向を静観	
安八町	1.5			
墨俣町	0.5	○	国等の動向を静観	
揖斐川町	2.0	○	国等の動向を静観	
大野町	2.3			
池田町	2.4	○	今後勉強予定	
北方町	1.7			
本巣町	0.9	○	今後勉強予定	
穂積町	3.2			
巣南町	1.1			
真正町	1.1			
糸貫町	1.2	○	未　定	
高富町	1.9			
美山町	1.0	○	国等の動向を静観	

（表Ⅲ－７）

自治体名	人　口 (万人)	回　答	現状のＰＦＩに対する 自治体の対応状況	具体的ＰＦＩ 検討物件
三重県				
津市	16.0	○	未　定	
四日市市	28.6	○	今後勉強予定	
伊勢市	10.2	○	未　定	
松阪市	12.2	○	国等の動向により対応	
桑名市	10.6	○	具体的物件を検討中	○
上野市	6.0			
鈴鹿市	18.2	○	今後勉強予定	
名張市	8.4	○	国等の動向により対応	
尾鷲市	2.5	○	国等の動向により対応	
亀山市	3.9	○	自治体内で勉強中	
鳥羽市	2.6	○	未　定	
熊野市	2.2	○	具体的物件を検討中	○
久居市	4.0	○	具体的物件を検討中	○
多度町	1.1	○	未　定	
長島町	1.5	○	国等の動向により対応	
木曽岬町	0.7	○		
北勢町	1.4	○	国等の動向により対応	
員弁町	0.9	○	国等の動向により対応	
大安町	1.5			
東員町	2.6			
藤原町	0.8			
菰野町	3.7			
楠町	1.1			
朝日町	0.7			
川越町	1.1			
関町	0.7	○	国等の動向により対応	
河芸町	1.7	○	今後勉強予定	○
芸濃町	0.9	○	国等の動向により対応	
安濃町	1.1	○	国等の動向により対応	
香良洲町	0.5			
一志町	1.5			
白山町	1.4			
嬉野町	1.8			
三雲町	1.1			
飯南町	0.7	○	ＰＦＩ導入の意志無し	
飯高町	0.6	○	未　定	
多気町	1.1	○	国等の動向により対応	
明和町	2.3			
大台町	0.8			
玉城町	1.4	○	今後勉強予定	

（表Ⅲ－８）

自治体名	人　口 （万人）	回　答	現状のＰＦＩに対する 自治体の対応状況	具体的ＰＦＩ 検討物件
静岡県				
静岡市	47.1	○	手法等を勉強中	今　後
浜松市	56.1	△		
沼津市	21.1	○	今後勉強予定	
清水市	23.9	○	手法等を勉強中	○
熱海市	4.5	○	今後勉強予定	○
三島市	11.0			
富士宮市	12.1	○	国等の動向により対応	
伊東市	7.5	○	既に具体的施設検討中	
島田市	7.6	○	手法等を勉強中	
富士市	23.3			
磐田市	8.5	○	国等の動向により対応	
焼津市	11.8			
掛川市	7.9	○	今後勉強予定	今　後
藤枝市	12.8			
御殿場市	8.1	○	国等の動向により対応	
袋井市	5.8	○	今後勉強予定	今　後
天竜市	2.4	○	国等の動向により対応	
浜北市	8.4	○	未　定	
下田市	2.8	○	未　定	
裾野市	5.1			
湖西市	4.2			
長野県				
長野市	33.7	○	今後勉強予定	
松本市	20.7			
上田市	12.2			
岡谷市	5.7	○		
飯田市	10.7			
諏訪市	5.2			
須坂市	5.5	○	国等の動向により対応	
小諸市	4.5			
伊那市	6.1	○	国等の動向により対応	
駒ヶ根市	3.4	○	今後勉強予定	
中野市	4.3			
大町市	3.1			
飯山市	2.8			
茅野市	5.3			
塩尻市	6.1	○	自治体内で勉強中	○
更埴市	4.0	○	国等の動向により対応	
佐久市	6.5	○	今後勉強予定	

国が2001年1月から実行する省庁再編のもたらす影響は，地方行政にとっても重大な環境変化を及ぼすことになると考える。中央省庁が一府12省庁に再編されることにより，地方分権への胎動は当然の帰結となり，市町村合併が本格化することになるからである。現在の約3200の行政区分が当面1000を目標に統合され，企業経営と同様に健全なる資産価値を有し，財政維持に際して無理のない人口を擁し，広域的な交流を促進できる道路ネットワークの拠点都市としての機能を積極的に果たす都市づくりが求められるからである。

筆者が本章の表題を「都市開発と社会資本整備」とした理由の一つは，マクロ（巨視的）及びミクロ（微視的）視点を同時に備えなければ，国の「経済構造の変革と創造のための行動計画」や「総合物流施策大綱」及びそのフォローアップ動向，更に上記の省庁再編，そして今回のPFI推進法の成立等，矢継ぎ早に国会や閣議で成立・決定される重要法案の有する壮大な意図や相乗（シナジー）効果は見抜けないと考えたからである。

「熟慮せよ！」ということに尽きるかもしれないと考えている。人任せに慣れ親しむことから，自分の採るべき道を自分の意志で決定していくだけの見識が国民すべてに求められているのである。ここ十年来，わが国の現状を政治家やマスコミは「明治維新や敗戦後と同様の国難の時期である」と喧伝してきた。そして第三の変革期とも形容して来たが，少なくとも明治維新当時の日本と現在とでは，全くと言って良いほど国民の意識も生活行動も価値観も大幅に変化しており，比較にはならないと考える。国民の諸外国に対する認識も交流そのものから得た国民性や文化に対する習熟度においても，個人の果たす役割の大きさは格段のものがあるからである。

筆者としては政府が本気で「大改革」を意図し，実行し始めている以上，その目標を正確に捉え，時代の動向を見誤ることなく「自分の仕事」に反映していくことが国民として必要でないかと考えている。そのためには，自分のおかれている現実，すなわち社会的存在として自他共に認めている職場（会社）人間からの精神的「独立」ということも，必要になると考える。時代は21世紀に差しかかり，国の布石もようやく整いつつある。今後も，わが国がどのような国に変貌していくかを，こうした視座から検証していき，日本の魅力と活力創造に期待したい。

資料　公共事業戦後50年の変遷

1945　1950　1960　1970

	戦後復興期	高度成長・前期	高度成長・後期
一般事項	●ポツダム宣言受諾(45年) ●枕崎台風西日本来襲(45年) ●カスリン台風(47年) ●挑戦戦争勃初(朝鮮特需)(50年) ●西日本大水害(6月～8月)(53年) ●青函連絡船洞爺丸台風にて転覆 →青函トンネル整備へのきっかけ(54年)	●経済白書 「もはや戦後ではない」(56年) ●伊勢湾台風(59年) ●60年安保闘争(60年) ●東京都の人口1000万人超す(62年) ●新潟地震(64年) ●東京オリンピック開催(64年)	●政府、初の公害白書発表(69年) ●日本万国博覧会開催(70年) ●札幌冬季オリンピック(72年) ●沖縄本土復帰(72年) ●日本列島改造論(72年) ●第1次石油ショック(73年) ●戦後初のマイナス成長(74年)
公共事業関連法案	●戦災復興院設置(45年) ●特別都市計画法(46年) ●国土総合開発法(50年) ●電源開発促進法(52年) ●道路整備特別措置法(52年) ●有料道路整備創設(52年) ●道路法改正(52年) ●道路整備財源の臨時措置法(53年) ●港湾整備促進法(53年) ●土地区画整理法(54年)	●都市公園法(56年) ●首都圏整備法(56年) ●高速自動車国道法(57年) ●水道法(57年) ●治山・治水緊急措置法(60年) ●港湾整備緊急措置法(61年) ●水資源開発促進法(61年) ●農業基本法(61年) ●新産業都市建設促進法(62年) ●新河川法(64年)	●山村振興法(65年) ●首都圏近郊緑地保全法(66年) ●公害対策基本法(67年) ●大気汚染防止法(68年) ●都市再開発法(69年) ●過疎地域対策緊急措置法(70年) ●琵琶湖総合開発特別措置法(72年) ●自然環境保全法(72年) ●都市緑地保存法(73年) ●国土利用計画法(74年)
経済計画	●ガリオア・エロア資金開始(45年) ●第2次農業改革(46年) ●復興金融金庫設立(46年)	●経済自立五ヵ年計画(56～60年) ●石油化学育成対策(55年) ●新長期経済計画(58～62年) ●国民所得倍増計画(61～70年) ●中期経済計画(64～68年)	●経済社会発展計画(67～71年) ●新経済社会発展計画(70～75年) ●経済社会基本計画(73～77年)
国土計画	●緊急干拓事業実施要綱決定(45年) ●第1次漁港整備計画(51年) ●河川総合会月事業開始(51年) ●電源開発五ヵ年計画(52年) ●北上特定地域総合開発計画(53年) ●第1次道路整備五ヵ年計画(54年)	●第1次首都圏整備計画(55年) ●国鉄第1次五ヵ年計画(57年) ●第1次治水・治山五ヵ年計画(60年) ●第1次港湾整備五ヵ年計画(62年) ●新産業都市建設促進計画(62年) ●臨海工業地帯開発計画(62年) ●全国総合開発計画決定(62年)	●国鉄第3次五ヵ年計画(65年) ●第1次下水道整備五ヵ年計画(65年) ●大阪・東京港湾計画(75年目標)(67年) ●新全国総合開発計画(69年) ●交通基盤整備計画(72年) ●都市公園等整備五ヵ年計画(72年) ●石油備蓄増強五ヵ年計画(74年)
代表的な公共事業及びトピック	●小牧飛行場滑走路親設完成(46年) ●中部電力㈱平岡ダム完成(52年) ●沼沢沼発電所運転開始(52年) ●築上発電所運転開始(52年) ●三重県で初の有料道路開通(53年) ●鹿児島県熊野干拓工事着工(53年) ●地下鉄丸ノ内線開業(54年) ●東京都三河島下水処理場の処理水を工業用水として供給開始(55年) ●本州四国連絡橋調査に着手(55年) ＊八高線列車事故(47年) (死者174人，負傷者800人) ＊建設省設立(48年) ＊農林省発足(49年) ＊通産省発足(49年) ＊日本国有鉄道発足(50年) ＊北海道開発庁発足(50年) ＊日本航空設立(51年) ＊日本住宅公団設立(55年) ＊科学技術庁開庁(56年) ＊日本道路公団設立(56年) ＊首都高速道路公団設立(59年)	●佐久間ダム完成(56年) ●東海村第一号原子炉に点火(57年) ●関門トンネル開通(58年) ●八郎潟干拓事業着手(58～73年) ●東海道新幹線正義着手(59年) ●東京都・新宿副都心計画決定(60年) ●北陸トンネル開通(62年) ●若戸大橋開通(62年) ●新産都市に八戸等15ヵ所指定(62年) ●青函トンネル鍛入れ式(63年) ●黒部ダム完成(63年) ●首都高1号線開通(63年) ●新産都市に岡山等13ヵ所指定(63年) ●工業整備特別地域6ヵ所指定(62年) ●羽田海底トンネル完成(64年) ●東京モノレール開通(64年) ●東海道新幹線開通(64年) ●九州横断道路開通(64年) ●名神自動車道開通(57～65年) ＊自治省設立(60年) ＊都営地下鉄京成相互乗り入れ(60年) ＊日本初の京都のチンチン電車廃止(61年) ＊水資源開発公団設立(62年)	●天草5橋開業(66年) ●首都高環状線全線開通(67年) ●千里ニュータウン完成(67年) ●初のコンテナ埠頭完成(東京・神戸)(67年) ●九州縦貫道起工式(68年) ●国営有明干拓事業完成(68年) ●東名自動車道全通(69年) ●多摩ニュータウン建設着手(69年) ●高山・下筌ダム完成(69年) ●鹿島港開港式(69年) ●泉北ニュータウン宅地造成完了(70年) ●本牧埠頭完了(63～70年) ●鹿島石油化学コンビナート完成(71年) ●山陽新幹線開業(67～72年) ●武蔵野線開業(73年) ●八郎潟干拓事業竣工(58～73年) ●関門大橋完成(68～73年) ●北九州道路全通(73年) ＊松山空港沖墜落事故(66年) ＊三里空港反対闘争(67年) ＊環境庁発足(71年) ＊資源エネルギー庁発足(73年) ＊国土庁発足(74年)

1980　　1990　　2000

安定期	バブル形成期	バブル崩壊期・停滞期
●沖縄海洋博覧会(75年) ●自動車3000万台突破(76年) ●宮城県沖地震(78年) ●失業者141万人突破(78年) ●東名日本坂トンネル事故(79年) ●東京都人口減少(80年) ●輸出超過額史上最高(84年)	●NTT,JT民営(85年)国鉄民営化(87年) ●ブラックマンデー(87年) ●対外資産残高世界一へ(88年) ●昭和天皇崩御、平成へ(89年) ●東西冷戦終結(89年) ●東西ドイツ統一(90年) ●湾岸戦争勃発(91年)	●雲仙普賢岳大規模災害(91年) ●17年ぶり地価下落(92年) ●倒産40%増(92年) ●北海道南西沖地震(93年) ●阪神・淡路大震災(95年) ●地下鉄サリン事件(95年) ●拓殖銀行・山一証券倒産(97年)
●石油備蓄法(75年) ●過疎地域振興特別措置法(80年) ●テクノポリス法(83年)	●総合保養地域整備法(87年) ●頭脳立地法(88年) ●多極分散型国土形成促進法(88年) ●土地基本法(89年) ●国会等移転法(92年) ●地方拠点都市地域整備法(92年) ●大阪湾臨海地域開発整備法(92年) ●環境基本法(93年) ●緑地法改正(94年) ●被災市街地復興法(95年)	●住専処理法案等金融6法成立(96年) ●環境影響評価法(97年) ●財政構造改革法参院で可決(97年) ●改正河川法公布(97年)
●昭和50年代前期経済計画(76～80年) ●新経済社会7ヵ年計画(79～85年)	＊プラザ合意(ドル高是正)(85年) ＊内需拡大政策を提言(86年) ＊ルーブル合意(内需拡大)(87年) ●ふるさと創生1億円事業(88年) ●経済運営5ヵ年計画(88年)	●生活大国五ヵ年計画(92年) ●13兆円の総合経済対策決定(93年) ●日本版ビックバン構想提唱(96年) ●規制緩和計画閣議決定(97年) ●2兆円特別減税実施(98年)
●道路整備長期計画発表(75年) ●国土利用計画(76年) ●第3次全国総合開発計画(77年) ●むつ小川原開月基本計画(77年) ●市街化区域内農地宅地化促進(80年) ●テクノポリス構想(15地域指定)(84年) ●ニューメディアコミューニティ構想8地域指定(84年)	●首都改造計画公表(85年) ●国土建設長期構想発表(86年) ●全国総合水資源計画策定(87年) ●第4次全国総合開発計画(87年) ●公共投資基本計画(90年) (430兆円の投資計画) ＊リゾート開発再検討決定(92年)	●港湾技術開発長期政策策定(93年) ●防災緑地緊急整備事業促進(95年) ●第7期住宅建設五ヵ年計画(96年) ●第7次空港整備七ヵ年計画(96年) ●第7次港湾整備七ヵ年計画(96年) ●第12次道路整備五ヵ年計画(98年) ●第5次全国総合開発計画(98年)
●山陽新幹線岡山～博多間開業(75年) ●長崎空港完成(75年) ●池田・水窪ダム完成(75年) ●大鳴門橋起工式(76年) ●阿武隈大堰工事着手(76年) ●苫東工業団地建設着手(76年) ●リニアモーターカー走行実験成功(77年) ●新東京国際空港開港(78年) ●長良川河口堰工事着手(78年) ●有明干拓事業完工(33～78年) ●本四橋・大三島橋開通(79年) ●南アルプススーパー林道完成(79年) ●幕張新都心埋立完了(73～80年) ●神戸ポートアイランド完成(66～81年) ●中央自動車道開通(57～82年) ●上越新幹線開業(71～82年) ●阿武隈大堰完成(82年) ●中国自動車道全通(83年) ●みなとみらい21着工(83年) ●三陸鉄道開業(84年) ●湾岸線全通(70年) ●OBP土地区画整理事業完成(84年) ＊関西空港㈱発足(84年) ＊日本高速通信㈱発足(84年)	●東北新幹線開業(71～85年) ●大鳴門橋完成(85年) ●関越自動車道全通(85年) ●河北潟干拓事業完成(63～85年) ●諫早湾干拓事業着手(86年) ●北陸自動車道全線結合(87年) ●石油地下備蓄基地建設開始 (87年)(岩手県) ●青函トンネル事業運用開始(71～88年) ●天保山ハーバービレッジ整備(88年) ●本四橋・瀬戸大橋開通(88年) ●金沢シーサイドライン開業(88年) ●北海道縦貫自動車道開業(89年) ●横浜ベイブリッジ開通(89年) ●長崎自動車道全通(90年) ●神戸六甲ライナー開業(90年) ●花博でCTM運転開始(90年) ＊国鉄清算事業団発足(87年) ＊東京臨海交通㈱発足(88年) ＊幕張メッセオープン(89年) ＊葛西臨海水族館開園(89年) ＊ハウステンボスーオープン(92年) ＊ランドマークタワー完成(92年) ＊巻町原発住民投票条例可決(95年)	●大阪モノレール開業(90年) ●山梨リニア実験線起工(90年) ●天保山ハーバービレッジ開業(90年) ●新都庁落成式(91年) ●ベイサイドプレイス博多埠頭完成(91年) ●山形ミニ新幹線開業(92年) ●東京外環一部開業(92年) ●神戸ハーバーランド完成(92年) ●羽田空港新ターミナルビル開業(93年) ●関西新国際空港開港(94年) ●新交通ゆりかもめ開業(95年) ●常磐新線沿線開発事業(95年) ●長良川河口堰本格稼働(95年) ●東京湾横断道路開通(97年) ●北陸新幹線(高崎～長野)開業(97年) ●本四橋・明石大橋開通(98年) ＊同時に神戸淡路鳴門自動車道全通 ＊もんじゅ事故発生(95年) ＊巻町住民投票で原発拒否(96年) ＊北海道豊浜トンネル崩落事故(96年) ＊ロシアタンカー重油流出事故(97年) ＊動燃・ドラム缶腐食事故(97年) ＊諫早湾干拓事業論争(97年)

①旭川物流基地
北海道旭川市・東鷹栖地区にある運輸業者など物流に特化した物流拠点。旭川空港まで16キロの距離にあり，近隣には流通団地や工業団地がある。分譲面積は約22ヘクタール。近内の運輸，卸売会社が活用している。

②恵庭地区
札幌や新千歳空港に近く，ハイテク産業の立地も進んでいる。コクヨが北海道の物流強化を狙い，99年末をメドに恵庭市内に配送センターを建設。販売店に文具事務用品を直接配送する体制を整える予定。

③岩手県北上市周辺
秋田道と東北自動車が直結した交通の要所。北上流通基地は完売状態。キリンビバレッジは盛岡市と北上市の間にある紫波町に盛岡物流センターを開設，岩手や青森，秋田３県向けの拠点とする。

④いわき市周辺
磐越自動車道の起点で，南東北の物流港への脱皮を図る小名浜港にも近い。磐越自動車道は太平洋と日本海を直結する本州初の横断道。北陸道，東北道などとも接続しており，東北と関西を約９時間でつなげる。

⑤加須流通業務団地
東北自動車道の加須インターチェンジに直結。分譲面は約21ヘクタール。28区画で，中外製薬，クラヤ薬品，三井倉庫，ダイワボウ情報システムなどが購入。97年10月に分譲が終了し，約３割がすでに物流拠点を建設している。

⑥常陸那珂港
茨城県ひたちなか市と東海村にまたがる新港。国際海上コンテナターミナル機能，外貿機能などを備える。取扱貨物量は年間2600万トン。98年12月に第一船が入港。2010年完成を目指す。

⑦いばらき総合流通センター
常磐自動車道と北関東自動車道の交差地点（茨城県友部町）に位置し，企業の広域的な物流拠点となる。面積は約109ヘクタール。卸，運輸・倉庫関連企業などの進出を見込む。管理センターも建設。2003年度開業予定。

⑧千葉県浦安市千鳥地区
首都高速湾岸線の浦安インターチェンジから3.2キロの距離にあり，分譲済みの約46ヘクタールに31社が進出。うち，日本ロジステック，コスガなど５社が物流拠点として活用。残り約30ヘクタールは未分譲。

⑨横須賀流通業務拠点
横須賀インターチェンジに直結する。横須賀市が基本計画を作り，西武鉄道が事業を実施。面積は約50ヘクタールで，卸や運輸関連企業向けの流通業務地区は約12ヘクタール。このほか域内に200戸の住宅も計画。2002－2003年の分譲を目指す。

⑩能登中核工業団地
製造業の生産拠点だけでなく，流通業や輸送業など物流関連施設向けにも分譲する方針。分譲可能面積は約33ヘクタール。地域住民へのサービス向上や地場産業の貢献する施設の入居を目指す。

⑪富山市周辺
北陸地域の物流拠点を富山県内に設置する動きが目立つ。日立物流は中新川郡に北陸地区の物流を集約する北陸物流センターを開設，日立グループの製品や県内の製薬会社の貨物を取り扱っている。

⑫加西南産業団地
97年５月から製造業，流通業者を対象分譲を開始。中国自動車道の加西インターから９キロ，山陽自動車道の加西川北インターから５キロ。

⑬小野物流等業務団地
94年度から分譲を開始。小野工業団地に隣接し，山陽自動車道の三木小野インターから２キロ，中国自動車道の滝野・社インターから15キロ。アシックス商事などが進出。

⑭竜野西流通団地
区画整理事業によって生じる保留地を97年度から順次分譲。山陽自動車道竜野西インターに隣接する。コープこうべ（神戸市）と佐川急便（京都市）が進出。

⑮岡山県北流通センター
中国縦貫自動車道と中国横断自動車道の交差地点近くに整備。久世インターチェンジに直結。31区画からなり，2001年度ころの造成完了を目指す。

⑯尾道流通団地
西瀬戸自動車道の開通をにらみ，広島県が尾道市に整備。山陽ら2.5キロ，尾道糸崎港から10キロ。分譲面積は約32ヘクタール。99年２月に一部完成。

⑰なんごく流通団地
高知市中心部から15キロ，四国横断自動車道南国インターチェンジから13キロ，高知新港から７キロ。分譲面積19ヘクタールで，全43区画。すでに日本通運，伊藤ハムなど５社が立地を決めている。

⑱鳥栖北部丘陵新都市
流通業が入居できる鳥栖地区は鳥栖筑紫野有料道路の柚比インターに隣接。長崎自動車道鳥栖インターからも１キロ。九州最大手の医薬品卸のアステム（大分市）が進出の予定。

⑲大分流通業務団地
2001年度後半から分譲開始予定。FAZ（輸入促進地域）に指定された大分港大在コンテナターミナルから５キロ，東九州自動車道の宮河内インターから２キロ。

⑳八代流通拠点整備事業
八代市内を八代インター周辺，中心市街地，八代港周辺の３地区に分けて，整備を進める構想。市内外の25の企業が参加し，97年11月以来，これまでに３回の事業化研究会を開催。

㉑クレアパーク延岡
宮崎県北部地域の整備事業の一環で，今年度から流通団地の造成などを開始。利用申し込みがある案件を一つずつ造成するオーダーメードの分譲方式を採用。

新しい高速道路の開通や空港の開港など，各地で進む交通インフラの整備。長引く不況に対応して求められる企業の物流戦略の再構築。物流拠点を取り巻く環境は急ピッチで変わろうとしている。全国レベルの物流効率化をうたった「総合物流施策大綱」を政府が九七年四月に閣議決定したのを受け，各地の自治体による物流拠点の集積地整備や企業誘致も熱を帯びてきた。二十一世紀を目前に，交通，経済情勢に応じて大きく塗り替わりつつある全国の「ロジスティクスマップ」を点検してみた。

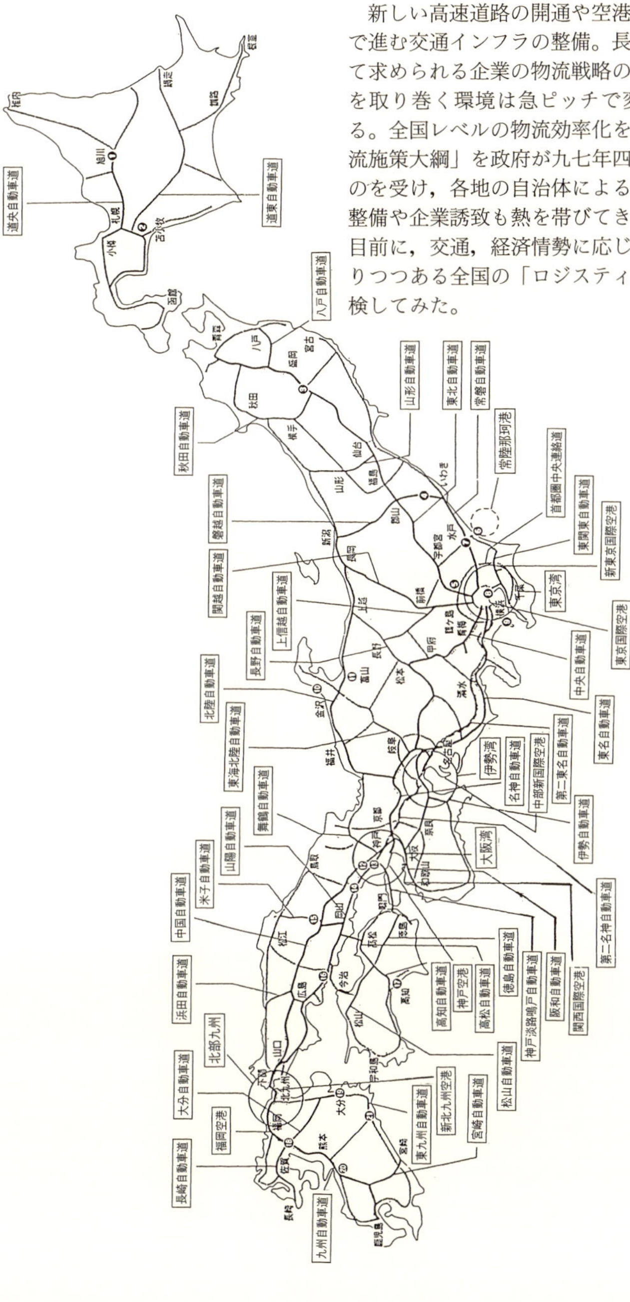

参考文献

・拙稿「物流拠点を中核とした広域交流圏の創造」(中部大学産業経済研究所紀要，1998. 3)
・拙稿「総合物流化への潮流」(中部大学経営情報学部論集，1998.12)
・拙稿「都市経営の視点」(中部大学経営情報学部論集，1999. 3)
・「アジアコンテナターミナル調査報告書　　これからの国際海上コンテナターミナルの整備について」(社) 日本プロジェクト産業協議会，平成 9 年 3 月)
・「PFI 推進研究会　中間とりまとめ」(経済企画庁総合計画局，平成11. 1)
・「物流効率化の推進を目指して」(運輸省中部運輸局，平成11. 3)
・「地域主権の確立に向けた地方自治体の自己改革」(21世紀政策研究所，地方行政改革チーム，平成11.2)
・「PFI 海外調査報告書」(PFI 海外調査団，1998.12)
・「ベイエリア委員会欧州調査団報告書」(社，関西経済連合会ベイエリア委員会，1999. 2)
・http://www.obayashi.co.jp/Topics/stadium1.html
・http://www.iwai.org/kaikan/pfi004.html
・http://www.epa.go.jp/99/e/19990806e-pfihou.html
・「次世代民活事業に関する中間報告書 (本編)」(㈳，日本プロジェクト産業協議会，次世代民活事業研究会，平成10. 6)
・「次世代民活 (PFI) 事業に関する報告書」(㈳，日本プロジェクト産業協議会，次世代民活事業研究会，平成11. 1)
・「経済構造改革行動計画について」(通商産業省産業政策局，平成10. 3)
・「運輸経済年次報告」(運輸白書) 平成10年度
・「マリンタイムデーリーニュース」1999. 6 .11，No.11330
・「エアーポートハンドブック」(財，関西空港調査会編，月刊同友会，平成11. 3)
・「PFI」(経済企画庁，平成11. 3)

第6章 国際総合物流拠点創設への胎動

I．24時間対応型交通ネットワーク化の進展

空港，港湾，鉄道を一体型とする交通体系のネットワーク化が急速に進展し始めている。97年4月4日に閣議決定された「総合物流施策大綱」が世に出てから3年が経過した現在，全国の数カ所で圏域単位を前提とした大掛かりな社会資本整備事業が進展しており，これは既存の概念をはるかに凌駕する規模と資本を元に，わが国が21世紀に適合する新しい社会の創造を目指す具体的な施策として強力に推し進めているものである。これは概ね物流拠点創設を前提に展開されているものであり，最新の情報インフラ整備と連動して新世紀の幕開けと共に，その全貌が明らかにされることになっている。

筆者の私見では，東は茨城県のひたちなか港及び鹿島灘，そして西は北部九州の響灘地域が，ここ数年来急速の開発事業が展開されているように感じられる。一方，わが国の国土軸と言ってよい太平洋側で世界的に有名なのは「東京」であるが，港町としての歴史をひもとけば「神戸」ということになる。平清盛が福原を中心に神戸港の開発を行い，宋銭獲得に乗り出した時代から今日まで極めて重要な港町として発展し，風光明媚な地形を生かした魅力ある都市となっていることは周知の事実である。そして新世紀をカウントダウンし始めた2000年5月の現時点で，その特性と潜在力を発揮する可能性が最も高いのが神戸なのである。具体的には神戸市北区である。この地は神戸湾と新神戸駅を結ぶ延長線上に位置した広大な田園地帯であるが，ここに上記の総合物流拠点が着々と整備されているのである。一般的には，まだ耳目を集めている状況ではないが，この地を囲む広域的な東西南北に及ぶ交通

ネットワーク整備は90年代に入ってから急速に進んでおり，それが次第にこの地域に収斂する方向性を現出させているのである。

時代が大きく揺れ動いている現在，日本はいつの間にか世界の進路を左右する存在となっている。第二次世界大戦以降，わが国がこのような経済発展を遂げた最大の理由は，アメリカが日本をアジア進出の拠点として育てあげたことが第一の要因であると考えられるが，日本はそのアメリカが予測した以上に全国民が一丸となって働き，また驚くほどの速さでアメリカを脅かすほどの経済力を保有する国になったのである。

アジアの時代と呼ばれるようになって久しいが，経済は一流，政治は二流とされてきたわが国の在り様は，金融経済面での失策続きで景気後退が余儀なくされて，国債発行依存度ばかりが目立つ活力に乏しい現状を露呈している。それだけに起死回生策として国家再建の中核を為す施策の実現が何よりも求められており，**わが国の産業構造を大きく転換させながら国際的な基準に適合した新事業の創造が意図されて来た**のである。

実際面で世界に例を見ないほどの規模と効率性を持つ**「総合物流拠点」**の創設は，24時間対応型の開かれた市場実現を元に，国際競争戦略上の使命を果たすだけでなく，わが国の持つ地勢的特性と職人文化を統合して，かつてイギリスが世界の交易の中心であったように，新時代の到来を予感させる**「世界の工場」**としての機能をも兼ね備えるものなのである。

首都機能移転論議が喧しいが，これは現状を見る限り実態の乏しい抽象論議に終始しているように思える。移転が望ましいとする立場で事の正否を問うということは正論に聞こえるが，現実の政治の有り様は霞ヶ関の充実の前に分割及び一部省庁の移転論議を全くの空論に転位させている気がする。

政治からではなく経済からの機動力が求められている時に，時代を逆流させることの怖さをもっと真剣に考える必要がある。国民が望むものは，いつの世でも**「夜警国家」**に代表される安価な政府であり，小さな政府であるはずである。政治形態の変化が国を変えるという想いは，ロマンティシズムであり端的に言えば時代錯誤であると断言できるのではないか。自由と民主主義を拘束する一切のものが，次世紀には世界的に修正される最たるものとなっていくと予測されるだけに，国富全体の活性化に繋がる議論を望みたい。

この思いは筆者がここ数年来，調査を繰り返しながら論究を深めている**「総合物流施策」**においても同様である。上記に述べた首都機能移転候補地をはるかに凌ぐ土地利用計画である物流拠点創設事業も閣議決定後の進捗状況は未だその実態を表面化させてはおらず，稀有壮大なプロジェクトが既存の産業構造や経済システムを変革していくプロセスが，省庁再編の詰めの作業の前に寸断された形でしか見られないからである。

しかしながら，悲観的な見方はこの場合相応しくないのかもしれないという思いも同居しているのである。というのは，日本人の特性の一つとして何にせよ余りに大きなものに対しては，一概に信じられないという立場を実態を見てもいない内から採る傾向があるからである。またそれを見た瞬間からまったく異質なものとして現実との関わりを避ける傾向が存在しているからである。限りない可能性を秘めた壮大なプロジェクトだけに，準備はこれ以上望めないという体制で年月を重ね，そして入念な計画の下に現実的な出来事に右往左往することなく頑なまでに初志を遂行し，何よりも地元住民たちとの信頼関係の構築に全力を注ぎながら時（秋）を待つ，といった姿勢が伺えることも事実である。

こうした感慨を持てるようになった契機は，99年11月初旬に北九州の沿岸部を4日間に渡って視察したことである。特に響灘地区と建設中の北九州空港（海上埋立て空港）を小型船に乗って，実際にこの目で確認したことが大きく作用している。同乗された関係者との語らいは，未来型の郷土建設の夢の実現を見守る姿勢に溢れ，事業とは本来こうした人間関係の集合体で進めるべきものであると強く実感した次第である。

事業は着実に一つの目的方向へと進んでいるのである。物流が地域の基盤整理を行い，社会資本の充実を将来にわたって継続させる根源であるという共通認識は，この地の関係者間では不動のものであったことが印象的であった。では，何故これほどまでに**「物流」**に拘りを見せるのか。改めて物流とは何か。一体どのような概念が付与され，**価値観**を高めているのか。そうした基本的な問題意識から，今日までの経緯と詳細を検討していくことにする。

今日世界中で最もダイナミックな「物流」を展開しているのはアメリカである。滑走路を10数本持つというわが国では考えられないような巨大空港が主要**「産業都市」**の動脈を形成し，またそこから毎日24時間，年中無休で各州及び海外に向かってネットビジネスが展開され，空港が市民の「足」と言い切れるほどに身近な存在となっていることを考えれば，これは当然かもしれない。

アメリカの凄さは何と言っても世界最大の工業国であり，農業国でもあり，紛れも無い軍事大国であり，そして何よりも世界に先駆けた情報・通信・衛星ネットビジネスの発信源であり，また新規事業の革新的温床となっていることである。

超大国と云われる所以はすべて整っているからである。しかも表向きは世界の商ビジネスが闊歩し，世界中の人々を惹きつけて止まない観光名所が随所に点在していることが，アメリカを一層際立たせているのである。自由の女神が1886年10月28日，リバティー島（ベドロー島）に聳え立って以来，彼女の右手に掲げられた松明の灯火は移民たちの苦しみの歴史を照らしながら，今や**世界都市ニューヨーク**のシンボルとなり，ハドソン川とイースト川に囲まれた水上の都マンハッタン島は，世界中の人々の好奇心を惹きつける摩天楼へと変貌していったのである。

ニューヨーク市は，1784年にニューヨーク市がニューヨーク州の州都となり，同時に連合規約により合衆国の首都に指定され，1789年4月30日，ジョージ・ワシントン初代大統領が，フェデラル・ホールで就任宣言を行って文字通り**「エンパイア・ステート」**となって，**合衆国の中心**となった。

今日ニューヨークの経済は，世界の金融資本の巨大な発展の中核となっており，ウォール街では貴金属，油，先物取引（綿花，砂糖，コーヒーなど）の商品取引が行われており，約4,000の企業が本社や営業所をもっているのである。また情報化の先端基地としての整備は，金融業界の発展と共にすばらしく，通信・情報サービスの面ではアメリカの中でも突出した特色をもっており，新聞，雑誌，マスコミ関係を見ても全国ネットのTV局はすべてある。

外国関係の新聞社（支社），広告代理店，市場調査，弁護士事務所，会計事務所，探偵事務所に至る総合的なビジネス・情報・サービスの拠点であり，また国際会議を開催できる各種の施設，ホテルの充実は，正に世界のコミュニケーション・センター的な一大国際都市を形成しているのである。こうした社会を実現した基盤をなす道路，鉄道，地下鉄，バスターミナル，そして空港などの各種交通機関の整備や港湾の拡充計画には，The Port Authority of NY&NJを中心として，ニューヨーク州全体としての都市景観の保護といった視点から実行性の高い土地利用計画や環境問題に対して様々な法的措置がなされて来たのである。

都市計画の開発理念としては，次のようになっている。

1．都市成長の誘導策

2．活性化対策

3．歴史的町並み，文化保存と都市景観の保存

4．ウォーターフロント計画

5．社会的基盤整備と人的資源開発計画

ニューヨーク市は植民地の時代の行政区分に相当する五つの区で構成されており，これは1898年にマンハッタン島（ニューヨーク郡），ブルックリン（キングス郡），ブロンクス，クイーンズ，ステタン島（リッチモンド郡）が併合され誕生したものであるが，こうした歴史と文化を持つアメリカにとって，国際政治の協調の場である国連本部をも傘下に置きながらの半世紀は，正に**「アメリカこそが世界であり，その中心である」**という意識を助成し続けており，アメリカ的なるものの国際標準化を世界に求め，それを根付かせようとした時代であった。1776年の建国以来，国是とも云うべき開拓者精神・フロンティア・スピリットを社会進化論にまで高め，更に機会均等のルールを元に完全なる優勝劣敗の原則をこの地を訪れたものすべてに教示徹底させ，アメリカンドリームを追い求め続ける国家維持体制は，**「新世界」**という固有名詞を頂くアメリカの基調底流を形成している要因であり，他国が真似できないこの国独特の歴史的経緯の中で作り出された文化となっている。

付言すると，アメリカの文化は移民たちの新世界での活躍が作り上げてきたという側面が存在することが重要なのである。勿論，黒人やネイティブの人たちの文化も混在しているが，二百数十年間にわたる**［人種のるつぼ］**が生み出したという「歴史」こそが重要なのである。

一方わが国では，物流（Physical Distribution）という言葉は，一般的には業界用語として長らく使用されてきた経緯があるが，考えてみれば古来より，人の流れに従って物が流れて行き，社会もその物の流れによって次第に市（バザール）を形成し，人が集まり街をなし，そして**都市を形成して貨幣経済**を浸透させて来た。西欧の歴史では，これが12世紀頃に一気に開花したとされている。上記のアメリカにもたらされた隆盛は，1620年にピルグリム・ファーザーズがプリマス港に上陸してメイフラワーの誓約を果たして以来，永住の地ニューヨークを巡って，人・物・金の旺盛な流れがあったからに他ならない。

人間が生活していく上で欠くことが出来ないものは，何と行っても食物であり，衣料であり，住居であることはどこの国においても，またいつの時代にあっても不変的な事実である。現在世情では**IT 革命**(1)という言葉が，金科玉条の如くに紙面を賑わせているが，如何にメールが発達しようとパソコンの画面から注文した商品は出て来ないのである。

当然といえば，それまでのことでしかないが，電子商取引と言っても瞬時に交渉が成立し，相手先に商品を送るとなれば，それに迅速に対応する高度な輸送体系が整備していない限り，画面上の**バーチャル・ゲーム**でしかないのである。

航空機，船舶，列車，トラックといった輸送手段がネットワーク化しない限り，時間のこれ以上の短縮はどこの国でも至難の技となっている。その前提となる空港，港湾，鉄道，高規格道路及び一般道路の連携がなければ，これらの輸送手段はそれぞれの特性（空と海と陸上の専用輸送機関）を生かすだけの寸断された乗り物に止まり，本来の目的である最終地への大量の商品を安全にそして確実に移送及び搬送することが単独では出来ないのである。

それだけに「物流」という概念をもっと身近なものとして認識するために，個々人の生活の場からの世界とのつながりを改めて見直す必然性が急浮上しているのである。換言すれば，**生命線**と**生命軸**という言葉を付与することによって，もっとその意味するところが明確になるのかもしれない。

より端的に示すと，水や空気同様に物流は産業社会に生きるすべての人々にとって**必要不可欠**なものと言って良いと考える。その現実的証左となる現象はすでに起こっている。具体例は，日々の紙面に現れる産業・企業の動向を見れば明らかである。今日世界中の生産者から一般消費者へと，人々の生活に欠かすことの出来ない物資全般が供給されているが，各産業分野の競合は巨大な資本獲得による厳しい業界統合を具現化させ，人・物・金・情報の大移動を果たしながら分針秒歩と称される時間短縮競争と物流効率化を推進しているのである。このように考えると，全国各地で展開している社会資本整備の目標も実は経済活動の原流とも言える物流効率化を促進するための施策の推進であり，物流拠点の整備統合のための前段階であって，旧来型の当該都市だけの交通ネットワークの部分改修を旨とする公共事業ではないのである。国際総合物流拠点の創造こそは，21世紀のわが国にとって正に**国運を賭けた事業**となっているのである。

今日，わが国はあらゆる面から先進諸国並みの都市形成を求められているのである。地域内における伝統や文化の継承を始めとして，愛郷心を下に美観に対する共通した保護意識を高め，自分たちの郷土がより良い暮らしの実現可能な地域特性を発揮できるように，一人一人が協力し合って活気の溢れる町づくりを達成していかなければならないのである。郷土に対する愛着と誇りを如何に高めていくかが，国際化の中で問われているのである。

少子高齢化の進行する現在，従来のような行政頼みの受動的な生活行動は却って状況を悪化させる要因となる可能性が高いのである。市民権の及ぶ範囲は，地方分権法の改正によって格段に広がっており，それだけに市民であることの権利と義務の幅も拡大しているのである。**法治国家**としての国民のあり方が，地域を変革し国を動かす起動力となっているのである。

冷静に考えなければならないことは数多く存在している。自分の将来の姿を導き出すためには，自国の未来に**夢と希望**を抱く必要があるからである。国が民間に対して，国家施策の遂行を委託するといったことが現実に起こっている以上，こうした大変革に対してもっと真剣に考察すべきなのである。前章**「都市開発と社会資本整備」**で詳細に論究した新しい社会資本整備方策の考え方としての**PFI 推進法**の成立は，わが国の現実を如実に示すものとなっているのである。

イギリスの先例に習う形で導入されたこの法律は，わが国の社会資本整備にとって極めて重要なものであり，今後は事業毎の年次報告書の公開によって投資効果が瞭然となるだけに事業推進の主流を為すと予測されるが，唯，これとても考えてみれば，文字通り先進資本主義国として18世紀から20世紀半ばに架けて世界をリードし続けたイギリスが，第二次世界大戦後からアメリカの覇道の前にトップの座を明渡し，そして70年代後半から顕著となった慢性的な景気停滞がもたらした**イギリス病**から脱するために打ち出した国費削減のための民間による開発型事業方式であったことを想起すれば，わが国が決定したこの PFI の導入は，肥大化した国家組織が必然的に選択を迫られるものであったと断言して良いのかもしれない。

税金の使途についての関心が国民の間において急速に高まっている現在，事業推進に際して**ディスクロージャー**の要請は当然のことであり，投資効果の基準が「環境問題」や「地域活性化」に如何に貢献しているかに及ぶとしても**自明の理**と言わざるを得ないのである。

「誰のために，何のために」という普遍的な問い掛けに応えていくことが，今わが国のあらゆる施策や対策に求められているのである。国民の一般常識から余りにも大きく逸脱した財政運営の繰り返しでは，わが国の将来は巨大な債務の山を築くばかりで，結果として国民の税負担は勤労意欲を喪失する程までに高まることが予測される。経済は明治の御世，**経世済民**から生まれた言葉であったことを想起すべきであり，Economy を**節約**と訳したことと合わせて再度ことの本質を見直すことが重要なのである。

それだけに経済性という言葉も，単に経費の削減を前提とする昨今の風潮とは大きく異なり，必要ならば巨額の投資を積極的に行ってその成果を問うというものであり，資本の本来的効用としての**価値創造**を意図したものなのである。国家予算の配分は，税金の還流であるという原点に返って行うべきものであり，国民経済の資質向上を実現するために為されるべきものである。

そう考えれば短期，中期，長期の三つの視野に立った計画の実行が相互に関連性を維持し，整合性を高めながら社会資本整備が目指す国富充実のための総合的なネットワーク化のためのグランドビジョンを実現していくことの重要性に気付くはずである。先進諸国と比較して政府の方針や各種の対策が国民を納得させるという当然のことが格段に低い状況にあることは，わが国の政治形態の発展過程に根本的な問題があるのかもしれない。かつて**男子の本懐**と言われた政治家の命がけの姿勢が，最近希薄になったと実感させているのは，国際情勢への認識が現象面での多様性に終始し，熟慮を重ねて様々な現象の背後にある根源的な時代精神といったものへの考察が衰弱しているからではないだろうか。

「哲学」という学問の後退現象が，「思索」するという経験を奪い始めている。あらゆる学問の根本を為す学問が敬遠され，そして軽視され始めてから久しいが，「ものの存在を明らかにする」という人間の本能とも言える強烈な好奇心と旺盛な探究心が，政治や学問の世界から消失しては，「思考」そのものが成り立たなくなるのではないだろうか。考えるという行為と行動は，人間の人格を保証し，固有の尊厳を付加するものであったはずである。知恵を生み出すための膨大な知識と自己の経験の具体性を思索の中で今一度人生観及び世界観の構築にまで高め得る経験こそが，哲学に至る道であったはずである。哲学者は世界を明らかに示したのでなく，人間の頭脳の中に世界を描くことが出来，また世界が宿るということを教えた人たちであったのである。それ故に，知るということの目的とするものは，究極的には世界であり，その過程の中での自己の発見ということになる。**自己認識とは，かつて世界を知ることであったのである。**

世界を知るということは，自分が世界を体感するということに他ならない。例えば，現在**「共生」**という言葉が流行っているが，これなども自然と社会を媒体としながら世界を視野に置くという共通認識を醸成しようとするものであると考えるべきものである。科学技術の長足の進歩によって，地理上の世界を隈なく行き来することが可能となり，時間的にも空間的にも世界は驚くほど身近な存在となっており，また言語や宗教，そして民族の違いを乗り越えて世界中の人々が他国の様々な都市に居住するというこの20世紀末の現実は，当然のことのようにすべての人間にとって普遍的なルールの遵守を前提とする社会を現出させている。

一つの国家が，このように他国の人々を受け入れてなお国家として機能しているという事実をもっと真剣に考え，評価すべきである。戦争や内乱という狂気の時代を経なかった国家が殆ど存在していないという人類の歴史を回想するだけでも，世界を見る目は変わるはずである。地球人という一般的総称が俄然現実味を帯びてきたことが，この世紀末の有力な特徴の一つである。異文化とされた生活様式も幾世代にも亙って様々な現実的適合を重ね，次第に市民権を獲得するまでになっている現状は，世界をゆっくりと本質的に変革しているのである。人類のこうした歴史的経験が，また次の時代を形成していくという歴史の教訓を，どこまで現実認識の徹底に際して生かせるかが，人間を後世において**「一人の時代精神・Ein Zeit Geist」**の代言者と呼ばせる存在にさせるのである。

哲学するという思惟経験は，世界と歴史を思索する人々にとって最も重要な資質となることは疑いがない。世界が混乱の中にあればあるほど，その重要性は増すのである。政治・経済の動向が，あたかも一国及び世界の変化のすべてであるかのような様相を呈しているだけに，現象の具体性にのみ目を奪われることなく，歴史の保有する本質を見極める今一つの眼をもつ必要がある。**「良き耕作者は収穫と同じ程度に耕作と種まきを愛する」**とした歴史家マルク・ブロックは，また「人間は彼らの祖父よりも，彼らの時代に一層類似している」と『歴史の弁明』の中で喝破しているのである。

II．世界市場への飛躍

最初に17世紀の科学者ライプニッツの言葉を引用しておきたい。すなわち**「過去の事物の中に見出された現在の事物の起源を数えるのは，現実はその原因によって始めて最もよく理解されるから」**という偉人の言葉の重さである。こうした先人の徹底した哲学観や歴史観，そして何よりも深い学識に裏付けされた人間研究が，最近あまり見られなくなったことは世界の将来にとって**「アキレスの腱」**と言えるかもしれないと考えるからである。

様々な思いを胸に抱きながら，現実のわが国の**［位置と意味］**を検証する過程で，世界の動向や趨勢と言った問題への関心が高まっている。それだけに，わが国が国際社会で生き残るための思い切った施策の実行と実現を望む気持ちもそれに倍して大きくなっている。以下に筆者が数年来視察を繰り返し，考察を重ねている「国際総合物流拠点」の創造の意義と目的を今一度紹介しながら論究を続けていくことにする。

現況では前章において付言した社会資本整備事業の新手法としての PFI 推進法は，今後全国で急展開することが喧伝されている。また一方で，高規格道路網の縦断的整備の進展によって，次第に全国の交通体系が時間を正確にカウントできるネットワークを形成し始め，その道路網を活用した広範な物流路線整備が**圏域単位**で着実に進展しているのである。例えば港湾部からの輸出入貨物が渋滞のない直近のバイパスや高速道路を利用して，中核都市や周辺諸都市へと放射状にトラック輸送されることによって，物流面での効率性は急速に高まっており，結果として従来企業群が形成してきた中心市街地周辺の物流拠点が目に見えて移設され始めている。

その事例として，99年11月に視察した北九州空港の港湾周辺地区においては，既に広大な土地が物流拠点として整備され始めており，海上に建設されている新しい空港と取り巻く港湾，そして近年延長著しい海岸線を走る高速道路，地域と海上を直結する予定の鉄道の一体的なネットワーク化を前提とした**物流ゾーン**が挙げられる。

社会資本の充実こそが国富の豊かさの指標であることは，西欧諸国を訪れた人であれば殊更に説明を要しないであろうと思われる。**「地域社会の持つ伝統文化と歴史性を損なうことなく，公共性の高いものを自然との調和の中で建設し，環境を慈しみながら人を思い合う心を養って共存していく」**，といった思いは今でも多くの人々の胸中にあるものと考えるが，日本人は戦後社会の大混乱に直面してから生活の維持に明け暮れる国民となり，この心栄えと憩いという心の安らぎの大切さを，急速にアメリカナイズされていく社会生活全般におよぶ変化の中で忘れてしまったのかもしれない。

現代が**「中心となる価値喪失の時代である」**と云われて久しいが，家長制度が崩れ，社会的規範及び秩序形成が軽視されるようになった現代の風潮の源泉は，何と言ってもアメリカ的民主主義を**個人主義**（Me-ism）の確立としてのみ受容した戦後世代の自由主義追求への際立った奔放な行動に求められるのかもしれない。

しかしながら自由は経済的自由となり，機会均等は優勝劣敗の原則の下に熾烈な競争を生み出し，巨額な産業資本と金融資本との拡大・結合によって徐々に欧米並の産業国家としての体制を整え，完璧なまでの企業社会を現出させた日本を，エコノミック・アニマルと呼んだ諸外国の視線は現在もなお消失したわけではないのである。

資本主義社会の到来は，歴史の発展段階説から見れば望ましい社会ではあるが，その根底には人間の本性を崩壊させる魔物が住んでいたことも幾度となく確認されている。環境破壊を齎して地球全体を温暖化の危機意識で包み込んだのも，空気を汚し水質を変えて生態系に異常を来したのも，ゴミの山を世界各地に現出させたのも，この資本主義が経済発展の名の下にこの世に送り出した負の遺産であったことは，誰しも否定できない事実である。今日までの飽くなき資本追求型の富や**砂上の楼閣**に作り上げた豊かさの追求は，無意識の内に誰かを，そして自然を犠牲にするという宿命を背負っていたと言えるかもしれない。しかしながら，この反省の時が今訪れているのである。真剣に考えなければならないとして論究を重ねているのはこのためである。

端的な比喩を掲げると，平和という人類共通の願望ですら気が付けば戦略兵器開発競争に明け暮れた時代から，戦争そのものへの抑止力競争の時代へと軍事戦略が進展した結果の産物でしかなく，しかも事実関係から検証すれば地球を完全に消失させる程の核兵器が表面上の世界平和を保障するというパラドックスを生み出しているのである。**核の傘の下の平和**という形容は，20世紀半ばの人類が発明した最も恐ろしい世界の現実を露呈した言葉であり，我われはこの現実を**分母**とする世界に住んでいるのである。例えば世界中の人々の耳目を引き付けた地域戦争でさえも，終わってみれば紛争解決に要した軍事費は総額で幾らであったという報道の下に，お金の多寡で換算される経済現象の一つとして摩り替えられて来た歴史を回想するだけでも，この20世紀末が如何に特殊な時代であるかが理解されると思う。換言すれば，半永久的な本質的危機を如何に巧みに幻惑しながら，経済行為の中で減少させていくかが，人類の叡智に課せられているのである。

重層的構造を持ちながら，しかも相互に関連し，そして混交し分断されている世界史の実態は，**アメーバ**（amoeba）のように変化し続けるものであって，過去の世界に静かに棲息しているものではないのかもしれない。

90年代に入って一挙に拡大してきた世界中の企業を取り込む業界再編の嵐は，120年前のアメリカで繰り広げられた資本統合の時代を彷彿とさせる勢いであり，**「歴史は繰り返さない，人がそれを繰り返す」**の譬えそのままに，現代社会を巨大な時代流に巻き込んでいる。独占資本という産業資本と金融資本の統合形態に為すすべも無く飲み込まれていく現状は，あたかも歴史の再現のようであり，まるで量的拡大が限界点に達して質的変革を内部から起こしているかのようである。

とすれば，この動向は当分の間誰も絶対に止めることが出来ないというのが歴史の教訓である。資本運動は時に予想外に既存のルートとルールさえも大きくはみ出す時期があり，これこそが巨万の富を勝ち得た**「産業王たち」**の世界的競争市場での究極の自己実現となっていたからである。大資本家と言われる源泉は，このような夢の追体験であったからである。

こうした歴史を内在させた資本主義社会も漸く，**経済主体**である家計に本格的な関心を持ち始め，政府と企業も三位一体の社会の調和と発展を前提とする国づくりを意図するようになってきた。国民の貯蓄残高が1200兆円と言われるほど，わが国の国民の貯蓄性向は際立っている。経済がここ10年景気低迷に喘いでいても，国内に紛争も政変も何ら起きないでいるということの基盤は，国民の生活力が様々な時代の風潮に揉まれながら，本質的には堅固であるからに他ならない。この基盤をこれ以上損なうことがあっては，わが国の将来は無法と違法の充満する社会となっていくことは避けようがないと考える。

国が社会資本という言葉を使い始めてから，モノ以上に人の活用の重要性が高まって来ているのである。**[人あってこそのもの]**という大前提が，改めて再認識されて来ているのである。

こうした認識の上に立てば，わが国が21世紀を世界市場への飛躍の世紀としてスタートしていくためには，旧来の慣習や手法に捕われない画期的なビジネスの展開方法を採用しなければならないのは当然のことになる。そして新規事業そのもののコンセプトも大転換して事業推進に取り組む必要性は，これに随伴して高くなり，**欠くべからざるもの**を求めて実現していくことが残された**使命**となるのである。

それ故，筆者が論究を続けている「総合物流施策大綱(2)」に内包される壮大な新産業都市創造ビジョンを実現していくことが，国民が求めて止まない平和を希求しながら，わが国が真の実力を世界に向かって開示できる新時代の

国家建設の礎となると考える。何故ならば，先に付言したように物流という生命軸の創設は，すべての国民の生活を保障し，また経済的自由を促進するものであるだけに，物流効率化のための社会資本整備は期待される施策となるからである。というのも，資本主義社会の特質とされる大量生産，大量販売の仕組みは，同一製品をより多く生産すればする程，製造原価は下がり，その分だけ利益が増えるという構造を持っており，物流効率化が飛躍的に進展すると，輸送コストが縮減され，最終消費者は従来と同じ品物をより早くより安く入手できるのからである。

わが国が全国の4ヵ所，すなわち東京湾，伊勢湾，大阪湾，そして北部九州地域に国際総合物流拠点を整備することによってもたらされる経済効果は絶大なものとなる。この4ヵ所を物流・ハブ基地として，空港，港湾，鉄道，そして高規格幹線道路をネットワークされ，そこからわが国の高度な技術力を生かした良質の工業製品や食品などの膨大な物資が国内は基より，諸外国に供給されることによって，わが国が世界の国々に対して果たすべき役割が店経済を前提とした**国際貢献**として明確になるからである。

21世紀を眼前にした今，日本の活性化は自国の繁栄に止まらず，世界の景気そのものに影響を及ぼすまでになっているという現実を直視しなければならないのである。緊密なる**連鎖経済体制**が確立しているという事実から，あらゆる現象を考察していかねばならないのである。国際的な産業構造変革が急速に進展している中，わが国の企業間での合併・および資本提携が活発化しており，今日まで戦前・戦後を通じて一貫して永遠のライバルと言われてきた企業同士が，国際化の巨大な潮流に飲まれ，「私」企業の束縛を漸く拭い去り，一国の産業を死守するために「面子」を捨て，外国資本との攻防を繰り返している。

そうした状況下にあるだけに，わが国の民間企業の潜在力を活かした本格的な国家プロジェクトが求められ，その結実が国際総合物流拠点として浮上しているのである。物流効率化を飛躍的に高める拠点整備は，「総合物流施策大綱」及びそのフォローアップによって，徐々に現実のものとなって現れて来ているのである。大綱の意義及び内容については，既に拙稿「物流拠点を中核とした広域交流圏の創造」と「総合物流化への潮流」で論究してあるので，ここでは詳細を避け，直近の資料に基づいて，その後の経過を説明しておく。

言うまでもなく，**政府は物流の効率化を経済構造改革の最重要課題のひとつとして，**平成９年４月４日に閣議決定しており，その後フォローアップを３度，即ち第１回を平成10年６月11日に，第２回を平成11年４月27日に行っており，そして平成12年４月24日に第３回フォローアップが発表されたのである。

そこで最新の資料として，この第３回フォローアップを取り上げその概要を紹介しておく。

「総合物流施策大綱第３回フォローアップについて」では，次のような経過報告をまとめている。[本日，関係省庁（14省庁）が第４回総合物流推進会議を開催。「総合物流施策大綱」（平成９年４月４日閣議決定）に基づき，平成11年度までに実施した物流施策及び平成12年度以降予定している物流施策について取りまとめを実施した。**今回のフォローアップにより，各分野における物流施策のさらなる進展が明らかになった。また，１年後の目標達成期限到来後も引き続き関係省庁等が連携し，新たな課題に対応していくため，総合物流施策大綱の見直し作業に着手することが必要とされた。**]（太字部分，筆者）

更に，**平成13年を目途に国際的に遜色のない水準の物流サービスを実現するために，**次のように国の方針を提示しているのである。

「はじめに」の項から引用しておくことにする。すなわち，

〔我が国経済は，平成10年秋頃には，金融システムに対する信頼の低下や雇用不安などを背景として，いわば**「不況の輪」**とも呼ぶべき厳しい経済状況の中にあった。こうした状況から脱却するため，政府は，財政，税制，金融，法制のあらゆる分野の施策を総動員して，金融危機，経済不況の克服に

取組み，平成10年11月に**「緊急経済対策」**を決定するとともに，平成11年１月に**「産業再生計画」**を閣議決定した。また，平成11年11月には，景気回復の一段の推進に努めるとともに経済社会構造の改革を実現することを目指して**「経済新生対策」**を決定し，全力を挙げて推進しているところである。

物流については，「緊急経済対策」において，**物流効率化に資する社会資本整備等への重点的な投資を行うこととし，**「産業再生計画」において，**物流の効率化・高度化が重点的に取り組むべき分野の一つとして取り上げられた。**また，「経済新生対策」においては，**人・物の交流をより効率的で安全なものにするための高速交通ネットワークの整備を図ることとした。**

これらの対策などにより，我が国経済は，金融改革や産業再編をはじめとする構造改革が進捗すると同時に，バブル景気の崩壊以来長らく続いた厳しい経済状況からようやく脱しつつある。しかし，**穏やかに改善しつつある我が国経済を本格的な回復軌道に乗せるためには，更なる経済構造改革を進める必要があり，より一層の物流の効率化・高度化が重要な課題である。**〕（太字部分，筆者）。

フォローアップ結果の概要は，以下のようになっている。

「総合物流施策大綱」の主要施策項目は３つに分類されているのである。

１．横断的課題への対応：

社会資本等の整備，規制緩和の推進，物流システムの高度化

２．分野別の課題への対応：

都市内物流，地域間物流，国際物流

３．今後の施策実施体制：

関係省庁の連携，地域毎の連携

先ず，この横断的課題への対応を見ておくことにする。

[社会資本等の整備]

〔平成12年度予算に「物流効率化，環境，情報通信，街づくり等経済新生特別枠」を設置し，物流効率化による経済構造改革分として，総額1500億円

分を確保。本特別枠においては，プロジェクト性に着目し，事業間の連携を確保しつつ，**高規格幹線道路（アクセス道路を含む），拠点空港，中枢・中核国際港湾，中心市街地の整備等の4分野を重点的に整備する。**

国と地方との役割分担の明確化，全国的・広域的な観点からの取組みの強化等を進めるべきとした港湾審議会答申（平成11年12月）を受け，港湾整備事業に対する国の負担割合の見直し，港湾の分類の定義の明確化を内容とする改正港湾法が平成12年3月に成立。

広域的な視点での交通基盤の利用効率の向上を図るため，道路，空港及び港湾の施設整備・管理者が共同で，既存ストックの有効利用を含めた各種交通基盤間の連携強化を図る「広域交通基盤連携強化計画」を策定。

［民間による社会資本整備］

中枢・中核国際港湾でPFI法に基づき整備されるコンテナターミナルにおける公共荷さばき施設等に対して，無利子貸付，財政投融資，税制優遇措置（固定資産税）等による支援制度を平成12年度に創設する。

高速自動車国道法等の一部改正により実施可能となった高速道路と連結する物流施設の整備を促進するため，平成11年度に創設した，民間物流事業者等に対する物流施設の通路及び駐車場の整備に対する低利融資制度により，新規物流施設の整備を引き続き支援する。

PFI手法による物流基盤施設等の整備を，税制上の特例措置，政府系金融機関の融資により支援する。

［物流拠点の整備］

都市外縁部の環状道路，高速道路のインターチェンジ付近における「環状道路近接型広域物流拠点」の整備に伴う物流効率化についての調査を行う。

臨海部の低未利用地における物流機能の向上に資する民間都市開発事業についてその促進を図るため，民間都市開発推進機構による支援を受けられる要件を平成12年度より緩和する。

本来ならば第3回フォローアップの全容について詳細を記すべきであると思うが，それは別稿で改めて行うことにして，ここでは表題に立ち返り，筆者の視野に入った現実を検討することにして，本論をまとめることにする。実感として先ず述べておきたいことは，この第3回フォローアップの全文を熟読した限りでは，筆者が先に論究して描いた全体のビジョンが明らかになっていないということである。唯，関係省庁の歩み寄りが以前よりかなり実を結び始めているということは，「総合物流施策大綱」の進捗状況等の文面からも読み取ることは出来る。

問題は，目標年度までにどこまで大綱の趣旨を生かしきることが出来るかであり，またその後の実施計画をどのように実現していくのかである。法的整備をしていく上で，忘れてはならないのは解釈上の問題もあるが，それ以上にその複合的・重層的な法律から生まれる法体系である。

物流効率化に向けて整備される交通体系は，国際総合物流拠点をハブ基地とした新しい産業（集積地）の創造であり，既存の経済構造を大転換する機動力をもっているのである。それを**民間事業者が経営・管理**して遂行していくという従来の公共事業ではない準国家的な事業展開を最初から指向しているのである。情報化の推進もまた，様々なツールによって格段に普及しているが，この情報化も世界を対象とするビジネスの基盤を為す手段として運用してこそ，わが国の国家的威信を賭けたこの事業が国富の増強と安定的な**国際的地位の確保**を保障するものとなるのである。

こうした革新的事業推進の根底を保障し，関係省庁が連携して道路，港湾，鉄道，空港等の社会資本整備が物流効率化に資するものとして重点的に整備できるのは，既に拙稿で論究した如く，物流という枠組みで捕捉されるもの全てに法的な支援体制が構築されていることを忘れてはならないのである。成るほど，現象面での事業推進は次第に目に見えるものとなり，全国各地でフォローアップの効果が表れて来ているが，現状では未だ地域間及び都市内物流拠点の整備の段階に止まっており，国際物流においても，「輸出入手続き等の情報化・簡素化」，「ターミナルの整備と運営」，「輸出入貨物の国内海上輸送」など，わが国の物流拠点整備の遅れを充たすための措置が数多く残っており，国内の関係事業者間の調整が主となっている段階で，「国際物流拠点の整備」について若干の動向が記載されているものの「総合物流施策大綱」が意図している国際総合物流拠点の創造に向けてのビジョン構築と，具体性が省略されているように思われる。

しかしながら，既述したようにこれは止むを得ないことかもしれない。確かにわが国の戦後の発展史は，世界の国々のそれと比較しても格段の進歩が見られ，米国と歩調を合わせながら世界の資本主義国の牽引車としての役割を担って来ているが，**アメリカナイズされたビジネスを追求する過程**で，わが国独特の文化・人間関係を並存させ，日本的・家族主義的経営という言葉に形容されるような他国に存在しない**産業国家を形成した**ことが，結果として，世紀末を迎えて世界と同調するシステム構築を急がせているからである。

これを実現していくための最大の障害は，わが国の**「強み」**とされていた独特の**産業構造を一度整理する**という決断をしなければならず，既存の伝統的社会システムの変革を避けて通ることができないだけに，迂遠と思えるほどの慎重な対応が試みられていると推測される。2001年からの**省庁再編**も，このための英断の一つであると考えることで，わが国の新生にかける意気込みが窺える。世論の中で喧伝されている省庁再編論議は，筆者が論究しているような本質的な課題を取り上げてはおらず，中央一極集中と地方分散論議の二元論に単純化され，現象面の相対化の問題に転化されているが，**「日本」**という**国そのものが試されている**というのが，紛れも無い現実なのである。

今やわが国は，比喩的に表現すれば「国を憂う」段階から「国を救う」段階にまで達しているのである。そのため，壮大な事業の**「楔」**が社会資本整備事業として打たれているのである。勿論多様な社会資本整備が収斂するまでには，まだまだ多くの時間を必要とすると予測されるが，空港，鉄道，港湾，高規格道路等の特性を活かした交通ネットワーク化の成熟度が増すことによって，一挙に全体像の一部が全国の拠点で明らかとなり，国際総合物流拠点の整備による国家再建のための施策の意義と目的が理解されると考える。

明治維新以来，わが国の**近代国家建設**への足取りは今日に至ってもやはり「追いつけ，追い越せ」のNo.２的意識の延長であったのかもしれない。昭和31年の経済白書で高らかに宣言された「もはや戦後ではない」という高碕達之助経済企画庁長官の名言を，今一度現実的な裏付けを伴って世界に対して宣言することなくして，わが国の21世紀は，西欧近代化社会と比較して半世紀以上も出遅れた工業社会での経験不足を埋めることはできないと考える。

そのための**国是が総合物流施策大綱であり，**これは**わが国が世界に誇るに足る日本発の民間事業者主導による21世紀型産業国家システム実現**の先例となる事業の推進を意図したものであるだけに，**もはや失敗は許されないのである。**

注

（１）IT 革命の進展は著しく，世界中の企業間での情報ネットワーク化は今や宇宙開発技術の応用により，歴史上稀に見る盛況を呈している。このネット技術及びソフト開発は，既存の企業戦略の抜本的な再構築を前提とするだけに，新時代ビジネスとしての取組みが必須の行動となっているのである。高速道路における ITS は輸送・交通の手段としての道路を情報網の集積・発信の場に変貌させ，また空港及び港湾における物流効率化の高度化を促進させ，更に i モードや e メールといった軽便な情報通信機器，即ち携帯電話やパソコンによる各種情報サービスの提供による電子商取引が可能になったことで，直接店頭に出掛けることなく，予約及び買い物，預貯金，支払いといった生活上の利便性は飛躍的に拡大している。考えてみれば，現代人は世界を瞬時に呼び出す魔法の小箱を個人の手の中にしており，科学技術の進展がもたらした20世紀の一つの帰着点が世紀末に至って，長らく SF の世界に位置していたハイテク技術を現出させているのである。唯，わが国の情報・通信の分野では，先進諸国と比較して様々な規制があり，自由化への進展に際しては料金問題一つ例に挙げても，高コスト構造が前面にたちはだかっており，また業界そのものの体質も国内のライバル企業間の競争に終始して，グローバル化への適合の点からは，セキュリティーへの配慮や法整備などが急務となっている。IT 革命は，産業の基盤を成す製造業にとっても，工場内部の FA 化を一挙に世界市場との取引の場に変革したことで，産業構造は底辺から革新されている。中堅・中小企業も系列を離脱して独自技術を世界の競争市場に参列させる好機を得たことで，自社開発に親会社の制約を受けずに，資本投資が可能となり独自性が思う存分追求できることになった意義は大きい。2000年７月の沖縄サミットで IT 革命への取組みが最重要課題となったことで，政府の意気込みも９月の総理の指針表明にみられるごとく，わが国の21世紀戦略をこの分野を中軸にして推進することが確定した。問題は，この IT 革命はものの流れ，すなわち物流効率化と表裏一体となっていることである。換言すると，情報と物の移動の同時並行化への国を挙げての取組みが，ニュー・エコノミーの幕開けを約束するものであるという点にある。

（2） この総合物流施策大綱については，既に拙稿で論究したので詳細はそれらに譲ることにするが，この大綱が世に出ることになった契機は，平成７年11月29日に戦後第13回目の新経済計画が発表され，バブル経済崩壊後の景気の低迷を克服し，活力を取り戻すための施策として，規制緩和を推進すること，そして企業や生活者が自己責任で自由に活動できる経済社会への改革が急務であることを強調し，わが国経済の高コスト構造是正のための行動計画目標に，物流，エネルギー，流通など15分野を最重要項目として挙げたことにある。

大綱に示されているように，全国の４ヵ所に国際総合物流拠点を創設することの意義は大きく，ここには21世紀型の日本経済の原動力となる産業⇒都市の創設が意図されているのである。特筆すべきは，この物流事業は，民間の認定事業者が行い，しかも非営利であることが条件となっていることであるが，この非営利企業の下ですべての事業が推進されるということが，現時点においても何故か看過されており，個別企業のIT改革をベースにした物流効率化への取組みだけが，新聞紙上や業界紙を賑わすばかりで，全体像を想起することなく，微視的な先進事例の現象面のみを追い求めていることに，筆者としては累積の誤謬の教えを想起してしまうのである。これは部分の調整を求めるものでなく，わが国の威信を賭けた壮大な事業なのである。

産業構造改革

①

項目	
エネルギー ガス 石油 電力	95年　**ガス事業法改正**（大口顧客のガス供給自由化） 96年　**特石法廃止**　（石油製品の輸入完全自由化） **電気事業法改正**（卸電力事業制度）　2000年より電力の一部小売自由化 ガス 石油 電力等 独占体制に対し 異業種からの参入を認め 自由競争によりエネルギーの低コスト化を実現する （東電のガス供給事業　東ガスの熱電供給事業　鉄鋼　石油各社の電力事業等）
情報・通信 国際 国内 地域	85年　ＮＴＴ民営化　新電々参入　（長距離通信開放） 97年６月　**改正ＮＴＴ法**（分割再編）　**改正ＫＤＤ法**（国内通信参入）　（国内 国際の垣根なくなる） 98年２月　ＷＴＯ基本電気通信合意　（外資比率を撤廃（NTT･KDD）を除く）　国内通信会社の再編を加速－外資系通信会社の参入 98年５月　**ＫＤＤ法廃止**　（完全民営化　再編を機動的に行う） 99年７月　ＮＴＴ再編　持株会社の下に 東西地域会社　国際長距離会社を置く
金　融 銀行 証券 保険	93年以降　銀行と証券の子会社方式での相互参入 97年12月　投資信託販売の銀行界への解禁（場所貸し）　金融持株会社解禁 98年３月　**金融持株会社関連法**　銀行法 証取法 保険業法の一部を改正　銀行持株会社の設立手続きの特例法 96年10月　生損保の子会社方式での相互参入→98年７月 損保料率の完全自由化 98年４月　**外為法改正**（外国為替の完全自由化）　異業種からの参入自由 外貨預金自由化　国内ドル決済解禁 **証券取引法改正**（免許制から登録制） 株式売買手数料自由化（5000万円を越える分）→ 99/10 完全自由化 **日銀法改正**－日銀の独立性を高めると同時により重い責任説明を求める 98年10月　**金融再生法**－ブリッジバンク 公的管理-破綻後の処理策　**金融機能早期健全化法**（18兆円） 破綻前の金融機関に自己資本増強のための公的資金注入（25兆円） 2001年ペイオフ解禁までの時限措置 銀行の証券子会社による現物株式の売買業務自由化 99年中 長短分離制度なくなる（都銀などに普通社債の発行認める）
不良債権流動化 貸出債権 不動産	98年６月　**証券化・ＳＰＣ法**　98年10月　**サービサー法**（民間業者に回収委託を認める） └→ 優先株・社債・特定約束手形（ＣＰ）を発行 市場から資金を調達 その資金で不動産を取得する→債権を小口に分割することで個人の投資家を呼び込み流通を促進する 金融機関の帳簿上による不良資産の引き当て積み増しだけでは問題解決にはならず　最終的な処分が必要（担保不動産の価格が下落すれば それだけ引当金を積み増す必要がある） 98年10月　**競売手続の円滑化等を図るための関係法律の整備に関する法律** **特定競売手続における現況調査及び評価等の特例に関する臨時措置法** 不動産競売制度の抜本的改善　競売の迅速化を図る
土地政策 地価 容積率	98年　**税制緩和**　地価抑制から有効利用へ（地価税の凍結　土地譲渡益課税の軽減） 98年６月　**改正国土利用計画法**　土地取引の事前届出制から事後届出制へ 土地価格の評価については 事例取引から収益還元方式への転換が必要 97年６月　**建築基準法改正**　高層住居誘導地区内の容積率緩和 前面道路幅員による容積率緩和 98年６月　**建築基準法改正**　仕様規定から性能規定への 移行 確認･検査の民間への開放
環　境 アセス 新エネルギー 廃棄物 リサイクル 温暖化防止 会計	97年６月　**環境影響評価法** ─→ 行政指導による環境アセスから 環境一般の保全を重視 生態系 事業に伴う廃棄物も対象とする　環境アセスを必要とする第１種事業とそれに準ずる第２種事業を特定　住民参加 学識者等の意見を尊重 97年４月　**新エネルギー法**　（エネルギーの総供給量に対し 太陽光 風力などの新エネルギーの割合を引き上げる（現在 1%→3%(2010年)） 97年６月　**改正廃棄物処理法**　廃棄物処理の責任を 処理業者から排出企業へ拡充 罰則強化　マニフェスト（伝票）の導入により廃棄物の排出から処理までを管理する 98年６月　**改正省エネルギー法**　トップランナー方式の導入　達成できないメーカー名の公表　温暖化防止 エネルギー消費の効率化 98年６月　**家電リサイクル法**　メーカー　輸入業者等に対象機器の引き取りと再商品化の義務付け－静脈物流 循環型経済システムの構築 98年10月　**地球温暖化対策の推進に関する法律**　京都会議において日本のCO_2排出量を2010年に 90年比 ６％削減 99年７月　**化学物質管理法**　企業 事業所ごとに有害化学物質の種類　排出量を行政に報告し行政がこれを公表する **ダイオキシン対策法**　ダイオキシンの排出量を９割削減 人 大氣 水 土壌中の環境基準策定－達成できない場合は罰則 ＊**環境会計の導入**→ 環境対策にかけた費用とその効果を金額で示す（企業の存続条件となる）
農　業 米 経営	94年12月　**主要食糧の需給及び価格の安定に関する法律（新食糧法）**ウルグアイランド農業分野で合意 米の輸入解禁 ミニマムアクセス決定（米の関税化を猶予する特例措置） 99年３月　**主要食糧の需給及び価格の安定に関する法律（改正）**→ 米の関税化受け入れ → 輸入の自由化 99年７月　**食糧・農業・農村基本法（新農業基本法）** → 農産物の価格維持から所得保障へ（市場原理の導入）食糧自給率の目標　農業生産法人の株式会社化容認（異業種の株式保有は 4分の1まで）－ 農業の持続的な発展　農業経営の規模拡大　基盤の強化を図る
競争政策 保護から競争へ	97年６月　**独禁法改正**　持株会社解禁　適用除外の廃止　企業結合ガイドラインの緩和 戦後の産業政策は 日本企業の保護 育成に重点が置かれ 独禁法の適用除外（企業カルテル）が数多く認められた　このため競争政策は脇に追いやられ 規制に守られた 企業は非効率な経営を温存させ 国際競争から取り残される 公取委は 産業保護政策から消費者利益重視の 競争政策へ方針を転換する ＊ 持株会社解禁→グループの総合力　子会社の独立性　自由度の増大　機動的なＭ＆Ａ　新規事業の育成　株主重視の経営

②

社会保障 医療 保険 福祉 年金	97年６月 **健康保険法等の一部を改正する法律** 国民に対して自己負担の増加を課すが 景気悪化の一因ともなり ──→ 高額医療の原因である診療報酬の出来高払いから定額払いの範囲の拡大 薬価差益の解消 医院の債券発行による市場からの資金調達 競争を促進するための 民間企業による医院経営など 医療費削減のための様々な制度の拡充が望まれる 抜本的な改革が必要 社会保険から支払われる医療費は 年々増加し約３０兆円となり その大半が老人医療費と薬価であり 財政悪化の要因となっている 97年12月 **介護保険法**（公的介護保険制度 → 2000年導入） 40歳以上の国民から保険料を徴収し 要介護老齢者（65歳以上）に対して介護サービスを実施する 家族の介護による経済的・社会的負担を取りのぞくことが目的であるが 制度実施後は 民間事業者の参入により 新しい市場として有望視され また 雇用の受け皿としての機能を期待できる ＊年金 → 基礎年金部分の国庫負担の引き上げ（ 1／3 → 1／2 ）は財源の確保が必要 年金問題は少子高齢化を踏まえて 給付と負担の適正化を図る必要がある ＊企業年金→ 日本版４０１Ｋ導入により 企業の給付債務の軽減（2001年 年金給付債務の開示）と自己責任の原則（運用次第で資産が増減する）を図る 一企業に長く努める事でその恩恵を受ける事ができる 企業年金のあり方を改革 年金をポータブル化することで雇用の流動性を高める また 個人年金資金の市場への流入を捉し 企業の市場からの資金調達を容易にする
税　制 個人 法人	99年３月 **経済社会の変化等に対応して早急に講ずべき所得税及び法人税の負担軽減措置に関する法律** 最高税率 個人（65% → 50%）法人（46.36% → 40.87%）住宅ローン減税（2年間の時限措置） 世界的にみて高いといわれる税率を国際標準並みに引き下げ 個人消費の拡大 産業立地競争力の強化 生産の拡大を 図り成長率を押し上げる
国内空洞化 中小企業 地域産業 の 育成	97年３月 **特定産業集積の活性化に関する臨時措置法** 地場産業の活性化を目指す 大企業と中小企業の２極化 海外進出等リストラ戦略を加速する大企業とその空洞化のあおりを受ける中小企業 中小企業集積地域において 新技術 新商品の開発 高度化に対して支援を行い地域の活性化を図る 98年１月 **工業等制限法の政令改正** 工場跡地利用の規制緩和 工場を新増設しやすくする（環境改善やネットワーク向上）廃棄物リサイクル型製造業等の３業種を 規制対象業種から外す 98年１月 **改正首都圏工業等制限法** **改正近畿圏工業等制限法** ） 規制を緩和 大都市での企業立地を促進する
中心市街地 活性化	98年６月 **中心市街地活性化法** 大型小売店の郊外進出等によって 空洞化した中心市街地を支援 道路整備や商業施設の建設 区画整理事業（ハード）街づくりをコーディネートするＴＭＯの創設（ソフト）を支援する ＊１１省庁が総額 １兆５０００億円超の予算を計上 税制優遇措置 開銀 中小企業事業団による施設整備向け 低利融資など
新規事業創出 ベンチャー創出 リスクマネーの供給	98年６月 **中小企業投資事業有限責任組合契約に関する法律**（投資事業組合に出資する投資家はその責任を出資の範囲内とする） 99年３月 **中小企業経営革新支援法 中小企業総合事業団法** 中小企業信用保険公庫と中小企業事業団の統合 98年12月 **新事業創出促進法** － 創業者（個人・企業）による新事業の 創業に対して中小企業事業団等を通じて資金の出資 助成を行う → 公的年金資金や海外の年金基金を 日本のベンチャー市場に還流させて 日本経済の活性化につなげる 日本のベンチャー企業は 初期投資に必要な資金を確保することが難しく 投資家も出資に伴うリスク負担が大きいため ベンチャー企業に対する出資は慎重にならざるを得ない 投資家に対する負担を軽減し ベンチャーに対するリスクマネーの供給を増やすことが 日本のベンチャー企業の活性化になる
産学連携 新技術	98年５月 **大学等技術移転促進法** 大学や国立研究所の研究成果の民間移転を後押しする 技術移転機関ＴＬＯの設立・運営を産業基盤整備基金が助成 特許料・手数料の免除 産学連携を強化 経済を活性化させる新規産業創出を促す 米国では 多くの大学に設置され 独創的なベンチャー企業を生み出す原動力となている
市民活動促進 新セクター創出	98年３月 **特定非営利活動促進法（ＮＰＯ法）** 民間非営利団体へ法人格を付与 活動を支援する 政府 企業以外のセクター創設 （国際協力隊や災害救助活動 医療・福祉活動などの１２分野を対象） ＊ 現在 団体の代表者らの 個人名義で行っている財産管理や各種の契約を団体名で できるようになり 団体メンバーが入れ替わっても活動に支障を生じなくなるなど 非営利活動が容易になる環境が整う（寄付金の税控除等 財政面での支援が今後の課題）
雇用の流動化 労働市場 の 創設	98年９月 **労働基準法改正**（裁量労働制のホワイトカラーへの適用） 99年７月 **労働者派遣事業法改正**（派遣業種の拡大） └→従来の専門性を要する２６業種から原則自由化 （港湾・建築土木を除く） ＊ 雇用の維持から流動化へ （労働生産力の配置転換、旧産業から新産業へ） 日本の社会経済システムである終身雇用 年功序列制度の見直し雇用の流動化により生産性の低い 衰退産業から成長性の高い新規産業へ人材をシフトする ＊ 99年度 経済白書 日本企業が抱える過剰雇用は 99年３月時点で ２２８万人 これをそのまま企業が吐き出せば 失業率は ８%台半ばになる（99年６月時点で ４．９%） 今後予想される低成長の中で 株主重視の経営転換を図り 市場の評価を得るには 雇用の調整を避けては通れない 労働省も従来の雇用維持政策から 新規雇用の創出や雇用機会を増やす職業訓練へ その方針を転換 産業構造の変化に応じて 成長産業へ人材が円滑に移動できるように促す

③

流通・小売 大型小売店 卸売市場	97年　WTOでサービスの需給調整（小売を含む）を禁止する協定発行 → 外国から見た市場参入障壁である大店法 97年12月までに再見直し廃止決定 99年７月 卸売市場法及び食品流通構造改善促進法の一部を改正　卸･中卸の合併 事業譲渡による大型化 中卸の数を適正化する ための金融支援措置等経営強化策を明示セリによらない相対取引を認める	98年５月 都市計画法改正（特別用途地域の弾力化） 98年６月 大店法廃止 大規模小売店舗立法 （経済的規制から社会的規制へ 廃棄物 騒音等 環境を重視する）
物流効率化 空港 道路 鉄道 港湾	97年５月 空港整備法の一部を改正する法律 － 地方空港（第２種 第３種）について40／100以内で 補助する 98年４月 中部国際空港の設置及び管理に関する法律 － 98年予算案で事業化決定 2005年開港目指す 事業主体への官の出資は50% 民間色を強める 98年６月 高速自動車国道法の一部を改正 － 高速道路と高速道路活用施設（商業施設　物流施設 レクリェーション施設）と連結することを認める 建設費は 民間が負担する	98年６月 水先法施行令の一部を改正する政令 － 神戸港に対する強制水先制度の規制緩和 水先案内人の　乗船を義務付ける船舶の 基準を300総トン→1万総トンへ（国際ハブ 港としての競争力の強化） 99年５月 鉄道事業法の一部を改正する法律 － 鉄道事業の参入規制を 免許制から許可制 に改める（一定の基準に適合すれば許可する）
社会資本整備 PFI	98年２月 ＰＦＩ法 経済対策にて浮上 99年７月 民間資金等の活用による公共施設等の整備等の促進に関する法律（ＰＦＩ法） 民間資金ノウハウの導入 公共事業の低コスト化（最少の資金で最大の価値サービス） ＰＦＩ＝ プライベート・ファイナンス・イニシアチブ 公共部門が実施していた社会資本整備を民間事業者主導で実施する	＊メージャー政権時の英国で 92年に導入 道路　病院　ゴミ処理施設刑務所等　民間が長期的な収益を試算し 効率的に施設を建設 運営する 英国での契約額は　98／９までに　２兆円８０００億円に達する
産業再生 事業再構築 スットク 調整	99年８月 産業活力再生特別措置法 企業の事業再構築支援 →　企業は中核的事業を選択　経営資源を集中し生産性の低い分野の 譲渡や廃棄を盛り込んだ「事業再構築計画」を主務閣僚に提出 承認を得る（2003年３月31日まで） 承認を受けた企業への支援 → 優遇税制　現物出資による共同新設会社（課税繰り延べ） 設備廃棄による損失の繰越控除期間の延長（現行 ５年→７年） 分社化・企業合併・債務の株式化による登録免許税の軽減	＊中小・ベンチャー創業支援→ 設備資金の無利子融資制度の拡充（創業 ５年以内） 研究活動の活性化 → 国の委託研究成果で民間企業が特許を取得できる 技術移転機関（ＴＬＯ）の特許料軽減 ＊商法改正→株式交換制度導入により　企業買収を容易にする

国際会計基準（ＩＡＳ）の会計処理（世界統一会計基準）→時価会計の導入

2000年３月 株式公開企業の決算→親会社単独から子会社を含めた連結中心へ
◦連結基準の見直し→ 持株比率が50%を越えていない会社でも　役員派遣など実質的に支配していれば「子会社」とみなす
（出費比率から実質支配基準に）　子会社への損失隔離操作は困難になる
◦連結キャッシュフロー計算書の導入　　◦有価証券報告書の記載は連結主体へ

2001年３月 金融商品を市場価格で決算に反映する「時価会計」の導入
決算書から「含み」を追放　含み益を緩衝材にして事業のリスクを取ったり　安定配当を維持してきた日本的経営は成り立たなくなる
99年３月期決算の上場企業　１７１６社の有価証券の含み益　96／３末　４５兆円４０００億→ 98／９末　１４兆４０００億

年金会計の導入→ 将来の支払に必要な債務を現在価値に割り引いたうえで積立不足額を公表する→ 放置すれば財務体質が悪化→ 格下げ→競争力低下
退職給付債務（年金　退職一時金といった退職後の従業員に支払うお金の総額）→ 日本企業の積立不足額は　現状の低金利を前提にした場合　６０兆～８０兆円
確定拠出型年金の導入→ 現行の年金　退職金制度は一般的に勤続年数が長いほど　給付額が増えるため会社に従業員をつなぎ止める効果がある
個別の勘定で年金資産を管理する確定拠出型年金は　転職先にも移せるため　人材の流動化を促す面が強い

2002年３月 持ち合い株式を時価評価→ 日本企業はメーンバンクを中心とする間接金融が資金調達の８割を占め　事実上　銀行を中心とする株式の持ち合いにより 安定株主を確保
市場による株価形成をゆがめ　それ以外の株主にしわ寄せしていた（企業の株主軽視）
持ち合い株式の時価評価は　株式含み損を公表することにより　売り圧力を高め　株式持ち合いの解消を加速させ　メーンバンク制の崩壊
企業の資金調達を直接金融へシフトさせ　株主重視の経営へと転換させる

＊ＩＡＳは「投資不動産」の会計基準にも　時価評価導入を検討
減損会計→ 企業が土地や設備などの資産に抱える含み損を　表面化させ損失処理をする会計基準で　日本に導入されれば　債務超過に陥る企業が続出する

行政改革

④

項目	
地方分権 権限委譲 合併促進	95年7月 **地方分権推進法施行** 地方分権推進委員会 96年3月 中間報告 96年12月 第1次勧告→ 自治体を国の下部機関と見なしていた機関委任事務の廃止（561項目）＜自治事務→存続する530項目の6割（自治体が主体的に行う）／法定受託事務（法令等により自治体に委託） 97年7月 第2次勧告→ 国が政策を誘導するための 奨励的な補助金の廃止・縮減 サンセット方式の導入（原則 5年） 97年9月 第3次勧告→ 米軍基地 国の直接執行へ 97年10月 第4次勧告→ 第3者機関の設置（国と地方の間で紛争が生じた場合公平・中立な立場から 審査勧告する）→自治体が これに不服な場合は高裁に提訴できる 98年10月 第5次勧告→ 公共事業について国の直轄の範囲を規定（広域的事業に限定）補助金の整理－自治体の一般財源化 99年7月 **地方分権一括法**＜自治体の自主課税権の拡大（法定外目的税 普通税）／権限委譲（国の下部機関から対等へ） 98年12月 **市町村の合併の特例に関する法律の一部を改正する法律** 町村合併促進のため 市に昇格する場合の人口要件を 現行の5万人以上から4万人以上に緩和（2005年度まで） ＊ 今後 地方自治体の力量が問われる中 地方行政の効率化を促す狙いから 現在 約3200ある市町村を 数年後に 1000程度にする試みも検討される（自民 公明政策協議）
中央省庁改革 1府 内閣府 10省 総務省 財務省 法務省 外務省 文部科学省 厚生労働省 農林水産省 経済産業省 環境省 国土交通省 2庁 金融庁 郵政事業庁	98年6月 **中央省庁等改革基本法**（1府21省庁から 2001年1月 1府12省庁へ） 99年7月 **中央省庁再編関連法** 内閣機能の強化─→ **内閣法改正**－ 首相が閣議において 重要政策に関する基本的な方針を発議できる（官僚依存の政策決定プロセスを政治主導に転換） └ **内閣府設置法**（総理府 内閣官房）－ 他省庁より格上 内閣官房がこれを補佐する 経済財政諮問会議を置き 大蔵省が事実上独占していた経済財政の舵取りを政治主導で実行する 　金融庁 **総務省設置法**（総務庁 自治省 郵政省）－ 郵政事業庁 を外局として置く（公正取引委員会 消防庁） **財務省設置法**（大蔵省） **法務省設置法** － 公安調査庁 **外務省設置法** **文部科学省設置法**（文部省 科学技術庁）－ 文化庁 **厚生労働省設置法**（厚生省 労働省） **農林水産省設置法** － 食糧庁 林野庁 水産庁 **経済産業省設置法**（通産省）特許庁 資源エネルギー庁 **環境省設置法**（環境庁） **国土交通省設置法**（建設 運輸 国土 北海道開発庁）→ 公共事業の8割を握る 建設省の建設経済局と運輸省の運輸政策局を統合した 総合政策局が省全体の政策立案を調整するが 道路・河川・港湾等の局は今のまま残る ｜ 海上保安庁 気象庁 99年7月 **国会審議活性化法** 政府委員会制度の廃止（次期臨時国会から） 2000年1月の通常国会から 首相と野党党首が週1回 討論 2001年1月の省庁再編に合わせて政務次官の廃止 副大臣 政務官を新設 国会の表舞台から官僚を追い出し 議員同士の直接討議を実現 官僚に対抗できる有能な議員以外は 重要なポストに就けない ＊行政組織のスリム化計画 ├ 独立行政法人制度の導入→車検業務・国立病院・統計センターなど 90の業務 機関 ├ 審議会の整理→ 211から 78へ ├ 中央省庁の課→ 1200から 1000へ └ 公務員定数の削減→ 10年間で 25%削減する ＊独立行政法人＝ サッチャー政権当時の英国が 88年に打ち出した官庁スリム化がその元となる（エージェンシー）政府組織の中の政策立案 業務執行という2つの機能のうち執行機能を分離 独立させて作った組織で 民間企業並みの効率経営 サービスの向上を強いている 中期目標（3年～5年）を設定 実績について評価委員の評価を受ける その上で業務の継続性 組織のあり方について検討をする
特殊法人	99年6月 **日本政策投資銀行法**（日本開発銀行・北海道東北開発公庫）99年10月1日より新組織として業務開始 99年6月 **都市基盤整備公団法**（住宅・都市整備公団）99年10月1日より新組織として業務開始 99年4月 **国際協力銀行法**（日本輸出入銀行・海外経済協力基金）99年10月1日より新組織として業務開始
情報公開	99年5月 **行政機関の保有する情報の公開に関する法律**（行政の透明化を図る 外国人や法人を含め すべての人に行政文書の開示を請求する権利を認める）┤行政の意思決定への関与に対する監視を強める／非公開決定への不服訴訟は 全国8ヵ所の高裁の所在地にある地域に提起できる
財政再建	97年12月 **財政構造改革法** キャップ制の導入・2003年度までに赤字国債発行ゼロ 国と地方を含めた財政赤字をGDP比3%以内に抑制 98年12月 凍結
財政・金融分離	97年6月 **金融監督庁設置法** 98年10月 **金融再生委員会設置法** → 大蔵省の解体 護送船団方式崩壊（危機管理のみ 監督庁と共管） 99年4月 **整理回収機構発足**（住宅金融債権管理機構・整理回収銀行 合併）破綻金融機関だけでなく 健全な金融機関（政府系金融機関も含む）からも 不良債権を買い取り 回収し（罰則付調査権があるため 金融機関独自では難しい回収でも対応できる）不良債権の最終処理を推進する

構造改革と法整備

法整備

1985（昭 60）
世界一の債権国 貿易黒字の削減. 内需拡大要求高まる
ＪＴ．ＮＴＴの民営化

1986 民活法
民間事業者の能力の活用．１５類型の特定施設の整備
ＮＴＴ無利子融資 開銀低利融資 第３セクター要件）

前川レポート＝都市再開発 社会資本の整備などによる内需拡大 直接投資の推進
市場開放と輸入促進 金融・資本市場の自由化

1987 構造転換法
急激な円高による地場・地域産業への支援（通産省主導による業界調整）
ＪＲ民営化
１ドル １５０円の大台突破（３月） ブラックマンデー（10月）

1989（平 元） 新規事業法
円高による輸出競争力の低下 製造業の海外直接投資増大により国内空洞化現象が起こる
産業構造の変革に伴う次代のリーディング産業 雇用の受け皿となる成長産業を育成する
産業基盤整備基金等がＶＣの役割

1991 食品流通構造改善促進法
大型店による相対取引 現地直接買付けによる市場外流通の増加→卸売市場
地域農業の衰退 時代に適合した食品流通の構築と卸売市場の高度化

1992 輸入・対内投資促進法
ＦＡＺ（輸入促進を図る空港 港湾地域を指定し 輸入関連事業を集積
重点投資支援を行い 対日投資を促進する）

関税法の一部改正
ＦＡＺを補完．機能別分類に重点を置いた政策を転換．総合保税地域制度の導入により総合的機能を重視．輸出にも対応

1993（平 5） 流市法の一部改正
流通業務施設（簡易加工場 事務所）の追加
流通業務効率化基盤整備事業の追加（産業基盤整備基金による債務保証）

行政手続法
（不透明な行政手続を改める 裁量的な行政指導に従うか従わないかは
申請者の任意による
標準処理期間の設定により迅速な処理を推進
外国から見た非関税障壁の一つ）

1994 新食糧法
ウルグアイラウンド交渉にて 米の輸入（ミニマム・アクセス）決定
初年度（95）消費量の４％（38万ｔ） ６年目 ８％（75万ｔ）
政府の買い上げる米は備蓄のみ（やみ米は自由米として認める）

1995 新事業促進法
1．民活法の改正 （特定施設の追加）
2．新規事業法の改正（ｽﾄｯｸｵﾌﾟｼｮﾝの導入）
3．ＦＡＺ法の改正（特定集積地区の設定）
→ 第３セクター要件の緩和
民間事業者への支援の拡大
（ＮＴＴ無利子融資・開銀の低利融資）

構造改革のための経済社会計画
経済審議会答申
構造改革の核として物流・エネルギー等１０分野で高コスト是正する

1996 経済構造の変革と創造のためのプログラム
物流改革を経済構造改革の最重要課題として位置づける

1997 経済構造の変革と創造のための行動計画
経済構造改革に資する社会資本整備
１５分野の新規産業の創出

総合物流施策大綱（閣議決定）
２００１年までにコストを含めて国際的に遜色のない水準のサービスを実現する
産業立地競争力の強化の重要な要素として物流を改革する

1998（平 10） 物流拠点の整備指針
物流拠点整備に関する国としての基本的な考え方を明かにする

1999 物流大綱第２回ﾌｫﾛｰｱｯﾌﾟ
物流効率化のための社会資本に重点投資

ＰＦＩ推進法
官が独占していた公共サービスを民間事業者が代わって提供する

国内経済

第３セクター
リゾート法・多極法等の
地域振興法により 各地に
開発型第３セクターが急増する

（自治省 96年１月現在 全国に２８９３社
うち自治体出資比率 25%以上が６割を占める）

バブル景気 （1987～91）
政府による経済対策と日銀による金融緩和
公定歩合（ 86年 ３%→ 87年 ２.５% ）
87年 平均株価 約 １７，０００円
大量の資金供給により 株式 地価が急騰 バブルが発生する 銀行は 過剰融資に走り 企業は時価発行増資を繰り返し 資産を膨らませる
結果 過剰債務 過剰雇用 過剰設備の ３重苦に陥る

東証一部平均株価 89年12月 ３８，９１５円８７銭（最高値）

バブル崩壊
政府・日銀による急激な引締
公的歩合（89年 ２.５%→90年６%）
土地取引の規制（総量規制．土地税制の強化）
90年 日経平均株価下落. 地下の下落始まる
政策デフレによる景気後退

経済対策

92/8	１０兆７０００億		
93/4	６兆	/9	１３兆２０００億
94/2	１５兆２５００億		
95/4	７兆	/9	１４兆２２００億
計	６６兆３７００億		
	うち公共事業	２０兆６０００億	
	地方単独事業	９兆６０００億	

減税が盛り込まれたのは 94/2の総合経済対策だけで ５兆８５００億
＊95年１月 阪神・淡路大震災
＊95年４月 1ドル ７９円７５銭

＊国と地方の借入金 国は３７３兆 地方は１５６兆
合計 約 ５２９兆円 対ＧＤＰ比 １０１.８%
これは先進国中 イタリアに次いで高い

国内空洞化
歯止めがかからず ８５年→９５年の製造業の
国内投資は１.５倍 海外直接投資 ５.５倍

（96年に日本企業の海外生産額は ４０兆円と初めて
輸出額を負い抜く）

資産デフレ
東京株式市場の時価総額
５９０兆（89／12）→ ２５５兆（98／8）
東証平均株価 バブル後最安値更新
98年９月 １３，４０６円
7年連続 地価下落

世界経済

㊊ レーガン政権 （共和党 1981～89）
規制緩和 減税 財政再建 （供給側重視の政策）
財政赤字を埋めるための高金利→外国資産の流入→ドル高→経常収支赤字
増大→ドルの信任不安→債務国への転落

1985 プラザ合意（Ｇ５）→ドル高是正合意（急激な円高
85年 終値１ドル ２４０→２００円）

1986 英国 金融自由化（ビックバン）

1987 ルーブル合意（Ｇ７）→ドル安に終止符（１ドル １６０円）

1990 東西ドイツ統一（１ドル １３０円）

1991 ソビエト連邦解体 ㊊ 景気拡大始まる（低インフレと安定成長の両立）
湾岸戦争

1992 欧州連合条約（マーストリヒト条約）調印
北米自由貿易協定（ＮＡＦＴＡ）調印
ＡＳＥＡＮ自由貿易圏創設決定

＊1980～1990年代前半 外国資本の積極導入により新興市場国
（東アジア．東欧．中南米）が台頭し始める（大競争時代へ突入）

1993 ㊊ クリントン（民主党）政権スタート（１ドル １００円）

1995 南部南米共同市場（メルコスル）発足（１ドル ７９円７５銭の最高値）
日銀 公定歩合 ０.５%へ

1996 ダウ平均株価 ４５００～５７００ドル

1997 消費税率５%引上げ
三洋証券．北海道拓殖銀．山一証券 破綻
財革法成立をうけて 超緊縮予算成立
97年度 日本経済 マイナス成長（第1次オイルショック以来 ２３年ぶり）
アジア通貨危機

㊊ 97年度 実質成長率 ３.８%

1998 ムーディーズ・インベスターズサービス 日本の国債格付見通しを
「ネガティブ」に変更→外貨建債務の格付を下げる（Ａａａ→Ａａ１）
円安 株安 債券安のトリプル安 98／2 完全失業率 ３.６%（戦後最悪）
長銀 日債銀 特別公的管理
緊急経済対策 ２４兆円 決定

㊊トリプル高（資金 米国へ集中）ダウ平均株価 98／3 ８９００ドル
ロシア経済危機→ブラジル アルゼンチンへ波及

シティコープ．トラベラーズ合併	（資産規模 ７０００億ドル）
バンカメ．ネーションズ合併	（資産規模 ５７００億ドル）
ダイムラーベンツ．クライスラー合併	（売上高 １３００億ドル）
エクソン．モービル合併	（売上高 ２０３２億ドル）
ＢＰ．アモコ合併	（売上高 １０７６億ドル）

1999 欧州統一通貨ユーロ 誕生
日銀 無担保コール翌日物金利の目標水準 ０.２５→０.１５へ （98/2）
ダウ平均株価 １０，０００ドル突破 （98/3）
98／1 日米完全失業率逆転（米 ４.３% 日 ４.４%）

あとがき

2001年を迎えるに当たり，自分としてもミレニアムを記念して何かを形に残すことを考えるようになっていた。2000年は自分にとって人生を真剣に審議する契機となった年であるだけに，一つの大きな節目を作っておくべき年にしなければと考える日が続いた。それ故に新世紀の始まりを再スタートとして歩み出すための明確な羅針盤として，本書の刊行を意図した次第である。

学に志す者の一人として，やはり自分らしさを具現化するものとしては，思考の産物としての論文をまとめることが最もふさわしく，またそれ以外に自分を語る手段を持たないことは自明であったのであるが，何か形を……という思いは強烈なものとなっていた。幸いにここ数年間の研究成果が，一つの全体像を捕捉することが出来たので，それらを一つにまとめて出版することになった次第である。勿論，この研究に際してはO社長とS社長との得がたい出会いがあって初めて可能になったということを，先ず特記しておかなければならないのである。総合流施策大綱を中心視座に置きながら研究を進めることが出来たのは，全くこの二人のお陰である。紙面を借りてお礼を申しあげたい。

筆者は19世紀半ばから20世紀30年代にかけてのアメリカ経営管理の生成期から確立にいたる過程での機械技師たちの研究を主として行っていた関係から，港湾物流を企業経営の視点から意識したのは遅く，91年に入ってからのことであり，その契機となったのは，名古屋大学名誉教授の井関弘太郎先生から薦められた The Port Authority of New York & New Jersey の研究であった。日本の港湾経営に対する何らの関心も理解力もない時に，この半官半民の事業会社の歴史的経緯を研究したことが，却ってその後の調査研究で日本の重要港湾経営（特に名古屋港の歴史）を意識させることになった。

研究対象が調査研究を繰り返す中で次第に現代企業経営の実態解明にシフ

トし始めていた折，上記のお二人と出会う好機に恵まれ，今日まで変わらぬご支援とご教示を頂きながら，港湾及び都市開発を中心とした日本の産業構造の実態研究へと進み，世界的な潮流とも言える業界再編動向の変化を踏まえながら，それが何時しか物流に収斂した論文をまとめることに連鎖していったのである。

筆者としては，今回まとめた論文は自分の研究姿勢とその視野の幅を大きく変化させることになった。というのも，アメリカを中心とする150年前の世界を研究対象とする孤独な深夜の考察が，現実世界の最先端企業や開発地域の視察を重ね見聞を広げながら，国の最重要施策の方向性を法案改正と連動して適宜論究していくという体験の日々によって，一挙に現実即応の知恵と認識を必要とするものとなったからである。

それ故，学としての経営からビジネス世界の事業化の過程そのままに，計画・立案・調整・実行を文字通り体験している思いは強くなっている。2000年の夏，上記の社長のお陰で物流視察団長としてアメリカに出掛けたが，その印象は端的に言って彼我の物流分野での取組み状況の差異の大きさに驚くばかりであった。筆者たちの視察先の一つは，長年の研究対象であり，見果てぬ夢であった The Port Authority of New York & New Jersey の本社への公式訪問（事業概要は両州において空港，港湾，交通，貿易，地域経済開発等の幅広い業務を行う機関で，独自に資金を調達・運用する完全独立採算制をとっている）であり，今一つは世界最大の総合航空貨物輸送企業となっているメンフィスのFedEx（従業員数：145,000人，648機の自社運用機と44,500以上の自社配送車を用いて一日310万個を超える貨物を世界の200カ国以上に届けている）の HUB であったが，民間企業が州政府や国家並の理念を持ち，また積極的に次世代対応型の事業を展開していき，地域経済の活性化と連動して世界的な営業活動を展開している姿を直接見たことで，わが国は「アメリカに20年遅れている」と実感した。両社とも「民間人でここまで管内の中枢部の視察をした人はいない」と担当責任者が語ってくれたほどの歓迎振りに接し，熱心なブリーフィング及び管内施設の説明を受け，写真撮影も一箇所を除きすべて許された実りの多い視察となり，想像を遥かに超える規模といい，そこで働く人たちの企業人としての行動も全くプロフェッショナルのセンスに溢れたものであっただけに，その衝撃は大きかった。「自己責任の経営という明確なビジネスを追求していかなければ，誰も評価してくれない」という米国の企業倫理の徹底を体感させられたと言って良い。勿論，視察先はこのほかにもワシントンやサンフランシスコの港湾部や有名な「アウトレットモール」などもあるが，これらの在り様も日本の流通業者が形だけを真似たとしか思えない点も数々あった。摸倣はどんなに精緻化しても本物にはなれないという一見の価値の大きさを確認した次第である。

それだけに現実認識の基点を総合物流拠点創設事業と情報ネットワークビジネスに据えて，近未来の時点から逆に現実をカウントダウンさせるという手法の事業化計画は，総合物流施策大綱をベースとした総合物流拠点創設事業の実現によって，わが国が本物の国づくりを達成できる大きな布石となると考えられる。

とはいえ，本書の刊行に際しては，多くの人たちの協力があったからこそ出版できたということを改めて実感している。大学からのご支援があったことも，出版に際して多大の労を惜しまれなかった成文堂の阿部耕一社長に対しても感謝の意を添えて，終わりの言葉としたい。

2001年1月19日

大島俊一

著者略歴

大島俊一（おおしまとしかず）

1951年　兵庫県に生まれる

1978年　中京大学大学院商学研究科博士課程修了

同年，鈴鹿短期大学専任講師

1990年　中部大学経営情報学部助教授

1995年　同　教授

1998年　商学博士

専　攻　経理管理論，経営学

主要著書

『現代企業論講義』（共著，中央経済社，1989年）

『現代経営管理論』（共著，八千代出版，1993年）

『経営情報学への招待』（編著，成文堂，1994年）

『経営情報学への展開』（編著，成文堂，1994年）

『経営管理論の史的研究』（単著，成文堂，1994年）

『ビジネスと経営管理』（単著，成文堂，1995年）

『近代的管理の成立』（単著，成文堂，1997年）

『経営品質の時代』（単著，成文堂，2003年），その他

21世紀への潮流
－総合物流化と経営の視点－

2001年１月30日　初版第１刷発行
2014年10月１日　初版第５刷発行

著　者　大　島　俊　一
発行者　阿　部　耕　一

〒162-0041　東京都新宿区早稲田鶴巻町514番地
発行所　株式会社　成　文　堂
電話 03(3203)9201番　FAX03(3203)9206

製版・印刷　藤原印刷　製本　弘伸製本

ISBN 4-7923-5041-7 C3034　検印省略

定価（本体2700円＋税）